JN039024

その規約、読みますか？

義務的情報開示の失敗

オムリ・ベン＝シャハー／カール・E・シュナイダー[著]

松尾加代／小湊真衣／荒川 歩[訳]

勁草書房

サラへ ──

　条件や規約を設定しないあなた

　　　　　　　　　──オムリ・ベン＝シャハー

ジョアンへ ──

　「ああ，神々よ。

　私をこの高貴な妻に

　ふさわしい者にしてください。」

　　　　　　　　　──カール・E・シュナイダー

まえがき

　本書は昼食の時間に始まった。我々は，互いに相手の研究からはかけ離れているに違いないと思っていた自分たちの研究について，何気なく話し合っていた。法と経済学および私法を専門とする学者（ベン＝シャハー）と医療法および生命倫理を専門とする学者（シュナイダー）にどのような共通点があるというのだろうか。しかし驚いたことに，また嬉しいことに，我々は同様の核心的なテーマを追っていることに気づいた。ベン＝シャハーは，消費者に対する細かな文字で書かれた事前の開示は無意味であることを論じた「契約法における読む機会という神話」というタイトルの論文をちょうど発表したところであった。シュナイダーの書籍『自律性の実践』は，インフォームド・コンセントは患者の医療的な決定を促進しないことを論じていた。昼食が進むにつれ，我々は，開示義務という同じ規制方法の，異なる二つの側面に対して基本的な懐疑的見方を共有していることを発見した。また，我々が発展させていた議論の構造と，採用していた実証的裏づけの両方に多くの類似があったことに即座に気づいた。

　2008 年の春，我々は二人の研究領域である消費者関連法と医療法における開示義務に反対する論文を，共同で執筆することを決めた。執筆にあたり，我々は三つの州（イリノイ，ミシガン，カリフォルニア）におけるすべての開示の法令を電子的に検索した。我々が調べたほとんどすべての場所で開示が義務づけられていることに驚いた。何百もの法令，規制，判決が数えきれない開示を義務化しており，すべてが同じことをしようとしていた。それは，一般の人々が消費者，クレジットカード保有者，患者，被用者，借用者，保険契約者，旅行者，そして市民としてより良い決定をすることを助けるために情報を与え

ることである。それは，開示義務の普遍性の発覚であり，それが本書につながった。

　我々のテーマについて考察するにあたり，数多くの学者の貢献があった。注で，さまざまな開示を調べることに自身のキャリアを費やしている何百人もの研究者の著作について示している。さらに，原稿の見解をシカゴとミシガンの我々の同僚，およびニューヨーク大学，UCLA，ペンシルベニア大学，ワシントン大学，テルアビブ大学，ヴァンダービルト大学，台北の中央研究院，バレンシア大学の研究会で発表した。ライアン・カロ，サラ・クラーク，リチャード・クラスウェル，ボブ・ヒルマン，フロレンシア・マロッタ＝ワーグラー，チャック・マイヤーズ，アリエル・ポラット，ジョアン・シュナイダー，ドロン・タイクマンに，長時間の議論とコメントについての特別な感謝を捧げる。ベン＝シャハーは，長年にわたる共同研究者であり友人でもあるオレン・バー＝ギルの貴重な批評と意見について感謝を捧げる。

目　次

まえがき

第1部　開示義務の遍在性

第2部　なぜ情報開示は失敗するのか

第3部　開示義務を有効に機能させることはできるのか

凡　例

・原書でイタリック体となっているものには原則として傍点を付した。

・訳者による注は巻末の「参考文献・注」に［訳注］として示した。ただし一部の注は本文中に［　］で括って示した。

第 1 部　開示義務の遍在性

第1章　はじめに

> 広告は，社会や産業の病理への対処のために用いられ
> る場合にのみ正当に推奨される。太陽の光は，最高の殺
> 菌方法だといわれる。また，電灯は最も効率的な警察官
> だとも言われる。そして，広告は，直近の困難に対する
> 継続的な対処方略として様々に活用されるべきである。
> ルイス・ブランダイス『他人の金』

　「開示義務」は，アメリカ法の中で，最も一般的で，最もうまくいっていな
い規制方法かもしれない。これは，開示者に，開示を受ける対象である一般の
人々に対して情報の提供を義務づけることで，開示者がその立場を悪用せず，
人々がよく考えて選択し，不慣れで複雑な取引を専門家とともに行うのを手助
けすることを意図している。

　たとえば，あなたが新しい家のために住宅ローンを借りる場合，あるいは前
立腺癌の手術を検討している場合，あるいはオンラインでソフトウェアを買う
場合，警察から尋問を受けている場合を考えてみよう。これまで直面したこと
のない選択に直面している場合，その場面でとるべき選択をほとんど理解でき
ないだろう。あなたが接している専門家（貸し手，医者，販売業者，警察）は，
それをよく理解している。開示義務は，あなたが良い選択をするために知って
おかなければならないことを専門家に説明するよう求めるものである。そのた
め，貸付真実法では，販売業者に対して借入条件について説明することを義務
づけている。インフォームド・コンセントの原則は，医者に対して前立腺癌に
対する治療法について説明するように義務づけている。契約法は，販売業者に
補償や紛争発生時の仲裁合意のような条項を明示するように義務づけている。
ミランダ警告は，警察官に被疑者の権利を読み上げることを義務づけている。
そこでは，情報さえ伝えられれば，あなたは自分の選択を十分に理解し，クレ
ジットカード，癌，コンピュータ，自白について正しい判断をすることができ

ると想定されている。

　開示義務は，この数十年にわたり，一部の主要な政策問題に対する主要な規制方法であった。金融危機への対応の核は，（すでに非常に多くある）開示義務化を徐々に増やすことである。多くの医療制度改革は，患者がより賢明でより安価なものを選択できるように健康保険や各種保険，医師，病院，治療や費用について患者に説明することを求めている。非常に多くのインターネット商取引に開示義務が課されている。それは，多くの個人情報の扱いについても同様である。憲法上認められた権利のいくつかは，ミランダ警告のような開示によって保護されている。選挙資金規制は，今ではその多くが開示に関するものである。

　これらは，一つの山脈のいくつかの頂に過ぎない。開示されていない契約の条項は一般に法的効力を持たないので細かな文字が並ぶこととなる。そのため，毎回の「同意します」のクリック，毎回の点線上のサインは，開示の瞬間でもある。消費者保護法の広い領域において，開示が義務づけられている。住宅ローン，貯蓄口座，当座預金口座，退職後のための資金口座，クレジットカード，質屋，購入選択権付賃貸は，開示義務の対象である。医療法は，インフォームド・コンセント，医薬品表示，研究規制，医療保険，遺言，医療に関する個人情報保護など，開示で溢れている。開示義務は，食品ラベル，旅行券，賃貸借，著作権警告，マンションのタイムシェア契約，住宅の販売，店舗への返品条件，学校への入学者・卒業者のデータ，大学の犯罪報告，飛行中の安全確保のアナウンス，駐車場の半券，製品の有害性と環境への有害性警告，そして車や家の修理にもかかわる。

　にもかかわらず，開示義務は，ローレライ[1]であり，立法者を規制の失敗の岩の上に誘い出してきた。本書は，以下の方法で，その誘惑の歌を封じることを望んでいる。第1に，規制方法としての開示義務の特徴を明らかにする。第2に，そのほぼ乱発ともいえる利用の様子を記述する。第3に，それが目的を達しないのが日常茶飯事であることを示す。第4に，それがなぜうまくいかず，そして修復できないかを説明する。

　開示義務が人を魅了するのは，現実の問題を対象にしているからである。現代に住むあなたは，不慣れで複雑な判断に溺れ気味である。ほとんど知らない

ので，あなたは専門家にゆだねることになる。ほんの数十年前，あなたは，わずかなことに対して，わずかな選択肢の中で判断してきた。AT & T から黒電話を引く。非常に制限された範囲内のわずかな種類の住宅ローンを提供している第一地方銀行から住宅ローンを借りる。あなたに必要だと主治医が考える医療を（時折）うける。長年一つの会社で働いた場合だけ年金を受け取るが，その年金はその会社が設計したものである。

　今日，電話には固定電話と携帯電話，そして IP 電話があり，多くの製造業者から多くの製品が提供され，また多くのプロバイダーが多くのプランを提供している。全国の金融機関は，形式もばらばらで多種多様な条件の住宅ローンを提供している。あなたの医師は，あなたの病気に対するさまざまな治療方法とその効果を説明しなければならない。年金は会社を越えて持ち越すことができ，数えきれないほどの形態があり，何千もの証券の中から選ぶことができる。

　これは，おおむね素晴らしいことである。あなたには，ちょっとましという程度の選択肢だけではなく，たいていは，より良い選択肢があるのだから。しかし，増えていく選択肢は，ますます詳細で高度な知識を必要とする。そのため，開示義務は，非専門家が，専門的知識を必要とする選択をしなければならない世界の問題のために存在する。その解決方法は，魅力的なほどシンプルである。それは，人々が不慣れで複雑な意思決定場面に直面しているのなら，その意思決定が馴染みがあって理解可能なレベルになるまで情報を与えよ，というものである。人々は本当に自分自身で意思決定したいのだろうか，より良い決定をしたいのだろうか，それを求めて開示を受けとっているのだろうか。少ないよりも多くの情報があるほうがよいというのは当たり前のことなのだろうか。提供された情報を，人々は喜んで受け取り，真剣に利用するのだろうか。

　開示義務が魅力的なのは，それがアメリカの基本的な二つのイデオロギーと共鳴するからである。第1は，自由市場の原則である。市場は，買い手が十分な情報を持っている時にもっともよく機能し，開示とは人々に情報を与えることである。買い手が恐れるのは，売り手のぼったくりと，良くない商品をつかまされる恐れ（買い手の危険負担）であり，開示は，価格や品質，条件を明示することで，市場を歪めることなく買い手を保護する。第2のイデオロギーは，自律性の原則である。自らの人生を形作る決定をするために，人は，道徳的な

権利や実際的な政策を問題にする権利を有している。開示は，それらをするために役立つ。

　開示義務が魅力的なのは，それが軽い規制のように見えるからである。安全や品質の基準を設けたり，製品やサービスの販売を制限したりといった経済行動への直接的な規制は，うまくいかず費用が掛かるし，自由やイノベーションや効率性を抑制し，さらには，行政当局や規制の負荷が大きい可能性がある。開示義務は，売り手が何を売っているかを買い手が知ったうえで，売り手が売り，買い手が買うことを促す。

　開示義務は，実施が比較的容易なので魅力的である。そのイデオロギーの普遍性と見た目の穏当さによって，開示義務は，政治的反対勢力の反発を比較的招きにくい。規制対象は時折，より侵襲的な技法よりもこれを好み，立法者は，この技法の経済的負担が少ないことを知っている。

　開示義務は，それが機能しなくてもほとんど気づかれず，容易に言い訳ができるので魅力的である。これは，規制技法としてまったく認知されてこず，また，これがごく標準的な特徴をもった方法であり，これまで根深く広範囲にさんざん繰り返されてきた結果をもたらす方法であることを，ほとんどの立法者と多くの有識者は理解していない。そのため，義務の失敗は，この規制形式に欠陥があるという判断ではなく，特定の社会問題に対応するために実施された特定の方法に起因していると考えられやすいだろう。たとえば，義務の範囲が狭すぎたから失敗したのだ，開示が気づかれなかったからだ，形式がわかりにくいからだ，といったようにである。開示義務は無謬の神なのである。

　最後に，開示義務は良いという根拠がほとんどなくても，明示的な害がほとんどないので魅力的である。もし開示が誰かの負担になるとすれば，それはすでに情報を持っている取引に慣れた当事者であろうし，その人には情報を広める道徳的な義務があるかもしれない。

　そのため，開示義務は魅力的なのである。それは簡明でよい規制のように見えるのであり，多くの立法者はこれを施行し，有識者は，これをコストのわりにベネフィットの大きなものであると安易に主張するのである。一部の世知に長けた立法者と有識者は，これを特殊な規制方法であるとみなし始めている。しかし，彼らはその失敗を認めつつ，配慮や創意工夫や努力によって，それが

改善しうると考えている。意識しているかどうかはともかくとしてこの方法を好んでいる立法者と有識者を呼ぶ呼称が我々には必要である。「開示主義者（Disclosurite）」が直接的でよく表している表現であろう。これには，様々な見方や信念を持った人々や機関が含まれ，「環境主義者」と同じように一般化した呼称である。しかし，非常に多くの立法者と有識者が，何らかの形で開示義務を支持しているので，これは有用な一般化である。

　開示義務は魅力的ではあるが，その野心的な目標をたいてい達成できずにいる。それは失敗する運命にあるわけではないが，開示を受けた人は良い決定を行うようになると報告する実証研究はまれである。たとえば，ローレン・ウィリスは，「現在，連邦法によって住宅ローンに対して義務づけられている開示は，価格に基づいた購入を効果的に促進するわけでも，リスクについての慎重な意思決定を引き起こすわけでもない」と結論づけている[2]。アメリカの学術研究会議は「数十年の研究にも関わらず」，「インフォームド・コンセントの達成」は「ほとんど進展していない」ことを認めている[3]。さらに広い観点から，ウィンストンは「連邦および州の，開示政策を含むがそれに限定されない情報政策に関する実証研究をレビューし，それらが消費者によりよく情報を伝えたりより安全にしたりしていないことを示唆している」[4]。

　開示義務の失敗は，その成功と同じくらい起こりうることである。「細かな文字だ」と開示を笑ったことのない人はいるだろうか。条項を読むことなしに「同意します」をクリックすることについて，失敗した後悔にせよ，怒りをもってにせよ，冗談にしたことのない人はいるだろうか。もっともくだらない開示の話を競わなかった人はいるだろうか。住宅ローンのクロージング[5]，レンタカーの窓口，そして薬局のレジは，我々全員が開示を読むことをあきらめる時には儀式的な時間になり，読もうと努力した時には理解できず，いずれにせよサインをすることになる。

　その理由は，開示義務がその目的に合っていないことにある。開示が準備されているような選択肢は，素人には不慣れで複雑なもので，通常は専門家によって管理されるものなので，通常，立法者が開示を義務づける内容は，素人に太刀打ちできるものではない。連邦準備制度理事会が，消費者が変動金利の住宅ローン（各種指標，マージン，割引，金利や支払いの上限，負の返済，支払いの

選択肢，ローンのリキャスト）を選択するために理解しなければならないと考え
ている専門知識を見てみればよい[6]。同様に，前立腺癌治療の評価をし始める
ために，様々な治療法についてあなたは理解しなければならない。それらを拒
否した方がいい理由は何か，それらの副作用は何か。多くの説明がなされなけ
ればならない時，単なる開示が，よく考えた上での決定を手助けすることはま
れである。

　開示義務は，脆く繋がった長い連鎖に依存しているためにうまくいかないの
である。開示義務は，3人の関係者（立法者・開示者・開示を受ける者）が，そ
れぞれの役割を十分果たした場合にのみ機能する。それぞれの関係者がそれぞ
れのパートで求められていることのすべてを満たせるのはまれである。立法者
は，規制が必要な対象を特定したうえで，その中で開示が良い解決方法となる
ものを正しく特定しなければならない。次に，立法者は，開示を義務づけるべ
き内容を正しく把握しなければならない。最後に，立法者は正しく，理解でき
るように義務づけを命じなければならない。それぞれのステップは難しく，四
つすべてのステップをこなすことは並大抵のことではない。特に法律家をしば
しば動機づけるプレッシャーの中では特にそうである。開示者もまた問題に直
面する。開示者が心から義務に従おうとしているという理想的な条件下でも，
開示者は，その義務を読み，理解し，注意し，データを作り組み合わせ，それ
を効果的に説明しなければならない。

　しかし，立法者と開示者の役割は，開示を受ける側のそれよりも，よほどシ
ンプルに見える。開示主義者がイメージする方法で人々が実際に意思決定をす
るとなると，人々は，意思決定をしたいと思い，関連情報を集めたいと思い，
各選択肢によって起こりうる結果を特定し，自分が望んでいることは何かを評
価し，その望んでいることに最も合致する選択肢を選ぶことになる。開示を受
ける人は，さらに開示を理解する必要がある。しかし専門家でさえも苦戦する
だろう。消費者金融保護局の元特別顧問であるエリザベス・ウォーレンは，ク
レジットカードの開示について，以下のように言っている。「私はハーバード
で契約法を教えていますが，これが何を言っていっているのか半分も分かりま
せん」。

　実際，多くの人はほとんどの開示を読むことができない。4千万人以上の成

人は実質的に識字能力がなく，次の5千万人はなんとか識字能力があるという程度である。ある研究では，患者の40%が空腹時に薬を飲むという説明を読むことができなかった。計算に対する苦手さはさらに酷い。基本的な計算能力のテストで，三つの（本当に）簡単な質問（たとえば，1,000ドルの1%は？）に答えられたのは，たったの16%であった。しかし，金融や医療の個人情報に関する通知は，一般的に大学レベルの言語で書かれており，さらに，通常の契約で用いられる言葉を理解できるのは人口のごくわずかに過ぎない（シンプルな言葉で書かれたeBayの利用者契約でさえも以下のような文言を含んでいる。「あなたがこの契約に合意した場合，あなたがその内容物について持つ著作権，肖像権，データベースの権利（それ以外は除く）に関して，あらゆるメディアにおける現在および未来の，非独占的，世界的，永久的，非可逆的，著作権使用無料でサブライセンス可能（複数段階も含め）な権利を我々に付与するものとします」7)）。

　開示主義者は，シンプルでより良い開示に期待する。「対象を絞った透明性」と「スマートな開示」と「行動科学に基づいた」改革が行われ，「強化された」あるいは「有意味な」開示が研究機関で検証されてきた。しかし，開示は読むことができず，読まれないのは複雑なことをシンプルに説明できないからである。問題は識字能力や計算能力だけではない。それは「過重負荷」の問題と「蓄積」の問題から成る「分量の問題」である。過重負荷の問題は，対処するには開示があまりに大量で複雑である時に起こる。蓄積の問題は，開示を受ける人が，日常的に多くの開示に直面し，結果的に，毎年非常に多くの開示に直面するため，少数の開示にしか注意を向ける（ましてや使いこなす）ことができないために起こる。前に述べたように，開示者は，人々が不慣れで複雑な意思決定をするための準備をするべきである。その意思決定は，多くのことをよく学び，それを上手に使わなければならないので複雑である。しかし，人を説得できるほどに，多くの情報を整理し，呈示するのは難しい。的を射たプレゼンテーションであっても，記憶し，解釈し，応用するのは大変なことである。不慣れさはこれらの問題を大きくし，その選択肢についてあなたが知らなければ知らないほど，多くを学ばねばならない。

　シンプルにするという開示主義者の要求は，情報の徹底という開示主義者の目標と緊張関係にある。どのようにシンプルにできるだろうか。もし開示を少

なくすれば，開示を受ける人が学ぶ量は少なくなる。個人情報がどのように使われるか知る権利を人々が持つなら，それぞれのウェブサイトは，完全な真実とはいえないものを人々にどのように伝えることができるだろうか。前立腺癌の治療に対する患者の同意が「情報を与えられた」上でのものでなければならないならば，どのように情報を削るだろうか。どの情報を医師は省略すべきだろうか。治療の選択肢，副作用，副作用の詳細，副作用の起こる確率の推定値，副作用の生起リスクに影響する要因のレビューのどれを削るのだろうか。

　あるいは，要約することによってシンプルにできるだろうか。ローンの年百分率（APR）[8] のような情報の要約はときどき用いられることがある。しかしこの数値は，問題を正確に記述し，かつ素人が理解して使うことのできるものだろうか。年百分率ですらこのような問題で悩ましく，立法者と学者が数十年にわたって苦労してきた。開示主義者のポスターチャイルド[9] は，レストランの衛生評価（A, B, C）であった。しかし，その多くが省略されたり格づけが改竄されていること，そして，その成功は疑わしいものであることが明らかになっている。

　開示主義者はシンプルな言葉を求める。しかし，専門的な言葉は複雑なアイデアを要約したものである。「治療が必要な部分のすぐそば，もしくは内部に放射線源を埋め込む放射線治療の一形態」を「近接照射法」に置き換えれば，説明は短くなる。しかし，開示を受ける人は専門家ではないので，これらの用語は彼らの知らないものであろう。

　シンプルな言葉とアイデアが，不慣れで複雑な問題を効率的に描写できたとしても，素人はこれらの問題について理解する背景情報に欠けているだろう。たとえばあなたが多くの人と同じように，検査と予防を混同していたら，PSA検査に対する議論を評価できないだろう。さらに悪いことに，情報を適切に使うためには，開示からではなく，実際の場面で得られた情報を処理して評価するスキルを必要とする。アイエンガーが言うように，「学ぶときには，学習と実践を通して，要素をシンプルにして優先順位をつけてカテゴリー分けし，様々なパターンを認識することで」，我々は「一見カオスに見えるものの中に秩序を作り出す」ことができるのである[10]。

　人々は意思決定をしたいと考えており，それを開示主義的な方法で行いたい

と考えていると我々は想定してきた。しかし，多くの人々は，意思決定するのを避けている。患者は，自分自身で結論を出すために論理的に考える代わりに医師のアドバイスを得ようとする。従業員は退職後のための貯蓄制度について検討するのを避ける。これは良くないかもしれないが，人々は意思決定する機械ではない。その家族，友人，仕事，遊び，祈りだけで十分人々の生活はあふれている。一つの複雑で馴染みのない選択に習熟することは，苦痛であり，邪魔である。情報開示の洪水の一滴でさえ引き受けることは，人々を溺れさせることになりかねないのである。

　さらに，多くの人が乏しい情報と短い検討で意思決定をしている。彼らは，開示を見落とすか，読み飛ばすか，斜め読みする。情報蒐集からはほど遠く，彼らは，選択を容易にするために，情報を削ぎ落とす。そのため，多くの女性は，単一要因に基づいて乳癌治療の選択を行う。さらに，開示を学習することで得るものがいかに少なく，開示を無視することで失うものがいかに少ないかということを，人々は経験から学んでいる。要するに，よく情報を与えられた意思決定によって得られるベネフィットはそのコストに比してわずかであると人々はしばしば計算するのである。

　結局，我々の目は日々，古い開示，修正された開示，新しい開示に曝され続けている。それはオンラインであったり，メールであったり，医師の診察室であったり，店舗であったりするであろう。また，箱の中に入っていたり，箱に表示されたり，シュリンクラップ[11]の形式であったりするかもしれない。あるいは請求書の裏だったり，申込フォームの表に書かれていることもあるだろう。開示は，長く続く習慣であり，患者は「承諾」し，借り手は不動産契約のクロージングの文すべてにサインをし，スマートフォンのユーザーは利用条件に「同意」し，インターネットユーザーは，リンク先のスクロールによってプライバシーポリシーについて情報が提示されたことになる。開示というホワイトノイズにフィルターをかけずにいるには我々はどうしたら良いだろうか。立法者は，我々の注意を引くために音量を上げ，我々は騒音に対して耳をふさぐ。

　要するに，開示義務は，論理的に合理的であるというだけで，人間的には誤った想定に立っている可能性が高いように見える。オンラインでソフトウェアを買う時に，どのくらいの人が販売条件を読むためにクリックするのか，どれ

くらいの人がそれを読むのか，どれくらいの人がそれを理解しようとするのか，そしてどれくらいの人がそれをできるのか。ある研究では，1,000人の買い物客のうち，1秒間販売条件のページを見たのはたった一人か二人であった。住宅ローンのクロージングで，どれくらいの人が自らサインした書類の束を斜め読みでもするだろうか，どれくらいの人が理解しているだろうか。おそらく誰もしていない。シンプルな固定金利の住宅ローンのための100ページの書類の束に，54のサインが必要な48の別々の開示が含まれているのだ。前立腺癌の男性は，その治療の見込みや，主要な治療法それぞれの副作用の可能性を，どれくらい解読しようとし，ましてや理解するだろうか。そのデータが利用できるほどどれくらい記憶しているだろうか。患者は，非常にシンプルな医療情報を読みも，理解も記憶もしていないので，ほとんどだれもそれらをする人はいないだろう。ミランダ警告を与えられた人のうち，何人がその意味を理解しているだろうか。エール大学の教員と大学院生は理解できなかった。どれくらいの人が，自分の銀行のデータ収集に関する開示を受け取っていることを理解し，ましてやそれを読むだろうか。あるウェブサイトの開示は，この開示に気づいた人は100ドルを提供するというものであった。まだその100ドルは手つかずのままだ。

　不慣れで複雑な選択をシンプルにして呈示することができたとしても，立法の構造がそれを押しとどめるだろう。これらの構造は立法者を，より多くのより広い義務を課すことに向かわせる。第2章で消費者金融の開示について紹介するが，それは，たった1ページのものが，注意を引くために，長い両面の「ベッドシーツ」へと変形した。iTunesの規約の条項は，今では小さな文字で32フィート［975.36センチメートル］にまで伸びている。人を対象とした研究の同意書は，規制者の徹底的な監視のもと，着実に肥大している。情報が呈示されていれば被害を防ぐことができたかもしれないスキャンダルが起こるたびに義務が増えていく。機能しているように見えるそれぞれの開示は，より長くなる（もし豆の缶詰のカロリーに関するリストが機能したのであれば，脂質や塩分も加えるべきでは。原産国は。遺伝子組み換えは）。さらに，我々のシステムでは，複数の立法者が一つの司法管轄で義務を発行することができる。たった一つのローンでも，連邦，州，地方議会，各種政府機関，裁判所による一連の開示義

務に応じなければならない。開示は，ラチェットのようなもので，簡単に拡大するが，縮小はまれである。

開示義務の信頼性の欠如は，それに害がないのであれば，問題ではないのかもしれない。義務づけは，無料のように見られている。これは，義務づけのために政府が払うコストはほとんどなく，開示が開示者の帳簿の項目となることはまれであるし，開示を受ける人は，自分たちがそのコストを払っていると理解していないからである。一つの義務の管理コストがささやかであったとしても，数千の義務づけが累積するとそうではない。そして，義務づけは有害にもなりうる。特に，悪貨は良貨を駆逐する。義務づけがあることで，立法者はよく機能するがあまり一般的ではない改革の苦労を惜しむようになる。開示は，不公正を引き起こす場合もある。複雑な説明は，時には裕福で世知に長けた人には役立つが，貧しく，世慣れしていない人には役立たないかもしれない。すべての開示の受け手が最終的に開示に支払いをすることになるので，貧しい人が豊かな人に支払うことになる。開示義務は，より有用な情報を覆い隠す場合がある（患者の「同意」に使われた時間は，彼らの治療に使うことができない）。開示は，開示者をその他の規制（たとえば不法行為責任，詐欺や欺瞞禁止に関する法律）から守る。そして，ほとんど気づかれないが，損害の例として，義務に従うには時間と労力がかかる場合があることが挙げられる（研究参加者に対する開示のように，価値ある研究が遅れたり，損壊されたり，実施ができないことさえ引き起こすほど開示が詳細かつ破壊的になる）。

要するに，実証研究は，開示義務は一般的に失敗するというだけではなく，失敗は開示義務に起因するものであることを示している。第1に，開示義務は，人々がどのように生き，考え，行動するのかについての誤った仮説に基づいている。第2に，情報が決定をどのように改善するかについての誤った仮説に基づいている。第3に，それがうまく機能するには，立法者，開示者，開示を受ける人それぞれが，あまりに数が多く厄介な必要条件をほぼ満たすことが必要になる。

開示義務は，不慣れで複雑な意思決定に直面する非専門家の問題に対処するための規制である。これは幅広く，また，ますます多く用いられている。しかし，不慣れで複雑な意思決定は，開示主義者が理念的に想定しているよりもは

るかに困難であるので，開示はその目標を達成していない。このような決定についての消費者への情報の提供は，開示主義者が望んでいる真に情報を踏まえた意思決定を消費者がすることを手助けするものではない。開示義務は，根本的に修復不能な根本的な誤りである。

　我々はしばしば，どうすれば開示義務を他のものに置き換えることができるのかと尋ねられることがある。我々は第1に，立法者は何が機能しているのか知らないとしても，少なくとも何がうまく機能していないかを知ることができるし，どの失敗を止めるべきかを知ることができる，と答える。第2に「その代わりにどうするのか」というのは，別の万能薬が考案されるべきだという意味で使われるのであれば，誤った質問である。どんな規制技法でも，開示に期待されていることすべてに対応はできない。あらゆることに効果を持つことができるものはないのである。そのため，有識者と立法者は，自分たちのツールの限界を知り，問題に合わせた解決策を策定するという知的かつ政治的課題を引き受けなくてはならない。これは現実的な助言であって絶望ではない。

　一つの理由としては，人々は，開示主義が想定するほど愚かではない。多くの開示は，人々が求めてもいないし必要にもしていないのでうまくいかない。人々は多くの開示を分別を以って無視するということが多く示されている。彼らは，使用許諾契約を読んでも，自分たちの気持ちが変わらないということを正しく計算している。彼らは，開示された情報を使って自分で選択することよりも，医師に手伝ってもらって良い意思決定をする方を合理的に好む。彼らは，開示が意思決定を良くするかもしれないが，その改善はそれにかける時間と労力を考えれば，あまりにもまれでかつわずかであると，鋭く感じ取っているのである。そして，検討されない開示が残ることのリスクを減らすことについて，政府や市場に正しくゆだねている。

　それに加えて，人々は，情報（ときにはより良い情報）を他の場所で入手できるので開示を無視する。たとえば，人々はデータよりもアドバイスを一般的に好む。義務づけは，その会社の契約条件をリストアップする必要があるが，アマゾンの得点や Yelp のレビューは，彼らが買ったものをどれくらい好んでいるかを教えてくれる。Consumer's Reports から Standard & Poor にいたるまで，多くの企業がクライアントに合わせた情報を収集し，提供している。

　規制技法は，どのようにしてこれほど一般的になり，かつこれほど酷くなれたのだろうか。開示義務は，誤った問いを投げかける。「人々が適切な決定をするために必要な情報は何か」。これは，重要な問いであり，これについて豊かで魅力的な研究が，答えを見つけ始めている。しかしこれは誤った質問である。なぜなら，立法者にとって重要な問題は，その種の規制には害よりも利益の方が多いかどうかであるからである。取引に慣れた当事者が，慣れていない当事者に，不慣れで複雑な決定をするための情報を提供することを義務づけることは機能するだろうか。この領域における数十年の証拠は，開示義務はどうやっても目的を達成できず，修復も困難で，あまりに多くの害をもたらすということを示している。立法者は，それを使うのをやめるべきであり，有識者はそれを求めるのをやめるべきであり，利益団体は，今回こそは本当に違うということを説得力をもって示すことができないのであれば，それを称揚することをやめるべきである。

第2章 複雑な意思決定，複雑な情報開示

> 私の病気が多くの病気の，多くの熱病のいずれに当る
> のか，どのような結果をそれは招こうとしているのか，
> どのような手段でそれに対抗すべきかを合議している医
> 者達は，なんと複雑な仕事をしなければならないことで
> あろうか
> ジョン・ダン『不意に発生する事態に関する瞑想』

　第1章では，開示義務が非常に幅広い分野で用いられている特徴的な規制手法であることを紹介した。そこでは，一部の情報開示が一部の人の助けになることがある一方で，情報開示の義務化は，開示を受ける人が，知識豊富な各種専門業者とのやりとりの中で，不慣れで複雑な選択について適切に意思決定できるようにする，という目的を十分に果たせていないことを論じた。本章では，情報の開示義務について論じる。情報開示の義務化によって対処しようとしている問題は，根深くかつ広範囲にわたるものである。問題が根深いというのは，意思決定があまりにも馴染みがなく，非常に複雑であるために，それを理解するためには相当量の勉強が必要となるからである。また，問題が広範囲に及んでいるというのは，そのような意思決定があまりにもあちこちで発生するからである。

集中的な問題

　義務づけによって一般的に対処しようとしている決定は根深いものである。これには多くの要素が絡み合っており，それ自体が複雑なものであることが多いからである。このことが何を意味するかを示すために，開示が従来から情報を提供し，改善しようとしてきた二つの種類の決定，すなわち，住宅購入のためにお金を借りることと，医療行為を選択することを取り上げる。

借　金

　家の購入ほど，お金にかかわる大きな決断はない。これほど高額な買い物はない。あなたの選択によって，その後何年にもわたる住宅のコストが決まる。家というのはおそらくあなたにとって最高額の投資であり，それを分散させることはできない。住宅ローンは最大の負債であり，毎月の支払いはあなたの給料の中で最も大きな割合を占める。多くの地域に多くの家があり，それらは一瞬で見分けがつくほど異なっている。あなたは子どものために，隣人や学校を選ぶことになる。また，屋根の雨漏りや地下室の浸水など，家にはさまざまな問題が起こり得る。あなたには大きな失敗をするチャンスがた・く・さ・んあるのだ。

　では，あなたはどれくらいの家を買うことができるのだろうか。あなたは素敵な居住区に素敵な家を持ちたいし，安物買いの銭失い，ということにもなりたくない。けれどお金をかけすぎると大変なことになる。あなたの支払額が増えれば増えるほど，大学の学費や退職後のための蓄え，旅行や洋服，レストランなど，他のすべてのことに使えるお金が減っていく。もしあなたの収入が減ったり，もしくは支出が増えたりすると（子どもがいると両方の不幸が重なることもある），あなたはさらに高額の借金をしなければならなくなったり，家を売らなければならなくなったりするだろう。もしあなたが頭金を増やそうとすれば投資に回していたお金は減り，いざという時のための蓄えも減ってしまう。市況が悪いときに売却しなければならない場合，あなたは頭金を失う可能性があ・り・，そ・れ・に加えて住宅ローンの返済額が住宅の売却額よりも高くなってしまう可能性もある。

　自分が買える家の金額についての一般的なアドバイスは簡単に見つけることができる。あるウェブサイトによると，住居費（住宅ローンの元金，利息，税金，保険料）は総収入の 25-28％ を超えてはならず，負債総額は 33-36％ を超えてはならないという。借入額は，あなたの頭金の額によって決まる。ウェブサイトによると，貸し手は最大 20％ の頭金を要求する場合があり，クロージングコストは 3-6％ になるという。ジニーメイ[1] の計算によると，あなたの頭金は 15％ 以下で大丈夫だという（ただし高額な民間住宅ローン保険をかけた場合はもっと低くなる）。しかし，2008 年の住宅ローン危機[2] が示したように，住宅市場は非常に重要だ。価格が下落すると，適正な住宅ローンを組んでいる人でも，

家の価値以上の借金を背負うことになる。また，バルーン型返済[3]の人は，頭金がなくなり，借り換えも難しく，破滅の危機に陥る。

あなたが高価で耐久性のある資産を購入したり，融資を受けたりする際の相手は，あなたよりも多くのことを知っている。売り手は自分たちが販売する家のことを知り尽くしている。あなたにとってのそれと同じように，家は彼らの資産の中心となるものであるため，彼らはそれをまばゆく輝かせて見せるだろう。確かに，あなたはかなり優秀なブローカー（あなたが早く家を買えばすぐにお金がもらえ，多く払えばもっとお金がもらえる）と仕事をしている。あなたはクロージング・エージェンシーに遭遇する（そして予想外の手数料を支払うことになる）。そして，あなたに税金をかけようとしている政府や，あなたが考えもしなかったリスクから，予想もしなかった価格であなたを守ろうとする保険会社と取引することになるだろう。

そして住宅ローンである。貸し手は長年の経験と，あなたの履歴や好みに関する情報をもとに，リスクとリターンを計算する。競争はしばしば消費者にとって安全な市場を作るが，ローンのコストや結果の多くは，借り手にとっては不明瞭であったり，貸し手によって隠蔽されていたりする[4]。さらに，ローンは個別にパッケージ化されていて，市場の状況も頻繁に変化するため，他人の経験に頼ることもできない。そこで，あなたは徹底的に用心深く買い物をしようと決意する。あなたはこの市場についてほとんど何も知らないが，Googleで検索してみると，住宅ローンのブローカー，地方銀行，信用組合，国立銀行など，熱心な金融機関がたくさん出てくる。それらのローンは変幻自在で，コスト，メリット，諸条件が異なっている。そうした膨大な情報の中に，一つの核となるデータがある。それはローンのコストをまとめた年百分率というデータである。

しかしこの年百分率は，たとえば30年固定金利ローンのいくつかを比較することはできるが，いくつかの重要なジレンマを解決することはできない。いくつか例を挙げてみよう。長期ローンは短期ローンに比べて金利は高いが，月々の支払額は低い。では，あなたは年百分率の低さ（利息の支払いが少ないこと）と月々の支払額の低さのどちらを重視するだろうか。もし金利が下がって借り換えをした場合，あなたは期限前返済のペナルティを負う可能性がある。

では，あなたは違約金のある安いローンと，違約金のない高いローンのどちら
を選ぶだろうか。それはどのくらいの手痛さになるだろうか。あなたはポイン
ト（前払い利息の一種）を購入することで，月々の支払額を下げることもできる。
ポイントの価値はあなたの繰り上げ返済や借り換えの可能性に左右され，それ
は金利やあなたの収入に左右される。変動金利型の住宅ローンにも同様の問題
がある。変動金利型の住宅ローンは金利が変動するため，あなたは自分の支払
額を予測することができない。さらに変動金利住宅ローンには，おいしいお試
し価格や逆償却が用意されていることもあり，それらは今の時点では家を手に
入れやすくしてくれるものの，あなたの最終的な支払額を増やす可能性がある。

　さらに，周辺的ではあるが実質的な検討事項もある。あなたはすぐに，クロ
ージングコストには申し込み費用，鑑定費用，承継費用，信用調査費用，住宅
ローン保険申し込み費用，貸金業者の検査費用，貸金業者の弁護士費用，貸付
手数料，ポイント，住宅ローンブローカー費用，住宅ローン保険料，プロセス
費用，積立金，税金関連サービス料，査定料，送金手数料，年賦課金，洪水保
険料，住宅所有者保険料，固定資産税，弁護士費用，公証人費用，権原保険料，
権原調査費用，各種検査費用，記録費用，調査費用，譲渡税など，さまざまな
費用がかかることがわかる。これらの費用の多くはわずかな額なので，あなた
が影響を受けないものも多いが，債権者があなたに加入させたい 3 種類の保険，
すなわち不動産権原保険（家の所有権に法的な問題が生じた場合に備えて），信用
保険（あなた自身やあなたの収入に何かが生じた場合に備えて），住宅所有者保険
（住宅ローンの担保となっている家に何かが生じた場合に備えて）のように大きな
ものもある。担保を守るために，貸し手はあなたに固定資産税や保険料を確実
に支払わせる必要があり，それらの支払いのためにエスクロー口座[5]に入金
することを求めている。もしあなたが月々の分割払いではなく，自分で支払い
をしたい場合は，エスクロー放棄のための手数料を支払う必要があり，支払い
を怠った場合の経済的・法的な影響についても知っておく必要がある。

　このようなデータと，一得一失の絡み合いの中で，あるものは他のものより
も重要である。いくらの金利でいくら借りればいいのかという問題は，たとえ
それが膨れ上がったものであったとしても，登場する多くのジャンク・フィ
ー[6]を凌駕する。しかし，あなたはこのようなことが初めてなので，何が重

要で何が無視できるものなのかがわからない。借り手は予想外のコストを支払うことも多いと聞くが、あなたは物事を徹底的に調べなければならないのだろうか。あなたはどのように注意を払えばよいのだろうか。米国中央銀行制度は「常識を捨てろ」[7] と言うが、あなたの常識ではこれらの疑問すべてに答えることはできない。

　つまりシンプルな住宅ローンであっても、膨大な選択肢の中から多くの決断をすることが必要で、それは修正できないものであり、重大な経済的影響を及ぼすものであり、仮定や要因に左右されるものであり、専門家でさえも見落としたり誤算したりするものなのである。

前立腺癌の治療法の選択

　前立腺癌と診断されるまでに、あなたはすでに様々な決定をしているはずである。診断は経直腸生検（多くの場合、PSA 値が高いことが原因で行われる）によって行われるが、これを快く思う男性はほとんどいないため、慎重に検討する必要がある。生検の結果、あなたに癌が見つかる。勇気と知恵を取り戻した後、あなたは治療として前立腺の根治手術（神経温存および非温存）、外照射、ブラキセラピー、外照射とブラキセラピーの併用、ホルモン療法、凍結療法、積極的監視、経過観察、もしくは何もしない、という選択があることがわかる。これらすべてが提供されるわけではなく、中には不適切なものや利用できないものもある。しかし治療法が提供されないということは、治療法の異なる二つの専門分野（泌尿器科と放射線腫瘍科）が激しく対立しており、両者の長い戦いに巻き込まれたということでもある。

　治療法の内容を知ることだけでも、決して簡単なことではない。そこで使われている言葉が何を意味しているのか。それはどのような治療法なのか。それらはどのように作用するのか。そしてそれぞれの治療法については、必要性、有効性、副次的な結果という三つの基本的な疑問がある。

　治療しないというのも、治療の一つだ。本当に。多くの前立腺癌は進行が遅く、その場合あなたは癌になる前に他の理由で死ぬ。しかし、すべての前立腺癌がゆっくりと進行するわけではないため、治療を拒否することは恐ろしいことに思えるだろう。もしそうなら、積極的な監視を試みることができる。前立

腺癌が低悪性度の癌であることを願い，その結果を見守るのだ。運が良ければ，あなたは治療とそのリスクから逃れることができる。もし，癌が危険な状態になったら，治療を行う。その間，PSA 値をモニターしつつ，追加の生検を行う。

　進行が速い癌と遅い癌を見分けることができればより簡単だが，その指標であるグリソンスコア[8]は万能ではない。あなたの癌は 3 + 4 = 7 である。これが 3 + 3 = 6 であれば，警戒監視は意味があるかもしれない。あなたの泌尿器科医は，あなたのスコアが 7 であっても警戒監視を行うだろうが，それをするのは反対だとアドバイスするだろう。泌尿器科医は，経直腸生検では 12 個のコアしか採取できなかったことを指摘し，80 個ものコアを採取できる経会陰飽和生検を提案してくる（あなたの前立腺はクルミより少し大きい）。あなたはそれに同意するが，2 回目の生検でもはっきりと同じグリソンスコアが得られた。あなたは困ってしまう。

　あなたには基本的な二つの選択肢，すなわち放射線と手術の二つが提示される。標準的なアドバイスとしてはこうである。どちらも同じように病気を治すことができる。しかし，調べてみると，この標準的なアドバイスは非常にシンプルにされていることがわかる。治療が成功したかどうかは長い期間を経てからしか評価できないため，今日のデータは何年も前の治療法を評価したものなのだ。現在の治療法はより良いものになっていると思われるが，あなたはその確信が持てないし，どれくらい良くなっているのかもわからない。

　放射線と手術が同じようにうまくいくとしたら，インポテンスや失禁，排尿障害などの副作用や晩期障害，合併症といった第 3 の問題が勝敗を分けるかもしれない。あなたの泌尿器科医のカルテによると，数年後には手術と放射線の患者は，どちらも同じように良くなるという。では，あなたが最も回避したいと思うのは，インポテンスと失禁のどちらだろう。この問題を解決しようとする際，あなたはそれぞれの言葉が軽度の問題から大惨事までの可能性を含んでいることに気づく。その確率というのは，全員が全員その確率分悪くなるということなのか，それとも全体のうちのその確率の人だけがとても悪くなるということなのか。

　そしてあなたは，重大な副作用であっても，それの治療が可能であれば問題ないことに気づく。あなたの泌尿器科医は，失禁もインポテンスも治療が可能

だと言う。安心したのも束の間，その治療法を調べてみると，有効性や副作用
について全く新しい疑問が湧いてくる。バイアグラを飲めば十分なのだろうか
（バイアグラの効果はいかほどか。本当に目が見えなくなったりするのだろうか）。
もしバイアグラが失敗したら，もっと他の代用品はどうだろう。陰圧式勃起補
助具はどうか。陰茎海綿体注射はどうだろう（心配ない，注射針は細いから）。
ペニスのインプラントはどうか。

　そして，副作用の可能性や重さは，今のあなたの状態，すなわち，あなたの
治療前の状態に依存することを知る。あなたは泌尿器科医のカルテを調べ直し，
手術を受けた患者は放射線治療を受けた患者よりも若くて健康であったにもか
かわらず，数年後には二つのグループの結果がほぼ同じになっていたことを知
る。うーん。さらに質問を重ねると，副作用の可能性は治療前の状態以外の影
響も受けることがわかってくる。あなたが個別の確率を本当に知りたいと望む
のであれば，自分の PSA 値，グリソンスコア，病気のステージ，前立腺の大
きさや位置などを考慮することになる。そうすると，あなたは直腸尿道瘻（尿
道と直腸の間に穴が開く）のような，まれではあるが，治療が難しい恐ろしい
可能性も発見する。瘻孔は放射線のリスクだが，手術のリスクではない。手術
ではあなたの前立腺を切除するので，排尿が楽になるかもしれないし，それは
嬉しいことだ。

　でも，もしあなたがそれぞれの副作用，晩期障害，合併症の発生確率やその
重症度，治療可能性を正確に予測できたとしても，それは何を意味するのだろ
う。失禁はあなたの人生をどれほど変えるだろうか。インポテンスはどうだろ
うか。あなたの泌尿器科医は，多くの患者が失禁よりはインポテンスを望むと
言う。この（あなたにとっては直観的でない）証拠をどう評価すればよいだろう。

　次にあなたは治療中や治療直後の様子について質問する。手術に向けてどの
ような準備をしたら良いのだろうか（簡単に言うと，あなたがしない方がいいこ
と）。手術でどのくらい衰弱するのだろうか。フォーリーカテーテル（膀胱に通
すもの）を 10 日間装着するのはどんな感じなのか。週に 5 日，8 週間の放射線
治療の時間を取ることができるのだろうか。放射線による疲労はどのくらいの
程度で，どのくらいの期間続くのだろうか（あなたの主治医はオフィスでの長い
一日のようなものだと言うが，これを経験したあなたの友人は数週間にわたって完

全に使い物にならなくなっていた）。

　あなたは治療法を選んでいるだけでなく，医師も選んでいる。標準的なアドバイスとしては，医師に彼らの成功率について尋ねてみるというのがあるが，あなたはそんな失礼な質問をしたくないし，それにその答えをどう理解すればいいのだろう。あなたは何人の外科医や放射線腫瘍医を調べるだろう。外科医の成功率と腫瘍医の成功率を，あなたはどうやって比較するのだろう。最高の外科医は最も困難な症例を担当する（成功率が下がる）という事実を，あなたはどう説明するのだろう。医師の技術が同じだと仮定した場合，あなたはどちらの医師に治療してもらいたいだろうか。

　あなたの泌尿器科医はこの手術を行わないため，手術を行う泌尿器科医と放射線腫瘍医の元にあなたを送る。その泌尿器科医と話し，その腫瘍内科医にも会い，あなたは手術を選択した。あなたは確かな技術を持った外科医に会うが，彼は渋い顔をしてあなたを見て，あなたは自分の選択を慎重に検討しすぎていると考え，「あなたが調べた副作用のデータは，私の患者には当てはまらない」と冷たく言い放ち，「生き延びるには手術しかない」と言う。あなたは彼のことを嫌いになり始める。あなたは腫瘍医のことがどれほど好きだったかを思い出す。腫瘍医は素晴らしい先生で，親切で，優しく説得力があった。

　そして内科医はあなたに，「治療してもベネフィットがないかもしれない」「病気の進行が遅くて他の病気に先を越されてしまうかもしれない」と告げる。実際に起こるかどうかが不確かなものを予防できるかもしれない，という不確かな可能性のために，治療とそのリスクに耐える価値はあるのだろうか。

根深い情報開示

　これらの二つの例は，情報開示義務が通常扱う意思決定が，どれほど根深く，どれほどまでに不慣れで複雑であるかを示している。もしそうなのであれば，十分な情報を得た上で意思決定すること，つまり人々が自律的に選択できるようにするという開示の理想は，厳しいものとなる。極めて複雑な問題には根深い情報開示が必要で，少ない情報からスタートする人々に対しては，かなり多くの情報を提供する必要がある。家を買う例を考えてみよう。売り手の情報開

示の基本は，買い手に住宅の欠陥に関する重要な事実をすべて伝え，買い手の質問に正直に答えるという，法による一般的な義務づけにある。しかし，数多くの規制（連邦政府，州政府，地方自治体など）により，物件の歴史，すべての既知の欠陥や危険性，都市計画による建築規制，抵触する権利や紛争，管理費など，何十もの項目について，特定の形式での開示が求められている。たとえばカリフォルニア州では，売り手は登録されている性犯罪者の所在地，過去3年以内の物件での死亡事故，夜間に吠える犬などの近隣の迷惑行為など，もっとたくさんの（開示のための説明書は79ページに及ぶ）ことを開示しなければならない。

　住宅ローンを購入する際，基本となるのは，ローンの金利やその他のコストをまとめた年百分率だ。そして，根深い情報開示が行われる。貸付真実法の一般的開示要件に含まれる年百分率と，金融費用の総額にマーカーが引かれた貸付真実法に関する情報開示の紙1枚の代わりに，借り手は大量の情報開示を受けることになる。最もシンプルな住宅ローンでも，さまざまな機関や法律によって義務づけられた書類や情報開示が（本当に）50も必要になることがある。数ページに及ぶHUD-1の書式や，貸付真実法とHUD-1の開示内容を比較した書式（開示される日が異なるため，異なる場合がある），HUD-1の別添（時には追補）がある。借り手が加入しなければならない損害保険に関する開示，不動産鑑定に関する開示，貸し手による信用調査に関する開示，連邦政府の差別禁止法の遵守に関する開示，個人情報などのデータ収集に関する開示，キャンセルする権利に関する開示，支払い方法に関する開示，エスクローに関する開示など，その他にもたくさんの開示がある。連邦法と州法で別々に義務づけられているものも多いため，重複している情報開示もある。また，（ウィットに富んだ法律家による）ペーパーワーク削減法に基づく情報開示もある[9]。

　多くの要素は年百分率にまとめることができるが，それができない要素もあり，それらは個別に開示される。特に重要なのは，返済期限前の支払いに関するオプションだ。情報開示は，借り手が期限前返済のペナルティのない高価なローンを比較できるようにしなければならない。変動金利型の住宅ローンにも同様の問題がある。変動金利型はその時々の金利に応じて変動する。そのため，あなたは10,000ドルのローンに関するシンプル化された返済計画と，その代

表的な支払い例と，最悪の場合の支払い例の中で，それがどのように展開して
いくのかという総合的な例を個別に開示してもらうことになる。これらの情報
開示では，「金利に影響する経済指標」「金融機関マージン」「金利の上限」な
どの用語が使われる。

　我々は，ローンと癌，という最もこんがらがった決断を選んだのだろうか。
残念ながら，そうではない。根深さは多発しており，根深い情報開示が求めら
れる。それはどのくらい根深いのだろうか。最良の答えは，情報開示をここに
再掲することである。しかしそれは，1万語の契約書の定型文や2,500語のプ
ライバシーポリシーが必要になることを意味する。出版社は我々の本に上限8
万語までという制限をかけているし，それに加えて，我々自身が批判している
ような誤り，つまり読者が受け止められる（あるいは受け止めたくない）以上の
ものを過剰に与えるというような誤りを我々自身が行うことは避けなければな
らない。そこで，もっとコンパクトにその根深さを示すことにしよう。

　住宅ローンに関する情報開示について開示主義者が語る場合，ローンのコス
トをまとめた単一のスコアである年百分率を思い浮かべるだろう。低金利に誘
われて，最近著者のうちの一人が住宅ローンの借り換えをした。業者から渡さ
れた書類には彼のローンの権原移転年百分率の情報開示に加えその他48の情
報開示が101ページ以上にわたって掲載されており，それらはいずれも不吉な
雰囲気を漂わせ，個別のサインを求めていた。

　　連邦貸付真実法に基づく開示文（年百分率）
　　手形支払いについての借り手の誓約
　　決済明細書（HUD-1）
　　統一された住宅ローンの申し込み
　　HUD-1 決済明細書の追補
　　HUD-1 の補遺
　　一般的なクロージング方法
　　具体的なクロージング方法
　　クロージングに関する説明の補遺
　　融資額の項目別内訳

支払い計画

クレジットスコアの開示

ハザード保険の認可要件

確定申告書の謄本の要求

納税者番号と証明書の要求

HUD-1 決済明細書の認証補遺

借り手の正味財産証明書

鑑定書受領証

鑑定書の情報開示

一人の借り手に対するローンの証明書

オーナーの宣誓書と免責同意書

借り手のコンプライアンス契約

法的説明

流通形態

米国愛国者法（USA Patriot Act）に基づく顧客の身元確認

連邦平等信用機会法に基づく通知

消費者報告機関へのネガティブな情報の提供に関する通知（公正信用報告
　法情報開示）

入居状況および財務状況に関する宣誓供述書

実際の支払い状況の証明書類

個人情報の取り扱いに関する開示文書

品質管理のための権利放棄と再検証のための協力の承認

債権移転に関する開示文書

署名の証明文書と別名に関する文書

税金の指定用紙

借り手の承認としての撤回可能生前信託

撤回可能生前信託の通知の補遺

撤回可能生前信託の付加条項

イリノイ州の借り手情報の書類

契約解除権についての告知

　　住宅ローン

　　固定金利の特約

　　統一された住宅ローン申請書に対するイリノイ州同性パートナーシップの
　　　補遺

　　共同申請の証明書

　　担保責任保険の告知

　　イリノイ州の代理保険会社の選択に関する通知

　　支払い方法

　　イリノイ州の抵当権つきエスクロー口座

　　エスクロー放棄に関する文書

　　イリノイ州のエスクロー開示説明書

　　指定された契約の期間内にローンが返済されなかった場合に関する開示

　2008年の金融危機は，住宅ローンを組んだ人が情報を得られずに失敗した
ことが原因の一つであるというのが，開示主義者の常識である。オバマ大統領
は金融危機への対応の中心に，ターゲットを絞ったシンプルな情報開示を掲げ
ている。このリストにある二つの文書，すなわち貸付真実法の情報開示と決済
明細書（HUD-1）は，これらをシンプルにするために改訂されたものである。
しかし，たとえこの二つの書類がシンプルになったとしても，この危機への対
応としてドッド・フランク法が義務づけた新しい情報開示を含む47種類の書
類の中に埋もれてしまっている。

　ここでの情報開示の根深さは，個々の情報開示だけによるものでなく，一つ
の取引に対する複数の開示義務によるものだが，一つの文書でも目を見張るよ
うな根深さがある。ちょっとした例を挙げてみよう。契約は通常，事前に受け
取った条件でのみ人々を拘束する。改革派は，人々に契約条件を読む「しっか
りとした」機会を与えたいと考えているため，あなたは契約条件への同意を求
めるインターネットのポップアップに悩まされることになる。また，その契約
条件は急に変更されることがあるため，あなたは何度も尋ねられることになり
かねない。最近，iTunesは著者の一人に，新しい利用規約に同意するよう告
げた（彼はそれまでの数ヶ月間にも多くのバージョンに同意していたし，この後の

数ヶ月間にさらに多くのバージョンに同意することが予想された）。彼はiPhoneの画面を下にスクロールし，55ページのうちの最初のページを読んでいることに気づいたが，読まずに規約を承諾し，自分にメールすることが許された。彼はそうしてから極小フォント（8ポイント）で32ページを印刷し，長い紙に貼りつけて，それをシカゴ大学ロースクールのロビーで広げた（図1参照）。

　事実推定則──この事実がまさに物語っている。我々は，この（とてもよく見かける）化物がどれだけたくさんの単語を含んでいるか，どれだけ頻繁に新しいバージョンを登場させてくるか，新しいバージョンがどれだけ前のものより長くなっているか，それぞれの

図1　iTunes の規約

バージョンを比較するのがどれだけ難しいか，といったことを説明することができる。情報開示者自身さえもこれをよく読んでいないことを示唆する誤植を示すことも可能である。たとえば，より「目立つ」ようにしなければならないすべて大文字の部分など，その言い回しを再現して，それらがいかに古典的であるかを伝えることも可能である。しかしおそらく最も滑稽なのは，これらのことがすべて……99セント分の購入のために行われているということだ。

　その他の根深い情報開示の例としては，カリフォルニア州の小売店向け割賦販売契約書がある。この標準的な契約書は，クレジットカードで新車を購入する人に与えられるすべての情報開示をまとめたものである。弁護士はこれをベッドシーツと呼ぶ。これは1枚の紙だが，26インチ［66.04センチメートル］の

図2　カリフォルニアの「ベッドシーツ」

長さがあり，裏表にびっしりと印刷が施されている（図2参照）。

　1961年当時，この契約書は四つの開示項目と二つの署名欄を持つ，8×11インチ［約20.3×27.9センチメートル］の平凡な1ページの書類であった。しかし50年にわたる消費者保護により，この契約書は表面に16の情報開示欄を，裏面には高密度の情報開示欄を備えるようになった。これは，さまざまな問題に対処するために，さまざまな法律家がさまざまな時期に義務づけた情報開示のパッチワークである。立法者は，義務化を単独で動くスパイとして設計する。つまり彼らは，その結果として生じる大隊を見ることはほとんどない。

　ベッドシーツは，グラフィックデザイナーの芸術のキルトである。それぞれの情報開示欄が目に飛び込んでくる。法律家たちは，3次元ではないあらゆるデバイスを使用して，大きさ，色，間隔，フォント，特徴的な形，厚さや面積，色合いの異なる枠など，さまざまな種類のものを作り出してきた。初めは四つの書体で間に合っていたが，2010年版では22の書体と八つのフォントを必要としている。**太字のもの**，*斜体のもの*，***両方のもの***がある。ある項目はすべて**大文字**（OMOJI）で，ある項目は**太字の大文字**で，ある項目は赤い文字となっている（本書では実際には黒で印刷されている。なぜなら我々の本は白黒で印刷されている

ためである)。主要なトピックでは 6 ポイント以上のフォントを使用しなければならないが，特に重要なものは 8 ポイントの太字を，特に特に重要なものは 10 ポイントのフォントか **12 ポイントの大文字**を使用しなければならない。

　ベッドシーツは標準化されているため，条項は必ず記入されなくてはならない。このシーツには，売り手と買い手が記入する線がマッド・リブ10)のように散りばめられている。2010 年版の情報開示書類には，価格を記入する 60 行を含む 199 行の空欄があった。2010 年版では，署名は（2 から）8 に増えている。最後に，1961 年の書類の表面には 743 語が書かれていた。2010 年版，つまり貸付真実法の制定や年百分率の発明を含む，50 年間の情報開示の改良の後，その書類には 2,051 語が書かれている。裏面の定型文を含めると，書類の文字は 5,400 語以上になる（本章は約 6,400 語）。

　根深い資産情報開示は一般的なものである。当座預金の当座貸越では高額な手数料が発生し，2011 年には顧客が支払った金額は 380 億ドル11)に達した。多くの手数料を説明するための平均的な情報開示は，「ロミオとジュリエット」（111 ページ）の 2 倍の長さ（そして，かなりうんざりさせられる）になっている。連邦住宅抵当公庫が義務づけている住宅ローン書類の情報開示には，7.5 ポイントのフォントで 9 ページにわたり 10,000 語以上が記載されている。情報開示をシンプルにすることがしばしば提唱されるが，実現されることはほとんどなく，第 8 章が示すように，複雑さを剪定したり圧縮したりする際の問題に悩まされている。散らかったベッドシーツ，100 ページに及ぶクロージング書類，そしてたまねぎの層のような（剥いても剥いても新たに出てくる）医療に関する難解さが，そこにとどまっているのだ。

　結局のところ，根深い，つまり不慣れなために悪化する複雑な意思決定が，根深い情報開示を引き起こすのである。根深い問題の大きさには驚かされるかもしれないが，その深刻さは（たとえ解決策が見つからなくても）認識されるようになってきている。しかし，人々が情報開示に圧倒される理由は他にもある。つまり，慣れない複雑な意思決定が広範囲に渡って我々に押しつけられているということである。もしあなたがそのうちの一つをマスターしたとしても，そのすべて（あるいはほとんど，あるいは多く）をマスターすることはできない。では次に，この遍在性の問題について説明するとしよう。

膨大な問題，膨大な解決策

　ここでは，不慣れで複雑な意思決定がいかに一般的か，また，いかに広範囲に渡って情報開示が義務づけられているかを示したい。わかりやすい方法は，すべての義務を列挙し，情報開示帝国の膨大な詳細情報を示すことである。我々はこの本を書くために，まさにそうした。しかし，情報開示が失敗する理由の一つが，その数や長さや密度が情報の受け手の反感を買うせいなのだとしたら，我々が同じようにあなたを不快にさせることになる。あなたは，ホメロスの船のカタログ[12]や旧約聖書の系図一覧表を読み飛ばすように，そのリストを読み飛ばすだろう。つまりそうしなければ，あなたは詳細情報に溺れてしまうのである。

　想像してほしい。60 年代の貸付真実法は消費者の資産保護の王道であることから，まずは金融機関の情報開示についての調査から始めよう。人々がお金を借りたり，貯めたり，投資したり，銀行口座やクレジットカードを作ったり，車をリースしたり，クレジットで購入したりする時，彼らには情報が開示される。おなじみのクレジットカード用語であるシューマー・ボックス[13]から退職後のための投資に付随する膨大な数の情報開示まで，消費者金融を透明化するためのさまざまな工夫がなされている。開示内容の修正，追加，更新に関する金融機関からのメールでカタログを作ることもできるかもしれない。

　次に，健康に関する情報開示について再検討しよう。最も重要なのはインフォームド・コンセントの原則であり，それにより医師は患者に病気や治療法について説明する義務がある。しかし健康法では，医薬品のパッケージにおける警告，個人情報に関する通知，事前指示におけるアドバイス，利益相反に関する通知，病院の成績表，医療保険制度に関する情報など，さらに多くの情報開示が求められている。

　次に保険である。保険会社は，自社の商品，料金，補償内容や，補償に含まれないもの，補償の取り消しや変更の方法など，不必要な補償を回避する方法を説明しなければならない。多くの州は，保険会社が「あなたが知っておくべきこと」というガイドを発行したり，配布したりすることを要求しているが，

これは，教育（保険の基本についての早わかり解説）と，保険に関する情報提供の両方を目的としている。たとえばミネソタ州では，自動車保険の利用者に向け，どうやって自動車保険を購入するか，自動車保険は何を補償するか，どうやって保険金を請求するか，などをまとめた 20 ページの冊子を発行している[14]。カリフォルニア州では，住宅所有者に対し損害保険の種類の情報開示をすることを義務づけている。また，レンタカーを借りる際，保険の開示事項や免責事項の寄せ集めに署名したことのない人はいないだろう。

　個人情報とデータの収集は，義務化における重要なトピックである。医療保険の携行性と責任に関する法律は，医療機関や薬局や医療計画における記録の取り扱い方法を（一部）開示させることで，機密性を保護することを目的とした連邦法である。医療保険の携行性と責任に関する法律の情報開示は，これ一つだけでも，異なる種類の情報の多くの用途を記載した膨大な文書になる。しかし，これは個人情報に関する一連の情報開示の一部に過ぎない。金融機関は，彼らがどのような個人の資産情報を収集し，それをどのように保護し，誰と共有するかを開示しなければならない。また，我々に関する情報を収集している Google，Apple，Facebook のような企業や，通信会社，小売店，その他の企業からの，個人情報に関する通知は急増している。これらの通知は平均 2,500 語である。そしてもちろんペーパーワーク削減法の情報開示では，政府や企業の書式（1,040 の取扱説明書に掲載されているものは 600 語を超える）に，「ペーパーワーク削減法の対象となる書式では，有効な行政予算管理局の管理番号が表示されていない限り，要求された情報を提供する必要はない」という内容の情報開示が行われている。2008 年に我々が受け取った個人情報に関する情報開示のすべてを読むためには，それぞれの人が 76 日間それに従事する必要があり，国全体では 500 億時間以上になる。これは，フロリダ州の GDP よりも大きい機会費用である[15]。

　我々があなたに提供できる情報開示法は，もっともっとたくさんある。ミランダ警告[16]は憲法上の権利を開示する。選挙資金調達法は，誰が誰にどれだけ献金したかを開示する。あなたが（マウスやペンを使って）受け入れるすべての契約は，情報開示命令に対応している。カリフォルニア州プロポジション 65 は[17]，人々を有害物質にさらす製品や施設についての警告を義務づけてい

ることで有名である。また，食品のラベル，広告の免責事項，製品の警告表示，店舗の返品ポリシーや解約権の開示，大学キャンパスにおける犯罪の報告，レストランの衛生評価などがある。

　さらに，製品の種類ごと，領域ごとの義務化もある。例を挙げると，墓地の区画や棺を購入する際の情報開示（たとえば「密閉装置つきの棺が人間の遺体を保存できるという科学的根拠やその他の証拠はありません」）。あなたの車をレッカーする前の情報開示。不動産取引や住宅改修サービスのための情報開示の大群。また，特定の食品や，ペット・美術品・自動車・家電製品の販売や，学校・大学への入学，キャンプ場・別荘等のタイムシェアへの登録，ブローカーやレストランや自動車修理工場によるサービスの提供，住宅用警報器の設置などに関する大規模な義務化もある。また，フライトの安全性に関するアナウンス，販売員による電話口での案内のような，包括的な情報が書面で提供されることを知らせる情報開示など，消費者が受ける口頭での情報開示もある。

　では，情報開示が義務づけられている分野を順に見ていこう。もしくは，義務化されているカテゴリーを順に踏破していくこともできるだろう。情報開示は長いことが多いが，短いこともある。たとえば，クレジットカードの個人情報保護に関する開示やシューマー・ボックス，薬の警告書や薬の「ブラック・ボックス」[18]，退職後のための資産運用の開示や貸付真実法のFedボックスなどがそうだ。それらは書面で開示されることが多いが，口頭での開示も可能である。たとえば，薬物警告やミランダ警告，学内の安全報告や飛行安全指示，郵便や電話による販売勧誘の免責事項などがそれにあたる。開示内容は標準的なものでもよいが，調整することも可能である。たとえば，インフォームド・コンセント，貸付真実性に関する説明書，医療保険プランに関する情報などには，一般的な部分と個別の部分を持たせることができる。

　法令によって開示の文言が決められていることもあれば，開示する側がそれを選択することもある。たとえば，医薬品の警告には様々な種類がある。規制で定められたものもあれば，不法行為法の原則から生まれたものもある。消費者信用法では「決まり文句」が定められているが，たとえばインフォームド・コンセント法では，医師が説得力のある情報開示を設計しなければ責任を問われるとされている。

　情報開示に関する法には，普遍的に適用されるものと，限定的に適用される
ものがある。たとえば契約法では，当事者が契約前に条件を開示することが義
務づけられている。契約は非常に多くの取引に適用されるため，この要件はほ
とんどすべての場所に潜んでいる。連邦取引委員会は，「購入に関するすべて
の重要な制限，制約，条件」を完全に開示しないことを欺瞞的行為と呼んでい
る。また，ハラール肉や携帯電話プランの早期解約手数料など，特定の商品に
適用されるルールもある。

　情報開示の内容や目的はさまざまである。その中には，権利もしくはコスト
について伝えるものもある。危険な製品，信頼できない人物，さらにはみずか
らについてや，みずからの軽率さについて人々に警告するものもある。情報開
示は，促進し，説得し，教育することを目的としている。たくさんある情報開
示のうち，いくつかのものについて考えてみよう。多くの情報開示は，人々に
みずからの権利について伝えるものである。中には企業に対する権利を説明す
るものもある。たとえば，購入した商品を返品する権利，取引を解約する権利，
提案された取引を拒否する権利，信用情報を入手する権利，他人の請求よりも
優先させる権利などがそうだ。旅行サービスや代理店は，一部の請求および返
金に対する旅行者の権利を口頭および書面で明示しなければならない。信用回
復サービスは，サービスを解約するための猶予期間，正確な記録の保存，それ
らの権利が侵害された場合の訴訟の権利を顧客に伝えなければならない。

　権利開示の種類のうちよく知られているのは，開示すべき権利をまとめた権
利章典である。患者，有権者，クレジットカード保有者，地主の借地人，家財
保険契約者，自動車購入者，預金者，地方の納税者，組合員，エネルギー消費
者，さらにはタクシー利用者の権利章典まである（権利章典という言葉は，どう
やって憲法からタクシーに乗る人にまで使われるようになったのだろうか。そして，
延長保証の十戒や自動車修理の大憲章はどこにあるのだろうか）。

　義務化された情報開示のもう一つは，コストと手数料に関するものである。
わかりにくいコストを開示するものもあれば，明らかなコストを強調するもの
もある。そのため，金融に関する規制では，年百分率，金融手数料，債権者の
手数料（たとえば遅延損害料，貸越料，使用料，不使用料など）の開示が義務づけ
られていることが多い。購入選択権付賃貸店は，州によっては20項目近くも

のコストを開示しなくてはならない。多くの商品やサービスには，車の修理代，保険料，医療費，サービスや設置費用など，消費者が容易に評価したり比較したりすることができない価格や料金が含まれている。同様に，より身近な情報も開示されなければならない。たとえば，中古車の走行距離や，ローン契約を結ぶことで拘束力のある義務が生じるという情報などがそうである。

　情報開示は，その他の危険性を記述することもある。それらは，選択が賢明でないかもしれない，不必要であるかもしれない，または証明されていないかもしれない，と警告する。ブローカーは，政府がこれらの利用を推奨していないことを伝えなければならない。医療費を支払うために生命保険の保険証書を売却することを希望する人は，資金を調達するための他の方法や，生命保険契約の分割払いがなぜ税金や債権者の権利，メディケイド[19]などの給付に影響を与える可能性があるかということについて，話を聞かなければならない。個人情報に関する記述では，個人情報が自分の管理外で使われることや，スパムや勧誘を受けることを警告している。今後は，環境に悪影響を与える可能性のある製品についても情報開示される。

　開示は身体的なリスクについても警告することができる。健康法におけるインフォームド・コンセントは，主に医学的リスクに関するものである。医薬品の警告には通常，副作用が記載されている。警告を記載しないと損害に対する責任を負うリスクが高まるため，それらはトースターのプラグや芝刈り機に貼られる。リスクの開示には，わかりにくいものから明白なものまで様々なものがある。ヘアドライヤーには「シャワー室では使用しないこと」というステッカーが必要かもしれないが，ブタンライターに「警告：炎は火災の原因になります」という表示は必要だろうか。あなたは「（住宅ローンの）債務を履行しないと，家とそこに注ぎ込んだお金を失う可能性があります」と告げられなくてはならない。また，夜間に一人で，もしくは危険な状況下でATMを利用しないようにと警告されなくてはならない。交通違反者学校は「この教室の中には交通違反者がいます」と受験者を驚かさなくてはならない。医者，保険代理店，投資ブローカー，不動産業者，研究者など，多くのサービス提供者は利益相反を開示しなければならない。金融ブローカーや住宅の家主は，過去の不法行為のリストを開示しなければならない。

　多くの義務化は，意思決定に必要なデータを提供する。クレリー法は，大学に対し入学希望者へ犯罪情報を開示することを義務づけている。理容学校は卒業と就職の統計を提供しなければならない。レストランはカロリー計算を，SUVメーカーは横転に関する評価を，一部の食品を販売する会社は原産国を，電力会社は料金と使用量を，病院は成績表を開示することが義務づけられている。消費者主導型医療とは，消費者が医療制度や治療法を選択できるようにするための緻密な情報開示キャンペーンである。これは，ある厚生省長官が言うように，「いつか遠くない将来に，患者が医療費を定義して比較し，情報に基づいた価値あるシステムを構築できる時代が来る」[20] ことを想定している。

　契約法は，消費者がより賢明に買い物できるようにするため，購入前に彼らが細かな文字で書かれた情報を入手することを求めている。一部の条件は，大きなフォント，太い書体，目障りなハイパーリンクなどを用いて，「その通告を見ずにはいられない」[21] よう，目立つように開示しなければならない。最も意欲的なプレゼンテーションは，単なる情報提供ではなく教育することを目的としている。たとえば金融リテラシーは何十年も前から重要な目標となっている。個人情報，栄養，健康，環境，安全，犯罪，保険，コンドームの使用，投票などについて，読み手を教育することを目的とした情報開示もある。欧州連合（EU）の委員会が提案した新しい消費者販売法では，販売のたびに消費者に，国内の旧法と欧州の新法のどちらで契約ができるかについて，2ページの「標準情報通知」にまとめて伝えることになっている。

　情報開示の中には，情報を与えることよりも説得することを目指すものもある。たとえば，患者の自己決定法（Patient Self-Determination Act）では，事前指示の使用を促すために，患者にその説明をすることを義務づけている。タバコの警告やファーストフードチェーン店のカロリー表示など，多くのリスク情報を開示することの背景には下心がある。遺伝子組み換え作物の表示を求めている団体は，人々に情報を提供するだけでなく，人々の選択に影響を与え，それによって農業を変えることを望んでいる。カリフォルニア州のプロポジション65は，製品に含まれる有害物質を警告することで，生産者がそれを使用しないようにしている。サブプライムの消費者市場では，情報開示はしばしば，その取引が疑わしいものであることをほのめかしている（「お客様は，信用修復

機関との契約を締結した日から3営業日以内であれば，理由を問わず契約を解除する権利があります」）。

　情報開示はさまざまな人を対象にしている。貧しい人々を対象としたものもある。給料日ローン[22]の業者，質屋，購入選択権付賃貸業者，訪問販売業者は，たいてい金持ちではない顧客に対して多くの情報開示をしなければならない。被雇用者や住宅購入者，当座預金者，インターネットで買い物をする人など，中産階級に向けた情報開示もある。開示義務は，富裕層がたとえば美術品を購入したり，飛行機で旅行したり，証券に投資したり，ゴルフリゾート地に退職後移住したりする場合の保護もする（「あなたの家には，ゴルフボールの地役権が設定されています。これは，ゴルフコースから打ち出されたゴルフボールが，あなたの敷地を横切って着地し，重大な財産的損害や人身傷害を引き起こす可能性があることを意味しています」）。

結　論

　我々は，情報開示について説明したいと思いつつ，完全な情報開示症候群になることは避けたかった。つまり詳細情報にあなたを溺れさせないようにしつつ，この規制方法の遍在を示したかった。我々が行った，羅列的に示さない意義を羅列的に示すという逆言法的試みは，多くの情報開示の退屈さに我々を近づけたかもしれない。しかし，不慣れで複雑な意思決定の問題がどれほど根深く広範囲なものであるか，また，情報開示の義務がどれほど根深く広範囲なものであるかは，今や明らかだろう。

　我々の試みは主に，義務化された情報開示の性質と範囲を明らかにすることであったが，それ以外にも得るものがあった。第一に，同じ規制方法が無数の分野で使用されているという，これまで十分に認識されていなかったことが明らかとなった。残念なことに，情報開示の分析は単一の分野に限定される傾向があるため，分析者は他の分野で失敗した改革を提案したり，彼らの手法ではめったに達成できないような成功を期待したりしてしまう。本書の目的の一つは，この規制方法を，それが使用されるあらゆる状況で見ることによって評価することである。

　第2に，義務化された情報開示が何を求めているのかを詳細に説明し，その期待と努力の大きさを理解した時，我々は核となる質問，すなわち「それは果たしてうまくいくのか」を問うことができるようになった。全体的に見ると，情報開示の義務化は，精巧で技術的な情報の津波を発生させている。果たして人々は，その洪水の中から必要なものを見つけ出し，より良い意思決定に役立てることができるのか。この問いについて，我々は第3章と第2部を捧げたい。

第3章　開示義務の失敗

> 40年以上にわたり，私は上場企業が提出する書類を調
> 査してきた。その中で，何が語られているのか分からな
> い，最悪の場合，何も語られていないと結論づけざるを
> 得ないことが多々あった。
>
> ウォーレン・バフェット

　第2章では，開示義務の壮大な野望が明らかとなった。概して親しみがなく，複雑で，しばしば重大である何百万もの決定を私たちが下す際の助けとなるために，何千もの情報開示が何十億もの言葉をもたらしていた。義務化された情報開示が機能するのであれば，それは本当に素晴らしいことであるし，情報開示主義者たちを喜ばせるだろう。しかし第2章で見てきたように意思決定が複雑で膨大な場合，それはうまくいくだろうか。この章では，まずその疑問に答えるところから始めたい。

　我々の評価にはいくつかの形式と段階がある。この章ではそのうちのいくつかを紹介する。初めに「我々は開示義務をどのような基準で評価すべきか」という，滅多に提起されないことを問う。我々は主に，法律家と開示主義者が設定した基準を用いる。そして，いくつかの種類の証拠を集めて，その基準を適用する。第一に，情報開示の成功に関する実証的研究を調査する。次に，実験室での証拠，つまり研究参加者を用いて情報開示を成功させようとする試みについて検証する。最後に，一部の世知に長けた立法者や有識者の間で，情報開示に対する信頼性が失われつつある兆候について説明する。

　これらの証拠は，開示義務がその目的を達成するために繰り返し失敗するという強力な疎明資料となる。しかしこれらの証拠は，なぜ義務化が失敗するかを説明するものではないため，規制の手法が根本的に誤っていることを示すことはできない。しかしそうは言っても，この証明は可能である。開示義務は，脆く繋がった長い連鎖に依存していると以前述べた。立法者は正しい義務を課

さなければならない。開示者はその命令に従わなければならない。そして開示を受ける人は，開示された情報が自分の役に立つと信じ，それを探し，見つけ，読み，理解し，利用し，そして適切に使用しなければならない。もしこれらの段階のどこかで失敗してしまえば，情報開示はその目的を達成することができない。我々が集めた証拠の多くは，この連鎖の切れ目を示している。これらの証拠は非常に広範で説得力があるため，第2部で詳細に検討する。

開示義務の目標は何か

　開示義務が機能するかどうかは，その目的による。第1章では，開示義務の目的は主に，知識のある人々との取引において，不慣れで複雑な決定に直面している人々を助けることにあると述べた。第2章では，その問題は広くて根深いということ，つまりそうした決定は一般的であり，その不慣れさと複雑さが深刻であるということを述べた。このことは，成功の基準を示唆している。すなわち，開示を受ける人が自分の選択を十分に理解し，それを分析し，十分な情報を得てよく検討した上で決定を下すことができるような情報を提供することができれば成功といえる。

　これは実際には，従来の開示主義者の理解である。貸付真実法は，「消費者が利用可能な様々なクレジットカードの条件をより容易に比較することができ，情報を踏まえない状態でのクレジットカードの使用を避けることができるように，クレジットカード用語に関する有意義な開示を保証すること」[1] としている。（第1章で報告したように）変動金利の住宅ローンを選んだ人々は，各種指標とマージンと割引と，金利や支払いの上限と，負の返済と支払いの選択肢と，そして最も大切なこと……将来の支払能力との関係において毎月の住宅ローンの支払額がどのようになるかということ[2] を理解しているはずだと連邦準備制度は考えている。インフォームド・コンセントは医療上の決定に対する患者の選択と制御[3] として考えられている「患者主権主義」を促進するものである。したがって患者は「理解して合理的な選択ができる」まで十分に説明されなければならない。インフォームド・コンセント・モデルは，「適切な情報開示とその結果としての理解により，合理的で自律的な意思決定がもたらされる[4]」

ことを前提としている。

　複雑な考えを表すためにはわかりやすい言葉が必要なので，我々はこの目標のことを「完全な開示」と呼ぶことにするが，この目標はただの理想のように聞こえるものの，非常に強く熱望されている。開示主義者はそれを定義することができるだろうか。我々が先に少し述べたように，また後からも詳しく述べるように，一部の立法者や有識者はそうした期待を抑えている。しかしそうした人々は少数派であり，主に少数の義務づけを念頭に置いている世間一般の通念は，依然として何らかの形で完全な開示を包含していることがいくつかの証拠を調査することで明らかになる。具体的にはまず，開示義務の目的。次に義務化のパターン。そして開示義務のために開示義務者が展開する議論である。

開示義務の論理

　「開示主義者の期待は一般的に，完全な開示によってのみ満たされる」と考える第1の理由は，情報開示の目的にある。つまり，多くの知識を持ち，必ずしも友好的ではない人たちとの取引において，人々が不慣れで複雑な意思決定を行えるようにするという目的である。住宅ローンの借り入れや退職後のための積立，医療や保険，高級な商品の購入などに関する選択は，第2章で示したように，多くの要因が絡むとても複雑なものである。したがって，変動金利の住宅ローンがうまくいくかどうかは多くの事柄に左右され，一つでも見落としがあると悲惨なことになる，と語る連邦準備制度理事会は正しい。情報開示は通常，意思決定に直面しているすべての人を対象としているが，すべての人が理解できる要素というのはほとんどないため，情報開示は相当に徹底したものでなければならない。

　したがって，退職後のための口座を管理している人たちが，無知の海や誤った情報の湖へと漕ぎ出し，海図を無視し，それでも航海を続けようとしているという証拠が明らかになったことをうけ，特に資産投資に関心を傾けている有識者の1人は，「コミュニケーション」を望んでいる。つまり，色々なことに関するコミュニケーションの中でも，「関連するすべての資産タイプの，合理的なリターンとリスクの可能性に関する基本的投資教育を含めた[5]」コミュニケーションである。そうしたコミュニケーションは，投資対象を分散すること

がなぜ望ましいのか，そしてそれをどうやって行えばよいのか，ということを人々が理解できるよう，非常に細やかであるべきである。

　同様に，連邦取引委員会は電話での勧誘業者に対し「商品やサービスを購入，受取，使用する上でのすべての重要な制限，制約，条件[6]」を「明確かつ目立つ方法」で開示するよう求めている。ホワイトハウスは，「個人情報とセキュリティの取り扱いに関し，消費者は理解しやすくアクセスしやすい情報を得る権利がある」と述べている。この権利は非常に該当範囲が広いため，企業はどのようなデータを収集するか，なぜそのデータが必要なのか，そのデータをどのように使用するつもりなのか，そのデータはいつ削除するつもりなのか，あるいはいつ「個人を特定できなくする」予定なのか，第三者とデータを共有するか否か，データを第三者と共有する場合どのように共有するか，そして第三者がそのデータを何に利用するか，ということを開示しなくてはならない[7]。教育省は，300ページ近くかけて大学にキャンパス安全報告書の提供方法を説明しており，その目的は「キャンパスの安全性に関する正確で完全かつタイムリーな情報」を提供し，開示を受ける人が「情報に基づいた意思決定を行えるように[8]」することであると忠告している。同様に，主に貧困層に販売され，わかりにくいが高額な手数料がかかることが多いプリペイド式のデビットカードについて，開示主義者は，利用者が「カードの仕組みを理解し，……専門用語および適用される条件を理解し」，彼らが情報を必要としたときにそれを入手することは「確実」と想定している。したがって，発行者は，「手数料に関する開示を明確に，顕著に，かつ完全に[9]」行わなければならない。

　完全な情報開示は，開示義務における自律性の論理的根拠として極めて重要であり，これは人々が自分自身の価値観や好み，分析を適用して，自ら意思決定することを期待している。このイデオロギーは，こうした価値観や好み，そして状況は，意思決定をする人によってのみ理解されると考えている。そして完全な情報開示をしないということは「尊厳への侮辱[10]」であるとする。ラディンは，契約というものは人々が自発的に締結して初めて正当なものとなるのであり，契約条件を知らなければ同意は自発的ではないと主張している。企業がこれらの条件を説明しなかったり，さらに悪いことには，商品の箱の中に契約条項を入れたりすることを，彼女は「規範的劣化[11]」と呼んでいる。情

報開示主義者の中には，人々に情報を開示することは，それが彼らの意思決定にどのような影響を与えるかにかかわらず，開示を受ける人に対する自主性の尊重であると信じている者もいる。二人の法改正者が書いているように，消費者に「読む機会を与えることは，たとえほとんどの消費者が読まないとしても，個人の承諾と自主性に対するルウェリンの考えを支持することにつながる[12]」。

　完全な情報開示は，消費者に情報を伝達する，世知に長けた仲介者に情報を提供するという，開示義務のもう一つの合理性と一致している。そのため，保険契約の完全な開示（典型的なわかりにくさの傑作）を提唱するある人は，「完全な開示の対象者には，消費者向けの雑誌やジャーナリスト，消費者弁護士，学者，世知に長けた消費者，そして政府関係者などが含まれ」，彼らは「関連データを精査し」て「彼らの発見を一般に知らせる」[13]のだと主張している。

　最後に，完全な情報開示の必要性は，開示義務と，その開示義務が一般的に関わっている分野の教育との間の密接な関係からも明らかである。多くの開示主義者は，情報を解釈して利用するために必要な経歴やスキルがなければ，情報開示を受ける人はそれを理解できないことを認識している。そのため，教育はしばしば開示主義者の課題設定の重要な部分を占めており，（たとえば）金融リテラシーやヘルスリテラシーに関するキャンペーンがしばしば義務づけられている。また開示主義者は，情報開示そのものによって，開示義務による恩恵を受けられるだけの情報を持った人々が徐々に増えていくことを期待している。

義務化のパターン

　第2章は，立法者が完全な情報開示を望んでいる場合にのみ必要となるような根深い義務化の例にあふれていた。そこでは例として住宅ローンを組む人が受け取る書類を約50種類挙げた。また，前立腺癌の治療法を選択する際には，マトリョーシカ人形のように，一つ開けても，いつもそこにはまた別のものがもう一つ内側に入っている，というプロセスを説明した。月賦払いの購入者が直面するベッドシーツについても説明がなされた（ただし，投資家や当座預金の保有者が受け取る情報のリネンクローゼットに比べれば，これは食卓のナプキンのようなものである）。第2章では，求められている完全な情報開示の傑作である

iTunes のスクロールも示した。なぜならこれは，契約の条件に目を通さない限りあなたは契約に拘束されないものであるからだ。確かに，義務の範囲はいつでも広げることができる。しかし，「完全な開示」という言葉は，これらの義務をうまく表現している。なぜなら，それは開示を受ける人が読むことができるであろう範囲をはるかに超える情報を要求しているからである。

　法規制の世界では，完全情報開示が散見される。医療保険の携行性と責任に関する法律の，個人情報に関する書式には，医師や病院が医療情報を使って行う可能性のあるあらゆることが記載されており，これらのうちどの項目に異議を唱えることができるかが明記され，どのように異議を唱えればよいかが説明され，その結果として生じることについて書かれた細かな文字を「注意深く確認」することが求められている。個人情報保護法とペーパーワーク削減法では，「我々がお客様に情報提供をお願いする際には，まず，情報をおたずねする我々の法的権利，それをおたずねする理由，それがどのように使用されるかをお伝えする。そして，我々は，それが提供されなかった場合に何が起こるかということと，お客様が法律のもと，それに回答しなければならないかどうかについても説明しなければならない」[14] と定めている。

　同様に，後知恵的に重要であると思われる事実の開示を怠った当事者に対し，裁判所は頻繁に制裁を科している。製品に警告が多いのは，すべての危険性を記載し損ねていると，事故が起きた際に開示者が不法行為責任を負う可能性があるからである。情報過多の問題が認識されているのにも関わらず，完全な情報開示が責任制度の呪文のようなものであり続けているのは，事故の発生が情報開示の必要性を証明しているように見えるからである[15]。

　ラチェット効果については後述するが，これは義務が拡大する傾向にあり，縮小することはほとんどないということである。情報開示で問題が解決しなかったり，新たな問題が発見されたりすると，立法者は古い義務を拡大したり，新しい義務を追記したりする。食卓用ナプキンがベッドシーツに成長したのは，情報を踏まえた意思決定を本当に真の意味で行うためには，さらに別の要素が必要だと，立法者たちが思い続けていたからである。Apple 社の iTunes の定型文は，かつては 7 ページだったが現在は 32 ページである。このようにして，義務化は完全な情報開示へと向かっていくのである。

　正しい判断をするために必要なすべてのことを，開示を受ける人に学んでもらおうという立法家の決意を示すものとして，大学や病院の施設内治験審査委員会が挙げられる。この委員会は，研究者が社会科学と生物医学の研究に参加する人々に示す，すべてのインフォームド・コンセントの書式の認可を行う機関である。第9章で説明するように，この規制委員会は絶えずより長い書式を要求してきた。例として，八つの施設内治験審査委員会に関するある調査では，同じ研究の書式の長さは7年を経て2倍になっていた。書式が長くなるのは，書式には多くの情報が含まれているためである。なぜなら元米国保健福祉省長官が記しているように，研究者は「研究参加者が臨床試験における潜在的なリスクとベネフィットのすべてを十分に理解するようにしなければならない。完全な開示は，自由選択のために必要な前提条件なのである」[16)]。

　開示主義者はしばしば開示をシンプルにすることを提案してきたし，世知に長けた規制者や有識者は，今では経験的な証拠に基づいて，レーティングや点数化，または格づけのように「具体的で，わかりやすく，シンプルで，意味があり，タイムリーで，顕著な[17)]」情報開示を高く評価している。しかし，第8章のシンプル化に関する議論で説明するように，シンプルな情報開示というのは，言うは易く行うは難しである。ほとんどの情報開示はうまく点数化することができないため，改良者たちはしばしば，書式の見た目を，散らかっておらず，整然としていて，好ましいものにすることで妥協しなければならない。時折，点数が完全な開示に取って代わることがあるが，非常に多くの情報を点数に詰めこまなければならないため，それが歪んだり不明瞭になることは避けられない。そうなると，より完全な情報開示に対する圧力が再び高まってしまう。

開示主義者の主張

　開示を受ける人がしばしばこうした詳細な開示を要求するため，開示を受ける人は完全な開示を必要としていると開示主義者は考えているに違いない。多くの開示主義者は「完全な」情報について語る。つまり「結局」我々が語ってきたように「不完全な情報についての不安が，消費者保護にかかわる要求のほとんど，もしくはすべての根底にあるようだ」と。貸付真実法は「『完全な開示』を要求し，『いつか誰かに役立つ可能性のある，あらゆる情報』を提供す

ることを求め」ている。これにより「要求された情報開示の長大なリスト」が作成され，「情報開示の新たな可能性が生じたり，信用取引市場で新たな問題が表面化したりすることにより，新たな情報開示が推奨される解決策の一つとなることはほぼ確実である[18]」。グラハムは，「新しい情報開示制度は一般の消費者を対象としており，徹底的に情報を提供することで行動を変えることを意図している」と信じている。それは「さまざまなニーズやさまざまな価値観を持つ人々が[19]」「選択することができるように，特定の企業や製品に関する詳細な情報を提供している」。たとえば，栄養表示は「主要な栄養素に関する標準化された開示システムをデザインすることで，買い物客が何万もの製品を比較できるようにし」，「特定の栄養素の量と様々な病気のリスクとの関係に[20]」注意を払うようにすることで，「心臓病，癌，その他の慢性疾患による死亡」を減らすために，情報開示を利用しているのである。

インフォームド・コンセントに関する文献には，完全な情報開示を求める声が多く見られる。米国医学研究所は，「明確で，シンプルで，曇りがなく，急かさず，繊細な情報開示を行い，それによって合理的な人が十分な情報を得た上で意思決定を行うために必要とするすべての情報を，潜在的な（研究）参加者に与えること[21]」を穏やかに求めている。これは，「研究参加者が，科学的根拠や手順の本質を十分に理解すること，つまり倫理学者や規制当局が参加者に代わって指摘する可能性のあるさまざまな種類のリスクを把握し，『偽り』でない参加動機を持つ[22]」ことを求めている。ある有識者は，「選択肢と統計に関する長い議論と詳細なプレゼンテーション」を求めている。その有識者によると，これによって「患者は選択肢を理解することができ，有益性と有害性に関する可能性とそれを裏づける証拠について検討することができ，信じられている内容と懸念されている内容を分析することができ，意思決定において望ましい統制のレベルを決定することができ，これによってかかりつけの臨床医と関わりあう動機を持つことに繋がる。この有識者は，患者が「高速インターネットコンピュータと，意思決定を支援する完璧な書斎と，そして他の患者の教育資料を活用する[23]」ような，「意思決定カウンセラーのオフィスを思い描いている」。ある学者が書いているように，「一般的な倫理的・法的観点からすると，患者は医師から伝えられる複雑で膨大な医療情報を理解し，その情報を臨

床上の視点に正確に置くことができる[24]」のである。

　何十年にもわたる努力の結果，いまだに十分な情報を得られていない患者や研究参加者がいることがわかったことにより，開示主義者は（1）患者の「感情と認知のプロセス」を深く掘り下げ，（2）提供者の知識と科学における「不確実性と限界を探り」，（3）「彼らの動機，信念，価値観を理解して開示し」，（4）「意思決定に関する患者の期待を探り」，（5）「信頼できる医療提供者との継続的な関係の中で」個別のインフォームド・コンセントを提供することを求めることによって，「完全な」という基準を超えるほどに，情報開示を拡大するよう求めている[25]。このような状況において，目標は完全な開示を超え，完全な理解へと飛躍する。

情報開示者への不信感

　完全な情報開示という目標は，情報開示者がその専門性によって与えられた権力を乱用するのではないかという，一般的な恐れからも推測できる。このような不信の世界では，開示を受ける人は個人で意思決定をしなければならず，少なくとも情報開示者の欺瞞，バイアス，利己主義を見抜くだけの十分な理解をしなければならない。これにはかなりの知識が必要である。

　情報開示者に対する不信感は著しく高まっている。買い手の危険負担の原則の下では，売り手はたとえば家にシロアリがいることを知っていて，買い手は家にシロアリがいないと思っていたとしても，売り手は買い手に情報を提供する必要はなかった（売り手は買い手を欺くこと，すなわち重要な事実について買い手を欺くような嘘をつくことはできなかった）。裁判所は，買い手の危険負担を情報開示に置き換えてきた。裁判所は売り手に対し，たとえばシロアリについての情報を買い手に伝えるよう要求するようになった。初めのうち，これは完全な情報開示を意味していたのではなく，買い手が本当に気にする一部のことだけを明らかにするということを意味していた。もし，買い手が誤解していると売り手が知っていて，その誤解が買い手の購入意欲を左右するのであれば，売り手はその誤解を正さねばならなかった。裁判所は，買い手が（売り手だけでなく）製造者を情報の非開示によって訴えることも認めている。従来，医師が自発的に提供しない情報を知りたい場合，患者は医師に尋ねる必要があった。

つまり，医師は同意（コンセント）を必要としたが，インフォームド・コンセントは必要ではなかった。現在裁判所は医師に対し，提案する治療法のベネフィット，リスク，代替案やさらにその他諸々を患者に伝えることを要求している。

　議会はすぐにそれに追随し，裁判所の判断のさらに先へと進んだ。ほとんどの州の住宅販売業者は購入者に対し，何十もの問題点を4ページから6ページにわたって開示しなければならない。州をまたいだ販売では，分譲業者は30ページにも及ぶ「不動産に関する情報報告書」を購入者に渡さなければならない。購入選択権付賃貸店のようなサブプライムビジネスへの不信感から，議会は料金や権利の完全なリストの開示を義務づけた。議会はインフォームド・コンセントを法的に求め，そしてそれを詳しく説明させた（たとえば，医師に対して，乳房切除術だけでなく乳腺切除術のような特定の選択肢を開示することを義務づけるなど）。

　さらに，不信感が広範な情報開示の義務づけにつながることを示す証拠として，製品や取引について説明するだけでなく，開示を受ける人が開示者に対して行使できる権利について伝えるよう求められるケースも増えている。たとえば家族の教育上の権利及びプライバシー法（教育プライバシー法）は，学校が学生に対し学生自身の権利，および違反行為に対する苦情の提出の仕方を伝えるよう義務づけている。また現在では，販売者，債権者，債権回収者，データ収集者，信用回復業者，購入選択権付賃貸業者，勧誘業者，通販業者に関する開示では，開示を受ける人が開示者に対して持つ権利とその行使方法を説明しなければならない。これにより，信用調査機関は公正信用報告法の下における消費者の権利を2ページに要約して消費者に提供しなければならない。信用回復業者は，信用回復業者法に基づく権利（3日以内に信用回復契約を解除する権利など）の概要を配布しなければならない。与信を拒否する貸金業者は，消費者信用機会均等法に基づく消費者の権利を記載しなければならない。つまり債権回収者は，公正債権回収法に基づく債務者の権利について債務者に伝えなければならないし，訪問販売業者は，3日以内であれば取引が中止できることを書面で伝えなければならない。

　開示者への不信感は，多くの利益相反警告を生む。開示者は，「私を信じて

はいけないということを信じなさい」というようなことを言わなければならない。利益相反を明らかにしなければならない人の数も，求められる自己弁護の内容も，かなり増えてきている[26]。たとえば，この問題は研究規制の世界を非常に悩ませており，利益相反委員会の委員長は，「学術的な医療機関の将来は，（利益相反の監視が）正しく行われるかどうかにかかっている[27]」と考えるだろう。

開示義務の失敗の証拠

　我々はこれまで，開示義務が対処する問題，つまりそれがどのようにその問題を解決しようとしているかということと，開示義務と開示主義者から推測される成功の基準について述べてきた。ここでようやく我々は，その成功の評価に着手できる。我々はまず，実際の開示を受ける人は，開示義務によってより良い意思決定をするわけではないことを示唆する研究を検討する。次に，実験室で得られた証拠（研究参加者を使った実験）について検討する。そして，間接的ではあるがある種の証拠を語ってくれる，立法者や有識者が情報開示に対して抱いている疑念についての証拠を検討する。

　そうは言ってもこうした証拠は，開示義務が根本的に欠陥のある規制方法である，という我々の主張を紹介するものに過ぎない。我々はまた，開示を受ける人が開示に気づかず，読まず，理解せず，利用しないことが非常に多いため，義務化は，開示主義者が設定した目標を達成できないと主張する。この失敗に関する証拠は非常に膨大で，あまりにも分散しているため，我々は第2部のすべてをその要点抽出に費やす。第2部では，多くの領域でこの連鎖におけるそれぞれのつながりが壊れていることを示す。人々は，開示主義者のイデオロギーが想定するような方法で意思決定することを望んでおらず，仮にそれをしたいと望んでいたとしても，それができないことが多い。

進行中の開示義務に関する研究

　通常の理解では，規制の提案者には，その規制は害よりも益が多いことを示す責任がある。しかし開示義務はこのような規制の規律から逃れ，修辞的な責

任を示すのみになっている。数少ない開示主義者の著作は，一握りの事例に言及しているだけであり，しかもそれは全く納得できるようなものではない。たとえば『完全なる情報開示』では，著者らが「目標化された透明性」と呼ぶ開示義務を提唱しており，ファン，グラハム，ヴァイルは八つの例を挙げている。

　彼らが最も成功したと考えているのは，レストランの窓に衛生に関する評価を掲示することを義務づけた条例である[28]。初期の研究では，このような条例によって食中毒が20％減少したという驚くべき結果が出ていたが，より新しく包括的な研究では，評価は（たとえもっともらしいものであっても）「消費者がリスクの高い店とそうでない店を選択できるような意味のある情報を伝えるものではない」と結論づけている。さらに悪いことに，評価は規制当局の財源のリソースを，悪い点数のレストランを調査することから，より良い点数のレストランを再調査することへとシフトさせた[29]。同様に（『開示による民主主義』の中で）メアリー・グラハムは，食品ラベルの義務化を「ここ50年間における我が国の食糧政策における最も重要な変化[30]」と呼んでいるが，「新しい食品ラベルのどれが消費者の製品の選択にどの程度影響を与えたかという重要な問題に関しては，ほとんどの調査が有意な効果を見出していない」と認めている。そして彼女は「1990年代半ばの急激な変化は，ラベル上の栄養情報の顕著な影響を示唆するものではない[31]」と結論づけている。

　様々な分野の様々な研究が，情報開示がその目的を達成できていないことを明らかにしている。義務化が最も重要な分野におけるこうした研究の調査で，まさにこのような悲観的な結論が出ている。第1章で報告したように，ウィリスは，連邦政府による住宅ローンの情報開示は，「リスクに関する熟慮された意思決定[32]」を生まないと結論づけている。ルビンは，消費者金融の情報開示はその目標を達成していないとした[33]。米国財務省は包括的な調査の中で，もし情報開示が改善されても「濫用的，悪質な貸付を抑制する」ことはできないと断言している。コストの開示それ自体では，不公平な条件やその他の乱用を防ぐことはできず，詐欺や欺瞞が行われた可能性のある悪質な貸付者を有利にするという，意図しない効果をもたらす可能性がある[34]。ある調査は今では，個人情報に関する声明や使用許諾契約を読んでいる人の割合が事実上ゼロであるために，消費者はオンラインでの開示を盲目的にクリックしている，という

冗談が真実であることを示している[35]。

　同様に，文献を調べていくと，インフォームド・コンセントはその目的を達成できていないということが繰り返し判明する。1980年に行われた調査は，ニュルンベルク事件以降「同意は依然として強い関心の的であるが」「しばしば意図した目的を達成できていない」と結論づけた。調査対象となった研究は「完全な情報を提供し，患者の理解を確実にするための特別な努力をしたとしても，患者は情報が不十分な状態のままである」ということを示した。これについては，伝えられる情報の量や提示の仕方，医療行為の種類にかかわらず，同じことが言えるようだ[36]。1999年に発表されたインフォームド・コンセントに関する実証研究の参考文献リストに基づいて，この状況は「見られたものではない[37]」と述べている論文もある。2003年に米国研究評議会は，何十年にもわたる努力にもかかわらず「より効果的な書式や手順の考案は少ししか進んでいないようだ[38]」と認めた。2011年にリッツは，インフォームド・コンセントは「法的・倫理的理論家が想定していたような，合理的で自律的な判断を生み出した」のかということを問いかけ，「とてもシンプルなことだ。研究参加者も患者も，大多数がリスクとベネフィットを慎重に比較検討していないという，非常に重要な実証的証拠がある」という答えを見出した。要するに，いくつかの研究では，いくつかの手法が一部の人々の理解を促進することを示しているものの，開示主義者の目標は依然として遠いままなのである。

　しかし，「完全な情報を提供し，患者の理解を確実にするための特別な努力をしたとしても，患者は情報が不十分な状態のままである」というのはどういうことを意味しているのだろう。専門家が患者に情報を惜しみなく提供した時でさえ，多くの患者は意思決定に必要なだけの理解もしていないし，記憶もしていない。莫大な教育的努力にもかかわらず，患者は治療のリスクを思い出すことができないし，おそらく完全な理解もしていないらしい。リスクの情報開示についての記憶は最も頻繁に調査されているが，患者は提案された治療法の利点を正しく理解していない，という説得力のある証拠が同様に示されている。たとえばある研究では，「梗塞バイパス手術後の機能的状態の改善に対する患者の期待は，これまでの研究に基づいて患者に呈示されたものよりも大きかった[39]」と報告している。

　適切な決定が最も必要と思われる場合でさえも，インフォームド・コンセントは期待を裏切る。何十年にもわたって法的・医学的な努力が行われてきたにもかかわらず，生死にかかわる選択をする患者は通常十分な情報を得ておらず，さらには誤った判断をしてしまうことすらある。たとえばある大規模な研究では，乳癌患者のうち生存率を理解していたのは半数以下，再発率を理解していたのは 5 分の 1 以下であった。患者たちがこれらの要因を重要なものであると考え，「比較的多様な情報源[40]」を参照していたにもかかわらず，である。

　医者はもっと努力することができなかったのだろうか。ある研究では，医療保険維持機構[41]が医師に報酬を支払うことで生じる利益相反について，患者を啓蒙しようと本当に努力した。この研究では「必要な情報を確実に伝えるために，尋常ではない時間がかけられた」。郵便物で開示を受ける人には「電話によるフォローがあり，そこでは研究参加者の理解度が試され，その繰り返しと簡単な小テストによってそれが補強された」。それによりインセンティブに関する知識はかなり増えたが，それでも大多数の人は依然として質問の半分以上に正しく答えることができなかった。「ここで使われた広範囲かつ（絶望的に）非現実的な方法は，インセンティブに関するほんの限られた知識しか伝えようとしていなかったにもかかわらず，完全な成功には至らなかった[42]」。

　理想的な環境であっても，インフォームド・コンセントの開示は失敗する。たとえばある研究で，通常の神経外科手術を受ける患者が三つの段階にわたって説明を受けた。まず神経内科医が，脊椎の解剖学的・生理学的な説明，手順，手術を検討する理由，手術方法，手術以外の選択肢，手術の目標，術後のケアについて説明した。外科医は印刷した資料や解剖モデルを使って重要な点を明確にし，質問を求め，患者に対しては自分が学んだことを自分自身の言葉で語るよう求めた。次に患者と家族と友人は，修士レベルの看護師教育専門家が同様のトピックについて取り上げる勉強会に参加した。この看護師も同じく視覚的な資料を使い，質問を募り，患者をテストした。3 回目には，患者が外科医を再訪して質問したり，情報提供を受けたりした。これらのセッションの直後でも，患者は多肢選択問題の 53％，自由回答形式の問題の 34％にしか正答できなかった。より高い教育を受けている患者の方がいくぶん成績は良かったが，大学院教育を受けた患者でも，たった 64.8％（多肢選択問題）と 36.5％（自由記

述問題）の得点であった[43]。

　議会がインフォームド・コンセントを活用するために集中的な方法で特別な努力をした時でさえ，その結果は依然としてがっかりするものだった。法令は，専門家委員会を使って乳房切除術に関する特別な情報開示を策定したり，医者を懲戒処分で脅すことさえしてきた[44]。しかし，これらの法令は乳房切除術の実施率を「わずかに増加（6-13％）」させたものの，その「増加は一過性」で，3-12ヶ月間しか続かなかった[45]。

　インフォームド・コンセントがどこでも機能するとすれば，それは研究参加の同意においてであろう。研究者が調査対象者に情報開示する正確な言葉と手順は，施設内治験審査委員会と呼ばれる，真に徹底的に情報を提供することを組織的・思想的に確認する委員会によって事前に承認されなければならない。しかし，そこで得られた証拠には再びがっかりさせられる。たとえば，癌治療の臨床試験はその他の研究よりもリスクが高いため，それに関する情報開示は調査者によって慎重にデザインされ，規制者によって綿密に調べられる。開示を受ける人，すなわち研究参加者には，自らの選択を理解する切迫した理由があると考えられる。特別慎重に行われたことを除いては典型的であるとも言えるある研究では，参加者の教育に現実的ではないほどの時間が費やされた。参加者は自分の選択をじっくりと検討し，「その他の情報源」について調べ，「家族や友人のサポートを受けた」。しかし「知識は大きくばらついていて，そこには重大な誤解もあった」。参加者の多くは，「研究されている治療法が自分の癌に最適であるとは証明されていないこと，研究には標準的でない治療法もしくは手順が用いられること，参加はリスクを増大する可能性があること，もしくは参加しても直接的な医学的な利益を得られない可能性があることを理解していなかった[46]」。

　同様にがっかりするような結果がその他の分野でも報告されている。連邦取引委員会は最近，デジタル時代の個人情報保護について調査した。その調査では「企業のデータ取り扱いについて消費者に知らせるプライバシーポリシーの多くは，長すぎで，理解が難しく，統一性を欠いているため，概して効果的ではない，という座談会の参加者の統一見解」が報告された。それは，情報ブローカーについて知らず，彼らが何をしているかも知らない「消費者の，非常に

個人的な情報という財産を購入し編集し販売していることが多い情報ブローカーの業務に関する透明性の欠如」を指摘している。データ収集の開示が強く義務づけられていると知らないことに対する報告書の対応は「個人情報の取り扱いをより理解し，比較することを可能にするために，個人情報保護の通知は明確に，短く，より標準化されるべき」，という典型的なものだった。この報告書は開示主義者の信念に忠実で，「すべての利害関係者は，商業データの個人情報の取り扱いについて消費者を教育するための努力を拡大すべき」[47] と説いている。

　情報開示が失敗したことを結論づける調査の目録はまだまだある。連邦取引委員会の報告書のタイトルがそれを物語っている。「子ども向けモバイルアプリ：現在の個人情報保護に関する情報開示は期待はずれ」。ある文献調査は「政府が義務づけている広告の免責事項から消費者が利益を得るという証拠はない」ことを見出し，消費者は「政府が義務づけているメッセージや免責事項に対し，規制当局が意図するような反応をしない可能性がある[48]」と述べている。ミランダ警告に関する証拠の調査は，研究者は一般的に，ミランダ警告によって自白の割合が有意に変化することはないと考えており，警察は権利放棄の誘導もしくは「ミランダ警告の及ばないところ」を問うことで対応しており，「タバコの箱に貼られた警告ラベルの次に，ミランダ警告は我々の社会で最も広く無視されている公的アドバイスである[49]」と結論づけている。スタンツは，警察が威圧的に振る舞っているか否かを被疑者に判断させる試みが「失敗した」ことを理由に，「ミランダ警告は警察の暴力的な策略から被疑者を守るためのことは何もしない」と記述している[50]。

　まとめると，あらゆる分野において，開示義務は開示主義者の目標を達成しないという証拠が存在している。これらの証拠は多くの研究から得られたものであり，その多くは情報開示を機能させることに真摯に取り組んでいる研究者によって行われたもので，情報開示に非現実的なほど多くの資源を注いでいる。これらの証拠は，いかなる情報開示も開示を受ける人の理解を全く向上させない，とは言っていない。多くの研究で，ある程度の改善は見られた。しかし繰り返しになるが，開示を受ける人を教育するための懸命な努力があったとしても，正しい決定をするために必要とされる理解のレベルに開示を受ける人たち

を近づけることはできない。もしあなたが，ある選択に関する基本的情報を網羅した多肢選択式のテストを受けて，質問のたった半分にしか答えられなかったとしたら，あなたは開示主義者が望むような方法で選択肢を評価するには，あまりにも知らなさすぎるか，あまりにも多くのことについて間違っているのだ。

実験室での証拠

　連邦取引委員会の個人情報保護に関する報告が示唆するように，多くの開示主義者は「より明確で，より短く，より標準化された」情報開示が「より良い理解を可能にする」と信じている。しかし，優れた情報開示を設計することは非常に困難であることがわかっている。多くの研究は，実験室の中で研究参加者がどのように反応するかを調べることで，情報開示をより正確に分析しようと試みている。これらの研究は，情報開示に関する根本的な問題を明らかにしている。

　このような研究の利点の一つは，理想的な環境を作り出せることである。もし実験室で情報開示が失敗したとしたら，それは現実世界でもうまくいかない。たとえば，多くの情報開示が失敗するのは，開示を受ける人が，それらを理解するためのリテラシーや知性，教養を欠いているためである。チョイ，レイブソン，マドリアンは，平均以上の教育を受けたハーバード大学の事務職員730人（大学卒業者88％，大学院卒業者60％），ペンシルバニア大学ウォートン校の経営学修士（MBA）の学生（学習基礎能力試験（SAT）の平均は98パーセンタイル），ハーバード大学の学生（SATの平均は99パーセンタイル）を集め，この問題を解決した[51]。彼らの金融に関する知識は，典型的な一般投資家よりもずっと高かった。

　チョイらの研究グループは，情報開示が失敗するのは，あまりに多くの選択肢を示し過ぎているためであると知っていた。そこで研究グループは研究参加者に対し，一つだけの，比較的単純な課題を呈示した。それは実際のS&P500インデックスファンドのパンフレットが四つ渡され，それに1万ドルを割り振るという課題である。一般的に「与えられた指標に連動する投資信託は，手数料控除前で実質的に同一のポートフォリオリターンを提供する」ため，重

要なのは（異なっている）手数料である。しかし，手数料を最小化できた研究参加者はほとんどいなかった。職員もMBAの学生も大学生も，平均して（それぞれ）201，112，122ベーシスポイントを必要以上に払っていた。職員と大学生は，自分の選択に対し「手数料はほとんど影響しなかった」ことを認めた。「MBAの学生は，手数料が自分にとって最も重要な決定要因であると主張したが，彼らのポートフォリオの手数料は大学生の手数料よりも統計的に低くなかった」。すべてのグループが「過去のリターンを重視していると回答した」。これは，もしファンドの運用期間が異なっていたことによってもたらされたものであるなら，誤りである（つまりリターンは比較できない）。つまり，このような例外的な開示対象者であっても，「パンフレットで報告された過去のリターンを追求することで，将来の期待されるリターンを低くしてしまっていた」のである。さらに，「ポートフォリオの決定において手数料を優先すると主張する研究参加者でさえ，パンフレットの手数料情報に対して最小限の慎重さしか示さなかった」[52]。

　実験室での実験は，人々の選択を妨げるようなノイズを取り除き，開示を受ける人の注意を自分の課題へと集中させることも可能である。これは利益相反の情報開示を助けるはずである。なぜなら現実の生活の中では，利益相反の開示は他の情報と混ざっていたり，ストレスのかかる瞬間に呈示されることが多いためである。カイン，ローエンスタイン，ムーアによる実験は，これらの義務化における基本的な前提に対し，注目すべき疑問を提起している。初期実験において[53]，研究参加者は貯金箱の中に入っているお金を推定し，その推定値の正確さに応じて報酬を得た。研究参加者は，より多くの時間をかけて貯金箱を調べ，より良い推定値を出した他の参加者から助言を受けた。このアドバイザー達には利益相反があった。すなわち，彼らの取り分は助言を受けた研究参加者がどれだけ高額に見積もるかにかかっており，彼らの推定値がいかに正確であるかにはかかっていなかった。実験群において，アドバイザーはこの利益相反を開示しなければならなかったが，対照群では開示しなかった。利益相反の開示は，開示を受ける人が開示者の助言を評価することを可能にし，開示者が自分の目的に向かって進もうとする傾向を弱めると考えられる。しかし，そうではなかった。利益相反を知らされた研究参加者は，知らされなかった研

究参加者に比べ，より悪い推測をし，より少ない報酬しか得られなかった。さらに，利益相反を開示しなければならなかったアドバイザーは，開示しなくてもよかったアドバイザーに比べ，より誇大し，より多くの金額をアドバイスした。少なくともこの実験的な設定において，情報開示は「情報の提供者には利益をもたらすが，その受け取り手には利益をもたらさない」。カインらの研究グループは，このようなことが常に起こるとは想定していない。しかしこの実験は，利益相反に対する「情報開示が信頼でき，かつ効果的な救済策であるという信念」を覆すものであるとしている[54]。

　どうしてそのようになるのだろうか。その理由の一つは，開示を受ける人は，開示者に利益相反があることを知るだけではだめだということである。つまり，開示を受ける人は，利益相反が開示者の発言にどのような影響を与えているかを知る必要があるが，開示者はそれを明らかにすることが不可能なのである。さらに他の実験は，開示を受けた人は，開示者をより信頼するようになり，信頼は減らないということを示している。これはそれほど不思議なことではない。主治医の研究が医薬品メーカーから資金提供を受けていることを知らされた患者は，主治医がオープンで誠実，かつ「『深く関わっている』ので，知識がある」と判断するかもしれない[55]。さらに，利益相反の開示は「嫌味不安」を生じさせうる。開示を受ける人は，提案されたアドバイスを拒絶することは，自分たちが開示者のことを利益相反のために道徳的に腐敗している人だと考えているように受け取られるのではないかという不安に駆られる。

　そして，この開示は開示者にどのような影響を与えるのだろうか。それは，バイアスがかった，誤解を招くアドバイスをするのではないか，という開示者の懸念を弱めるだろうか。バイアスをもっていることに対する一種の道徳的な許可を与えることになるのだろうか。「大声宣言」効果はあるのだろうか。アドバイザーは「私は正確なアドバイスをしようとしているが，開示を受ける人は今，アドバイスが偏っていると思っているので，開示を受ける人の思い違いを相殺するために，私は自分自身のアドバイスを誇張したほうがいいだろう」と言うだろうか。

　研究室における情報開示のすべてが，これほどひどく失敗しているわけではない。多くの研究は，小さな改善を示している。他の問題から切り離され，特

定の課題に焦点が当てられ，情報開示を機能させたいという研究者の切望に導かれることにより，一部の研究は，ある瞬間においては，ある程度の利益があることを明らかにしている。このような成功例は，たとえば（「借りる前に知る」という非常に意欲的な規制政策下における）連邦取引委員会による新しい住宅ローンの開示の書式の検証や，医療保険の恩恵をよりよく要約する試みなどにおいて報告されている。第3部では，情報開示のシンプル化に関する検討の一つとして，こうした試みについて述べている。しかし，開示主義者の目標に照らし合わせてみると，これらの改善は失敗している。

情報開示に対する立法者の不満

　立法者は開示について慢性的な不満を抱いているようである。なぜなら彼らの義務化にはしばしば義務化の改訂版がついてまわり，それは彼らの前任者の失敗を暗黙のうちに（時には明確に）認めるものであるためである。多くの分野において多くの義務化が再考され，改革されている。このような改革は，成功したように見えるものの上になされることもある。たとえば，栄養表示にメリットがあるという研究報告に基づいて行われた，新しい食品ラベルの義務化に対する期待である。しかし多くの分野では，義務化はそれが失敗したと思われることによって改革される。

　たとえば貸付真実法の歴史は，失望の連鎖を映し出している。この法律は1968年に制定され，米国連邦準備制度の有名な古典である「レギュレーションZ」によって実施された。その数年後，議会は，借り手が「より多くの，よりタイムリーな情報」を得て，「不必要に高い決済手数料から保護」されるために，「重要な改革」が必要であるとした。議会は，詳細な住宅ローンの情報開示に関する法律である，1974年の不動産決済手続き法（RESPA）を制定した[56]。貸付真実法により住宅ローンの借り手が既に受け取っていたかなりの量の情報開示に加え，RESPAではHUD-1と呼ばれる複数ページの書式が追加された。

　1968年と1974年の情報開示の義務化はあまりにも複雑で煩雑だったため，議会は1980年に「貸付真実の簡素化および改革に関する法律（Truth-in-Lending Simplification and Reform Act）」を可決した[57]。上院が法案を求めたのは，典型

的な開示が効果的でなく，長く，法律的であり，重要な用語が平凡な用語の中に混ざっていたためである。その結果，「議会が意図していたようなシンプルで簡潔な開示ではなく，単なる別の法律の文書のような」紙面ができ上がった[58]。

　しかし，1980 年の改革において，失われた成功の後を辿ってみたところ，別の失敗が発見されただけであった。ローン申請の初期段階で開示される「誠実な見積もり」には，3 ページもの長さで 100 以上の項目が記載されていた。1990 年代，政府は義務化を抑制的に調整していたが，2000 年代に入ると再び改革が行われた。たとえば，RESPA の開示内容が大幅に変更され，開示者は一部の費用を項目別に記載することをやめ，代わりに支払い費用の総額を開示することが義務づけられた[59]。2008 年には「消費者の決済コスト削減のための住宅ローン取得プロセスの簡素化と改善」と題した規制により，「消費者には有意義でタイムリーな情報が提供される」ことが求められ，「推定支払いのコストの開示をより信頼性の高いものにするために[60]」書式をシンプルにして標準化することが求められた。

　2008 年の住宅ローン危機の後，このような再構築はすべて失敗したと思われ，更なる再構築がなされた。開示が住宅ローンの条件を十分に説明できていなかったため，2010 年に制定されたドッド・フランク法は，「住宅ローン取引に関する消費者の理解を深める」ための新しい書式を要求した。現在，消費者金融の情報開示を担当している消費者金融保護局は，開示には重複した情報があり，統一されていない言葉があるため，消費者はしばしば書式が混乱していると感じ，「貸し手や決済機関にとって，書式の提供や説明は負担になっている[61]」と述べている。2012 年に消費者金融保護局は，2008 年の改革で既に改善されていたものをさらに改良した新しい書式を導入した。新しい雛形は，実験室での研究に基づいており，消費者行動や心理学的傾向を考慮したものになっている（また，過去の失敗を踏まえ，行動学的なツールキットが必要だという意見もある。たとえば，1980 年の貸付真実法改革は，ドッド・フランク法改革と同様に，「『情報過多』の問題について研究している心理学の第一人者の証言」を参考にしている）[62]。

　つまり，しりぞけられた改革の傾向は，立法者たちが，苦労して構築した義務化が失敗に終わったことを繰り返し認識しているということをあらわしてい

る。そして，他の分野における義務化も，このような歴史を繰り返している。

大量の確信

　開示義務化に対する大量の確信は，かつて満を持して登場した。立法者は自信を持って開示を義務づけ，有識者は自信を持ってそれを賞賛した。しかし今では我々は，その確信の憂鬱で，長く，引きこもるような嘆き声を聞くようになってきた。開示主義者はより慎重な発言をするようになった。米国連邦準備制度理事会のベテランエコノミストであるダーキンとエリーハウゼンは，「金融分野における消費者への情報開示，すなわち金融における真実が，明らかな利益をもたらすと強く信じている」。しかしこの制度には，開示を受ける人に多くの情報を与えることで，実際にはより悪い選択をさせてしまうという欠陥がある。「そして，それを改善しようとする長い歴史の中で問題のある状態が生じたという事実は，さらなる改革の試みが，問題を軽減するのではなく，むしろ問題を容易に増加させてしまうことを示唆している[63]」。

　開示主義に忠誠を誓わない有識者が，目立って増えてきた。イサチャロフは，ほとんどの種類の情報開示の成功率が低いであろうと考えられる理由について考察している。彼は，世知に長けた立法者や有識者の確信の低下について，「消費者保護の行動的な側面に関する重要な第二世代の文献が登場し，情報開示はそれ自体だけでは十分ではないことが示されたことによるものだと説明している。製品に起因する情報開示は，消費者がやりがちな数え切れないほどのしくじりについての情報が与えられたとしても，それ自体では効果がない[64]」。同様にソバンは，住宅ローンの情報開示について「そのような情報の，書面による開示は可能な範囲で行われてきた」と考えており，「書面のみでは，いつでも必ずしも十分というわけではない」としている。むしろ「我々の経済の未来」は強制的なカウンセリングにかかっているという[65]。そしてバーらは，「住宅所有者のうちどれくらいの人が，ティーザー金利，導入金利，リセット金利が，ロンドン銀行間取引金利に特定のマージンを加えたものとどのように関連しているかを本当に理解しているだろうか。もしくは，期限前返済のペナルティがティーザー金利による利益を相殺するかどうかを判断できるだろうか[66]」と問い，「情報開示それ自体は助けにならない」と結論づけた。

　この疑念の多くは，情報開示を機能させるための中核となる分野での長期間の苦戦や，多くの分野の多くの側面における情報開示の欠点を記述した文献の増化によって生じている。さまざまな分野の情報開示に関する研究では，こうした欠点が詳細に述べられ，情報開示に対する落胆が表明されている。たとえば病院の成績表には，「あなたがもっと情報を得て，より良い医療を選択できるように[67]」提供する医療のほぼすべての側面を評価するさまざまな指標が含まれている。しかし，成績表には多くの資源が費やされる一方で，結果（特により深刻な患者についての）が悪化していること見出したドラノブらは，成績表は「患者と社会の福祉を低下させる[68]」と結論づけている。ダブネーとドラノブは，質の指標の開示は，医療保険制度の加入の意思決定に影響を与えない（そして，開示を受ける人に影響を与えた唯一の開示は，消費者満足度であった）ことを発見した[69]。人々が情報開示を用いて優れた病院医療を見分けることに成功したという証拠がある一方で，「医療や教育の分野において，特に測定された品質が品質のすべての次元を網羅していない場合や，ランキングに影響を与える可能性のある消費者の特性を調整していない場合に，売り手が消費者を犠牲にしてシステムをごまかそうとしているという証拠も同様にかなり存在している。ベネフィットがコストを上回るかどうかについては，統一見解が得られていない[70]」。

　前節で我々は，一部の立法者は開示義務化の改革を頻繁かつ過剰に行うことで，義務化に対する疑念を示してきたと述べた。一部の世知に長けた規制者は，明らかに批判的である。2005年，通貨監督庁長官代理は，「莫大なリソースが費やされている」にもかかわらず，情報開示は「するべき役割を十分に果たしていない」と述べた。この問題は深刻で，「金融商品やサービスの，消費者向け情報開示の開発，設計，実施，監督，評価のプロセスにかかわるほぼすべての主要な参加者は，これらの問題へのアプローチを再考する必要がある[71]」。当時ホワイトハウスの情報・規制問題室を率いていたキャス・サンスティーンでさえ，実証的に分析された情報開示に大きな期待を寄せつつ，開示義務には多くの落とし穴があると警告した。

　確信の低下は，有識者の間でより顕著である。ヒルマンが書いているように，彼らの多くは「標準的な契約における市場の失敗に対する救済策としての情報

開示に対する確信を失っているようだ」。有識者は「貸付真実法のような，法律における相対的な失敗」を見てきた。彼らは，人々がなぜ情報開示を利用しないかを説明した文献を読んできた。そして，ウェブサイトでの情報開示がうまくいかないことを示すかなりの証拠に直面してきた。臨床医学におけるインフォームド・コンセントに関する文献も，「共同意思決定」の高まりが示唆しているように，疑念を反映している。それは，パターナリズムと「情報を踏まえた意思決定モデル」の間の，「中間的な選択」を提案している。その中間的な選択では，患者は「全責任を負うことなく，ある程度の発言権」を得て，医師は決定を支配することはないものの，患者に情報を与えるだけでなく，決定に参加する[72]。

　確信が大幅に減少するとしても，それは依然として大量である。立法者はどんどん情報開示を義務化する。失敗を認識した省庁は，より良い義務化を探し求めることに固執している。義務化の失敗に関する証拠は，たいてい有識者を奮起させ，情報開示を改善する方法を提案させる。規制手段としての情報開示の失敗を示す証拠を認めている人たちでさえ，透明性向上の期待にすがりついている[73]」。消費者保護のための情報開示を一度は批判していた有識者でさえ，今ではそれを彼らの改革の主役にしている[74]。データを集め，そのパターンに気付き，開示義務の規制上の有用性について基本的な質問をするような人はほとんどいないのである。

結　論

　本章で我々は，開示義務はその目的がその能力を超えている規制手段であるということに関する証拠の収集から始めた。開示主義者は，不慣れで複雑な問題について人々が下す意思決定を改善させるような情報開示を熱望している。我々は，この規制装置の疑わしさを示すさまざまな証拠を集めた。開示を受ける人は，開示主義者が意図するような方法で意思決定を行うために必要な理解のレベルにははるかに及ばないことを，研究は繰り返し示している。研究は，開示を受ける人が情報不足であったり，自分の状況を誤解したりしていることを繰り返し示している。開示義務に非常に有利な状況の中で行われた実験室研

究は，こうしたがっかりするような結果を裏づけた。そして，立法者や一部の
有識者が，特定のバージョンの開示義務が失敗したことを，明示的にも暗黙的
にも，繰り返し認めていることも，さらなる証拠として挙げられる。

　しかし，開示義務は開示主義者が設定した目標を達成できないことが，なぜ
こんなにも多いのだろう。その失敗は修繕可能なのだろうか。第2部ではこれ
らの疑問を取り上げ，開示を受ける人の態度や能力の中に，それらに対する説
明の多くが存在することを明らかにする。我々の調査は，成功を左右する出来
事の連鎖の中に多くの綻びがあることを明らかにするだろう。そして我々は，
開示義務が失敗する理由は非常に深く，まれに有用性があるにせよ，立法者は
情報開示を通常失敗するものとみなすべきであり，また，それが本当に機能す
るであろうという強力な根拠がある場合以外では使用すべきでないと結論づけ
る。

第2部　なぜ情報開示は失敗するのか

　第1部は，開示義務では期待された結果は得られないという根拠を示した。第2部は，三つの主要な目的を持っている。第1は，そのようになる理由を説明すること。第2は，開示義務は機能しないという我々の主張を裏づける証拠を提示すること。第3は，開示義務がうまく機能しない理由があまりに根本的であまりに多いがために，解決は難しいということを論じ始めることである。

　開示義務がうまく機能しない理由の中心は，人々がほとんどそれを求めてもいないし，使いもしないからである。研究は，人々が開示に注目しないこと，たとえそれを見たとしても読まないこと，たとえそれを読もうとしたところで理解できないこと，そしてそれを読んだところでその情報を利用できないことを繰り返し示してきた。開示義務が人々の生活に合致していないならば，あるいはおのおのが意思決定を行なうためにわざわざ情報を習得しなければならないということを人々が拒否しているならば，そして開示義務は薬にならないどころかむしろ毒であると人々が考えるならば，開示義務は，根本的に見当違いであることになる。開示義務は人々がやりたくないと思っていることや，成しえないことをするように頼んでいることになる。これは修復のしようのないことである。

　第1部は，開示は人々がうまく選択できないという問題に対処するためのものであるという従来の公式見解をいったん引き受けていた。この公式見解は開示主義者の言葉のもとになっていたものである。この公式見解はまずは意思決定の補助としての開示に関するものであり，開示主義者が，特定領域の開示が機能していないと気づいたときには，その開示をどのように改善するかが問わ

れることになる。この従来の公式見解によって，開示義務が失敗するのは，開示が正しく行われていないからであるという従来の説明がなされる。開示は間違ったタイミングで，間違った形で行われている。しかし，何十年にもわたる至る所での努力は，なぜ効果的な開示の枠組を作りあげられなかったのか。

　この問いに答えるために，我々は，制度としての開示（disclosure）から開示を受ける人（disclosee）に焦点を移そう。開示がデータを伝えるかどうかではなく，人々の暮らしの作りや問題への対応方法，そして選択の仕方に，開示が合致しているかを問うてみよう。この観点，つまり日々の暮らしや一般的な経験の視点から見ると，物事は違って見える。開示を受ける人の観点をとったとき，開示主義が想定しているよりも，人々が意思決定すること（そして開示主義者が想定している方法で意思決定すること）に驚くほど熱意を持っていないことに気づく。要するに，開示は，その受容者の抵抗にあらゆる段階で打ち克たねばならないのだ。

　第2部は，この反抗的態度を基本的に擁護する。その態度は人々の生活の大部分を占めているので，公共政策が知り得るどのような手段を使っても変えることはできないだろう。しかしさらに言えば，情報を収集し分析するコストの方がベネフィットより上回る場面では無知は合理的である。特に，第4章では，人々は，開示主義者が期待しているよりも，非積極的に，不完全に意思決定を行うという意味で，意思決定嫌いであると論じる。この態度の一番の理由は，開示が人々に課した負担である。本質的に不快で，人々がより行いたいと思っていることを行うのを妨げる負担である。開示義務は本質的に，学者なら楽しめるかもしれないが，一般の人々には楽しめない壮大な教育事業である。多くの人が，開示を勉強したらその努力の報いがあると信じる理由はほとんどない。

　第5章は，情報を踏まえた意思決定は難しく，（広義の）リテラシーの問題に曝されていると主張する。人々は，さまざまな種類と程度の識字能力や計算能力の限界に足枷され，邪魔されている。また，開示を受けるほとんどの人が，開示を生産的に解釈するのに十分なほど，その領域に関する十分な知識をもっていない。これらのリテラシーの問題は非常に深刻なこともあるので，多くの人が多くの開示を単なる使用価値のないものとみなす。

　開示は，分量の問題と我々が呼ぶものによっても妨害されることを第6章は

論じている。これには二つの側面がある。第1に，過重負荷の問題であり，多くの開示は圧倒的な量で，開示を受けた人には対処できないデータの洪水を人々に課す。第2に，蓄積の問題であり，開示は，我々の誰一人として，そのすべてを読み始めることができず，そのすべてを取り入れることができないほどの数，存在する。

　第7章では，情報に関する主要な認知的問題が解決されたとしても，たとえ，開示を提供されてそれを受け入れて理解して記憶したとしても，人々はよい判断を行えないかもしれないということを論じている。第1に，開示された情報の多くは不必要であり，決定の改善にはつながらない。合理的な人は，開示が提供する導きなしに多くの意思決定を行う。情報を踏まえない，あるいは開示を使わないと決めることは，時にあきらかに合理的である。開示が意思決定を改善しないかもしれない第2の理由は，それとは全く反対のことである。完全な開示モデルにおいてさえも，重要な事実は非常に多く，要約された開示モデルならなおのこと，重要な事実は失われる。加えて，人々は，開示がほとんど提供しないような種類（開示を受けている自分たち自身の情報など）の情報を必要とするかもしれない。最後に，社会心理学や行動経済学の研究テーマとなっているように，人の心が情報や推論を歪めるという問題がある。開示主義者は，このような研究は効果的な開示の鍵となると信じているが，開示を補正するために必要な，意思決定に影響を与えるバイアスやヒューリスティックの大きなもつれを説明するのに十分な根拠を提供するかどうかについては疑わしい。

第**4**章　「何でも同意します」：開示義務の心理学

> かつてフロイトは，彼が正常だと考える人物は何が立
> 派にできるべきかと尋ねられた。……彼はこのように述
> べたと報告されている。Lieben und arbeiten（愛する
> ことと働くこと）。
>
> エリック・H・エリクソン『幼児期と社会』

　ある研究者が研究参加者たちに対して法で定められている同意書を差し出すと，彼らは「何でもいい」と言う[1]。何でもいいという，目を丸くするような言葉は，開示を受ける者の開示に対する反応の特徴を捉えている。なぜそんなことを言うのだろう。

　「何でもいい」は，開示義務の行程で起こる複数の障害の中で最初に起こるものであり，それが反映しているのは，開示主義者の前提に対する不信感である。我々は，まず初めにこれらの障害について，開示を受ける者の多くが，開示者が対象としている意思決定を行うことに抵抗していること，不完全な情報をもとに意思決定をすること，そして多くの開示を飛ばしたり軽んじたりすることを，証拠を示しながら説明することから始める。開示を受けるそのような人たちは，開示義務を効果的に用いることのできる方法で開示を使用する可能性が低い。

　我々は，「何でもいい」に関する議論を，「もしあなたがそう言うなら」の話と共に始める。ロンダ・カステラーナはトヨタコンヤーズからローンで車を購入した際，五つの書類にサインをした。これらは，第2章に出てきたカリフォルニア州の割賦販売のベッドシーツに相当するジョージア州のものである。彼女はそれらの書類を約3時間かけて読み，理解したと思ったと後に証言した。カステラーナのローン申請が拒否された時，コンヤーズは車を取り返した。彼女の申請は通るとコンヤーズの販売業者が虚偽の保証をしたとカステラーナは言った。しかし裁判所は「これらの書類から得られる唯一の合理的な解釈は，

購入者が契約した際には購入者のクレジット申請の承認が通っていなかったの
であり，[クレジット発行者が]それを処理して承認するまで，契約は起こら
なかった。そして，もし彼女のクレジット申請が拒否または承認されなかった
場合に，それ[売り手]が車両を取り返すことが許可されていた」と逆の応答
をした。では，販売業者の口頭による保証はどうだったのか。裁判所は，「詐
欺行為はなく，口頭での証拠は書面による契約の条件を変更するための証明力
がない」として，カステラーナを非難した。さらに，「契約条件および意味す
るものについて独自に検証を行う一般的な努力[2]」を彼女はすべきであるとい
うことだった。

　この話は，開示義務における問題の多くを示している。カステラーナは「何
でもいい」とは言わなかった。彼女は，彼女がすべきことを行った。彼女は，
自分とは利害関係の異なる，知識を持った当事者と対応しながら，不慣れで複
雑な意思決定に関して，十分な情報に基づいた選択をしようとした。開示主義
の人生を生きる人は，なぜそんなにも奇妙なのか。

意思決定嫌悪

　開示主義は人間の本質を誤解している。開示主義は，人間の本質に関するも
っともらしい前提，および前提から派生するもっともらしい推測に基づいてい
る。前提も推測も，両方とも本質的には正しいが，それらは政策を誤った方向
に導くような方法で失敗している。

　もっともらしい前提は，人々は「自己決定」を求めるというものである。し
たがって，もっともらしい推測は，人々は自分たちの生活に大きく影響する可
能性のある意思決定のすべてを行いたいと思っており，それらを注意深くうま
くしたいと思っているに違いないということである。言い換えれば，開示主義
は暗黙のうちに，（ホモ・エコノミクス（経済人）やホモ・ルーデンス（遊ぶ人）
と呼ぶ習慣にならって）ホモ・アービター（*homo arbiter*, 決定する人）と我々が
呼ぶ人たちが住む世界を想像している。ホモ・アービターは意思決定を大切に
し，それらを喜んで受け入れ，細心の注意を払ってそれらを行う。ホモ・アー
ビターという考え方は単なる前提ではなく，道徳的観点でもある。アイエンガ

ーは以下のように書いている。

> 「現代の人々は単に『選択の自由』があるのではなく，選択という点において自由であること，そして選択によって自身の人生を理解し実現することが義務づけられている……。個人の選択は……選ぶ人の特性の実現，つまりパーソナリティの表現であるとみなされ，そしてそれらを選択した人を反映する」。したがって，自分自身でいることは，自分自身をもっともよく反映する選択をすることであり，これらの選択は，累積的に捉えると表現であり，もっとも貴重な価値，すなわち自由の実現なのである[3]。

　その前提や推測，人間の本質についての見方には真実が含まれているが，それは部分的であり重要なことの多くが抜け落ちている。第1に，前提，すなわち自己決定は大事ではあるが，完全な自己決定は不可能であり，それを求めることは困難な結論に到達するために思い通りに進まない課題を修得することを意味する。自己決定は快適だろうし，無力であることは惨めだろう。しかし，情報が少なかったり熟考できないときは意思決定しない，という人はいるだろうか。

　次に推測である。第1に，もし人々が自己決定を求めるなら，彼らは意思決定することを求めるに違いない。しかし，自己決定に近づくために十分に良い意思決定をすることは，働くことと愛することを妨げるほど非常に大きな時間の無駄遣いであり，心を疲弊させる。また，誰が意思決定を楽しむことができるのだろうか。学ぶのは重労働であるし，読むのは退屈であり，決められないのは惨めであり，責任を取らされるリスクがあり，失敗するのは恐怖である。これらは喜んで捨てることができる[4]。二つ目の推測は，情報が与えられれば人々は意思決定をするだろうし，さらに言えばよりうまく意思決定をするだろう，というものである。しかしそれは恐ろしく難しい。不慣れで複雑な意思決定がもつ認知的な問題は不愉快なものであり，選択肢を分析することは，ホモ・アービターのモデルが示唆する以上に合理的ではないプロセスである。

　開示主義者の世界では「何でもいい」という人はいない。そして皆がロンダ・カステラーナ（よりもまし）である。その世界では，人々は（1）不慣れで

複雑な決定は重要であること，そして自分自身の利益と状況によって決まることだと認識しており，（2）情報を踏まえてよく考え，自分の興味と好みにあった意思決定をするために十分に学習することになっている。しかし実際の世界では，驚くほど多くの人が多くの状況で（1）重要な意思決定でさえも行うことを拒絶し，（2）不完全な情報と不十分な努力で意思決定を行う。人々は，大体広く意思決定を嫌う。したがって，彼らが開示を求めたり学んだりする可能性は低い。だから義務による開示は，読まれることなく省略されるのである。意思決定嫌悪は開示主義者の前提（および，その論理的な考え）を非常に侮辱しているので，我々は本章をそのことに費やす。はじめに，我々の考えについて説明し，次に意思決定嫌悪そのものについて説明する。

　人々は意思決定嫌悪である，つまり決定することに乗り気ではなく，開示主義が望むほど注意深く決定しない，と我々が言うと誤解されやすいが，二つの説明が手助けになるだろう。第1に，人々は意思決定嫌悪であるかもしれないが，すべての意思決定を避けたり軽んじたりするわけではない。多くの意思決定は個人的にのみ行われる（学校や配偶者の選択のように）。一部の意思決定については，ある人たちは楽しんで行う（ショットガンや靴の購入のように）。時には，学習が楽しいこともありえる（スポーツの結果やゴシップ欄を読むときのように）。しかしこれらは開示義務が通常目的としている意思決定や情報ではない。

　第2に我々は，人々は滅多に良い決定をしないとは言っていない。人々は自分たちの生活をうまく管理している。それは，ほとんどの意思決定が馴染みのあるものだからである。繰り返し意思決定することは，あなたが選択したものは何であるか，どれがうまくいきどれがうまくいかないか，そして，どのように選択すべきかを教えてくれる。経験は最も良い教師である。しかし，これらの恩恵はあなたが不慣れな土地を歩く時には消えてしまい，開示義務がその土地の奥深くにあなたを連れて行く。さらに，不慣れで複雑な意思決定をする際に開示を無視することは，たびたび理にかなっているのである。

決定の回避

　意思決定嫌悪は長い連続性を持っている，つまり決定を拒否することから，

決定を委任すること，選択肢を残したままにすること，決定を遅らせること，大雑把に考えること，毎回しぶしぶ意思決定することまである。意思決定の回避における熟考の度合いも，意思決定すること自体を無視することから，すぐに決めようとすること，意識的に回避することまでさまざまである。では，開示の義務づけが有効な領域において意思決定嫌悪が存在するということは何を意味するだろうか。

　開示主義者の原則では，何らかの意思決定をしたい場合は，何らかの健康に関する（治療，医療保険制度，医者や諸々に関する）意思決定のはずである。これらは文字通り生と死にかかわる可能性がある。そして，それらに関する選好は人によって異なるため，個人が行う意思決定は慎重になると思われる。治療に関して意思決定をしたいという患者の願望は，これまでに多く研究されている。我々はそこから始めることとする。

　患者の意思決定権を疑う人はいないし，それは権利ではなく義務であるという人もいる。それにもかかわらず多くの患者は，言葉の上でも実際でも意思決定という贈り物を拒否する。情報が欲しいかどうかと尋ねられると，0から100の測定値で患者の平均値は80だった。意思決定したいかどうかと尋ねられた場合，平均値は33だった。意思決定したいという患者の願望は一般的に“弱い”だけでなく，彼らは，具合が悪く高齢であるほど，すなわち一般的に意思決定が重大であればあるほど，より抵抗した[5]。別の研究では，約半分の患者は，自分たちに関する意思決定を医師に求め，3分の1は医師に決めてもらいたいが“患者の意見を大きく反映すること”を求めた。5分の1は，医師と同等に共同で意思決定することを求め，3%が自分自身で決めることを求めた[6]。

　患者の中には，実際にホモ・アービターもいる。ライス大学の社会学者で前立腺癌を患ったウィリアム・マーチンは，彼の治療の選択に関する研究を，エスノグラフィによって旬の問題を調査しているかのように記述する。彼は医師にインタビューを行い，一般向けと専門家向けの論文を読んだ。彼は，「前立腺癌の謎を解き明かそうとすることに完全に夢中になり，時には，自分がこのトピックにそのような強い関心を抱いた理由を忘れてしまうほど」になった[7]。しかし，疾患に関する患者の闘病記において，自分の医療に関する意思決定に

参加することについて言及した人はほとんどいなかった。

　一部の医療保険に関する決定は，ほとんどの場合に回避を招く。医療保険プランを選ぶことは，患者に選択と節約の圧力をかける。選択するということは重労働であり，節約はあなたが欲しいものを諦めることを意味する。医療保険の選択を検討することは不快なだけでなく，人が喜んで避けがちなテーマである。あなたに医師がいるなら，医師のアドバイスに従えばよい。あなたが医療保険を選んでいるなら，一つか二つの特徴に注目して，それらに基づいて意思決定すればよい。または，あなたの同僚のアドバイスに従えばよい。チェックマークをつけ，提出して，忘れる。この意思決定は毎年見直すことが可能であるため，人々はいつか保険を変更し，自分の選択を改善するかもしれない。それは注意深い検討や学習によってではなく，たいていの場合は嫌な思いや高額な勉強代ゆえである。要するに，消費者主導型医療保険についてブラウンが書いているように，「国民は，より多くの保険の選択肢や，それについてのより多くの質問の機会や，より多くの情報の検討の機会を政府に求めているわけではないし，購入者，保険プラン，提供者への疑念に対する勇敢なる内的葛藤を繰り広げたりもしていない[8]」。

　開示主義者の原則では，人々は退職後のための個人積立も積極的に行うべきである。大金が危機にさらされており，退職後の計画を立てる人たちは，そうでない人たちよりもうまくいく。意思決定は繰り返し行われ，（開示が義務化されているにせよ，されていないにせよ）情報も豊富にあり，そして多くの雇用者が行動を後押しする手立てを講じている。しかし，ある代表的な研究は，多くの意思決定嫌悪の証拠を示した。典型的な被用者は，退職後の年金に加入するまでに1年以上かけ，その後，年金のデフォルトとなっている選択（多くの場合，長期的な選択肢が少ない）を圧倒的に受け入れる。使ってしまうか貯蓄するかの意思決定は機械的な基準で行われる[9]。50歳以上の人たち（ほとんどがすでに退職者）を対象にした研究では，退職後年金に加入しようと検討していたのはわずか31％で，そのうちのわずか58％しか実際に加入していなかった[10]（また，学者は上から目線だと言われないように言うと，以前ハーバード大学は准教授の個人退職金積み立て年金に加入したが，彼らが資金の運用方法を指定する書式に記入するまでは利息の発生がなかった。しかし「ほとんどの准教授は5，6年が経

過してハーバード大学を去るときになってようやく，その書式に記入した[11]」）。

データと熟考の軽視

　人々は，開示主義者が想定しているような熱意をもって自分自身で意思決定をすることに消極的であると述べたり示したりするだけでなく，実際に情報や熟考なしで決定することがたびたびある。反対に，人々は要因を，時には一つにまで絞り込むことで，選択肢を単純化することが頻繁にある。したがって開示を受ける者が，良く判断された情報開示を受けたとしても，その多くは自分たちの課題をより扱いやすくするためにデータを無視したり，開示をよく吟味するには不十分な検討しか行わなかったりするだろう。

　たとえば，患者は一般的に開示主義者が求める基準よりはるかに少ない情報しか受けとらない。しかし，インフォームド・コンセント訴訟の少なさや，研究によって報告されていることから示唆されるように，彼らは自分たちが受け取った情報に満足しているようである[12]。患者はたびたびインフォームド・コンセントで恐ろしい内容を聞くが，多くの研究が「情報開示を受けて拒否したという事例は，あったとしてもごくわずかであると強く示している[13]」。したがって，患者が治療を拒絶する理由に関するある研究は，100入院日数あたり平均わずか4.6回の拒否だったことを示し，その理由は，患者が自分の選択肢を十分に検討し，それらを悪いと判断して拒否したとは思えないものであった。

　患者が医師に従ってしまう理由は容易に想像できる（病気である，疲れている，怖いなど）。しかし，これが医療保険と医師の選択を非常に重要にするし，それは，人々に余裕があって健康なときにできる選択であることが多い。緻密な開示制度を含む多くの努力は，人々が多くの情報を踏まえて医療保険を選択するように試みる。しかし，人々は与えられた情報を通常ほとんど使わない。たとえば，医師や病院の質に関する情報の提供を受けることのできる，消費者にとってベストな保険を契約していた人たちで，実際にそれを利用しようとしたことがあると答えたのは，約半数にとどまった。医師や病院のコストに関する情報を利用しようとしたことがあるのはわずか3分の1の人たちであった[14]。別の例では，過去にリスクの高い手術を受けたことのあるメディケア受給者で，

手術のために他の病院に行くことを真剣に検討したのは，わずか10％であった。病院を比較するための情報を探した人たちは非常に少なかった（11％）。そして，94％が自分の病院を，88％が自分の外科医を評判が良いと考えた[15]。

　個人投資家も自分たちの資産管理について，開示主義者の信念が期待するような努力をしているわけではない。たとえば，調査の対象となった南カリフォルニア大学の事務職員の大多数が，自分たちの確定拠出年金制度に関するポートフォリオの計画に1時間も費やさなかった[16]。ある研究は，投資家たちは自分で選んだポートフォリオよりも誰か他の人が選んだポートフォリオを好むという結果を示した[17]。保険の購入者も，購入に多くの時間や労力を費やしていない[18]。住宅ローンの複雑さについてはすでに説明したが，ある研究で，住宅ローン利用者の中で，ローンについてほとんどまたは全く調べなかった人は40％，少しは調べた人が32％，多くまたは非常に多く調べた人は28％だったことが明らかにされた。住宅ローン利用者は，中央値で三つのローンで六つの項目または特徴を検討していた[19]。

　あまり検討しないで選択しようとする人々の傾向は，多くの要因を検討する時間がなくても重要な決定が下せてしまうことからも示唆される。移植のために腎臓を提供してほしいと頼まれると，人々は即座に意思決定することが多い。ドナーに対して本当の意味でのインフォームド・コンセントを行うという確固たる試みにも関わらず，「他の選択肢も検討して合理的に決めた」ドナーは一人もいなかった。多くの人が，電話口でその案件が挙がった時に即座に，すなわち「『一瞬のうちに』『瞬時に』『すぐに』」決めたと答えた。要するに，意思決定は「即時に『論理によらず』」に行われ，インフォームド・コンセントに関する米国医師会の基準を満たすことができなかったと，すべてのドナーおよびドナー候補たちは説明した[20]。事実を明かすと，患者の闘病記には，自分がどのように意思決定したかがほとんど書かれておらず，それを行わなかったことが頻繁に記されている。ある乳癌患者は「自分がどう意思決定するかがすぐに分かった[21]」。別の癌患者は「化学療法について聞いたことがあるにもかかわらず，それを選択するのに一瞬も必要がなかった[22]」。

　患者はしばしば複雑な選択をする際に，関連する事実を収集して検討するのに必要な時間を取らないが，それだけではなく，多くの患者が非常に少ない，

ときにはたった一つの要因のみに頼って判断を行っている。インフォームド・コンセントがあらゆる場面で機能するとすれば，それは乳癌の治療の選択でも機能するはずである。この場面での選択肢は（比較的）明確に定義されており，専門家はそれらを示すことに慣れており，乳癌におけるインフォームド・コンセントと意思決定を手助けする方法については長い間研究されてきた。しかし，意思決定に主に影響するのは「目についたかどうか」であると，ある研究は結論づけた。つまり，患者は治療の一つの側面に依って判断していたということである。彼らは「進むべき方向性，あるいは，さらなる情報や検討の必要性についての迷い」はないと報告した[23]。より多くの情報を集める患者でさえ「十分な理解といったものなし」に選択することがたびたびある[24]。不完全な意思決定は，将来的に透析が見込まれる患者においても同様に観察された。彼らはたびたび，何か驚くべき事実を聞くまで話に耳を傾け，そしてそれに基づいて決定を行っていた。「患者の中には，血液透析では週3回誰かに2本の大きな針を腕に刺してもらう必要があると聞くとすぐに，他の選択肢がどんなものでもそちらを選択する人がいる。腹膜透析では腹部からチューブが突き出ることになると聞くと，『他の種類の透析』を選択する人もいる[25]」。

　患者は素早い決定をたびたび行い，わずかな基準しか確認しないだけではなく，高い教育を受け闘病記を書くだけの内省能力をもった患者でさえも，決定の過程について一切説明をしていない。代わりに，本能に頼るような経験や理由がほとんどないにも関わらず，彼らは直感や衝動を用いる。たとえば，あるエイズ患者はもし「ビタミンやハーブ，医薬品，あるいは他の治療法について『ピンと来たら』（強い直感）それを試してみる」と述べた[26]。多発性硬化症の患者は「ビビッときた[27]」。アナトール・ブロイヤーは「人が自分の偏見に屈するとしたら，それは自分が病気の時だと思う」と，これを皮肉に擁護した。人の偏見というものは「その人の無意識の知性を反映したのであり，私はそれに従うだろう[28]」。

　思慮深く，情報を踏まえて意思決定しているようにみえる患者でさえも失敗することがある。マイケル・コーダ（サイモン＆シュスターの編集長で『パワー！』の著者）は，自分の前立腺癌について理解し，自分で意思決定をしたと信じていた。彼は有名な外科医に相談し，質問をした後，自分の「頭が真っ白になっ

ていた」ことに気づき，「そのことから逃げられないという感覚」を覚えた[29]。
開示主義者の代表であるライス大学の社会学者ウィリアム・マーチンでさえ，
「なぜそうしたのか正確な理由を理解しないまま，また明確な論理を呈示する
ことができないまま，私は自分の手術をピーター・スカーディノに依頼するこ
とに決めた」と書いている[30]。

　人々が最初の選択を見直すのであれば，このすべての問題はそれほど大きく
ないかもしれない。しかしフランシス・ベーコンが警告しているように，心が
ある選択肢を採用する場合，「それを支持するもの，それに同意するもの，す
べてが集められる。そして，それとは逆の選択が正しいという非常に数多くの
重みのある事例が存在することに気づいたとしても，これらは無視して軽視す
るか，あるいはなんらかの区別をして脇に置いて無視するかのいずれかであ
る[31]」。より多くの証拠はあっても，意見を変えるには至らないので，ニスベッ
トとロスは「人はある問題についていったん第一関門を通過させてしまうと，
最初の判断はさらなる情報や，他の推論の仕方，そして合理的または証拠に基
づいた異論に対してさえも著しく抵抗を示すことがある」と述べている[32]。

　人々は世の中で教えられてきたドラマチックな教訓さえも無視することがあ
る。たとえば，自分たちの年金基金の多くを企業の株の投資につぎ込み，仕事
と貯蓄の両方を失った被用者の破産が相次いだことは「分散投資せよ！」とい
う厳しい教訓のように見えた。しかし，ある研究では，「エンロン，ワールド
コム，そしてグローバルクロッシングの倒産に関する大混乱は，自社株として
組み入れられている401(k)[33]の総資産の割合を，約36％から約34％へと最
大で2％ポイント減少させた」と推定した。このことから，その研究において
は「教育的介入は貯蓄行動に非常に小さな変化しかもたらさない」と結論づけ
られた[34]。

開示の読み飛ばしと拾い読み

　多くの人々が，開示義務が一般的に呈示する不慣れで複雑な意思決定を避け
る傾向にあり，開示主義者が期待するよりも少ないデータと検討によって意思
決定を行っていることを我々は示唆した。もしそうであるなら，開示を読む主
な動機はなくなってしまう。人々は開示を見落とし，開示に気づいても無視し，

開示を読むときもいい加減で，読んだ内容の多くを忘れて誤解をし，そこで学んだ内容を意思決定に組み入れることはほとんどないことを多くの証拠は示唆している。

　開示を受けた者のインターネット取引は簡単に追跡されるので，その人たちは規約（iTunes の契約のような）に同意しているが，その規約を読んでいる人は誰もいないことを我々は知っている。そのような契約は，開示を読む機会がなかった人たちを縛るべきではないと，多くの開示主義者は熱心に信じている。そのため，連邦法と何十年にもわたる裁判所の判例（まれの例外を除く）に支えられている契約法は，規約の開示を義務づけている。たとえば，使用許諾契約はほとんどのソフトウェアの利用に関する定型的な契約である。それらはインストール中に「同意します」をクリックすることを要求するチェックアウトページやポップアップにハイパーリンクされている。同様に行われる情報開示には，個人情報などのデータ収集に関する契約，ウェブサイトのサービスに関する規約，紛争解決手段に関する契約が含まれる。では，開示を受けた者はこの古典的な細かな文字にどう対応するのだろうか。

　あなたがするのはこれだけ。デニング卿はかつて類似の開示について「1,000人に一人の顧客もそれらの規約を読んでいない」と述べた。彼はこれを比喩的に表現したのかもしれないが，ある研究が 66 のソフトウェア会社のウェブサイトを訪問した 45,091 世帯を追跡したところ，「商品の使用許諾契約に少なくとも一秒間アクセスした買い物客は 1,000 人中わずか一人か二人しかいないことがわかった[35]」。

　開示は見つけるのが難しいだけなのだろうか。否。開示をより見やすくしてもそれを読む人の数は有意には増えなかった。規約のすぐ横に「同意します」を置いた場合でも（最高で）約 1％しか読み手の数は増えなかった。クリックを強制する規約は，ユーザーがクリックする必要がないリンク先の規約と比べると，わずか 0.36％ほど多く読まれた。全体で，ウェブサイトの細かな文字で書かれた規則を読む人は 0.1％から 1％の範囲であり，「読み手」は契約（平均2,300 語）に平均で 30 秒以下のアクセスをした買い物客であることから，これは驚くほど保守的である[36]。

　しかし，消費者が過去のインターネットの開示を簡単にクリックしたとして

も，（投資家のような）よりリスクの大きい人々は開示を精査しないのだろうか。証券取引法は，株式，債券，投資信託に関するデータの開示を義務づけているが，目論見書全体を読んだと報告した株主はわずか15％だった（目論見書は非常に難しいので，我々はこの報告を疑っている）。直接購入した人や自分で判断して購入していると言った人たちでさえ，ほとんど読んでいない[37]。

　また，他の金融資産の開示のほうが良いようにも思えない。たとえば専門家は，貸付真実法の開示を人々が読んでいるかを疑っており，消費者調査において人々が読んでいないことを支持する結果が得られている[38]。それらの開示について注意深く読んでいるかどうかと尋ねたところ，連邦準備制度の調査の回答者の70％がノーと答えた[39]。サブプライム住宅ローンの崩壊は，住宅ローンの借り手がローンの文書を読んでいなかっただけでなく，プロの投資家も住宅ローン証券の目論見書を無視していたことを示した。マイケル・ルイスの『マネー・ショート　華麗なる大逆転』は，細かな文字をよく読み，格付機関の想定より原資産のリスクが高いことに気づいた少数の投資家の勝利を語っている[40]。キルシュは，消費者は保険会社や提供者が配布しなければならない購入者向けの手引きのような情報開示にほとんど関心を払わず，それらを知っている人々も，それらはほとんど役に立たないと感じていると記述している[41]。

　しかし，人々がインターネット上の情報開示を素早くクリックしたり，投資や保険の情報を読み飛ばすのであれば，患者や研究参加者たちは医療開示を読まないのだろうか。一般的に医療における情報開示は意思決定が必要な場面で呈示され，患者や対象者が気になるであろう事項について告知がなされる。しかし，たとえばバレンの研究では，訓練を受けた研究助手を使い，親密なパートナーからの暴力に関する調査の同意を得るために緊急治療室において，潜在的研究参加者に簡単な説明（2ページで11段落）を呈示した。そのすべてを読むことができたのはわずか53％だった。その中で20％が10秒以下，38％が1分以下，30％が1分から2分を費やした。13％は2分以上かかった。質問をしたのはわずか5分の1のみだった。その書類を2分で理解することはできなかっただろうし，彼らが実際にそれを読んでいたかどうかも我々はわからない（実際には読んでいるふりをしていたり，礼儀正しく振る舞おうとしていたり，または教養がない人のように見えないようにしていたのかもしれない）。

　患者を教育する際に主な希望となるのは，病院と医療保険の成績表である。しかし，患者と臨床医の調査は，成績表の効果がほとんどないことを示唆している[42]。患者が成績表について知ることはほとんどなく，さらに，それらを理解して使用することは滅多にない[43]。たとえば，メディケア受給者の90％は保険維持機構[44]について何も知らない，あるいはほとんど知らず，従来のメディケアと保険維持機構のどちらかを選択するのに十分な知識を持っていたのはわずか16％だった[45]。別の研究では，回答者の3分の2が従来の診療ごとの支払いと保険維持機構保険の違いを十分把握しておらず，多くの人たちが保険維持機構の保険に関する基本的な事実を知らなかった。良い保険を選択するために体系的なアプローチを使っていると報告した保険購入者はわずか20％であり，ほとんどの人は保険が認可を受けたものであるかどうかを確認するために見るだけであった[46]。最善の開示がなされた人たちでさえも，保険を変更するかどうかを決める際に，与えられた情報を使用しなかったようである[47]。

　情報の拾い読みや軽視は義務づけられた開示に限ったことではなく，重大な選択にさえ行われる人々の態度の一部のようである。たとえば，インターネットで薬の情報を探す患者は，1ページにつきわずか4秒しか時間をかけず，20分以内に情報が見つからないと，ほとんどの人があきらめる[48]。

　要するに，人々は開示を読み飛ばし，拾い読みし，軽んじることを多くの証拠が示している。「何でもいい」だけが唯一なされる反応というわけではないが，それは最も多い反応のようにも見えてくる。リチャード・ポズナー裁判官でさえ，住宅担保ローンの何百ページもの情報開示に直面して，「私は読まなかった，ただサインしただけである」と言ったと伝えられている[49]。

開示義務と社会における運用

　本章ではこれまで，開示主義の心理学は間違っているということ，つまり人々は開示主義者が想定するのとは異なり，開示主義者がありえないと考えるような方法で意思決定をしていることを議論してきた。開示や熟考，そして決定に対するこの嫌悪は，災いに向かう愚か者の道のように見えるかもしれない。人々は決定を避けたり先延ばししたり，または乏しいデータを信頼し十分な検討

を怠るため，確かにまずい結果をもたらすことがある。ギロビッチが述べるように，不完全あるいは不正確な情報に頼ることは，人々が誤った信念をもつ一般的な理由である[50]。たとえば，個人投資家がより情報を踏まえて，より思慮深く考えれば，取引し過ぎたり投資先の分散を怠ったり，値下がり株を長期に渡って保持したり，自分の雇用主の株を買い過ぎたりする可能性は少ないだろう[51]。

しかし，意思決定嫌悪によるベネフィットは，そのコストを上回ることがたびたびある。少なくとも，開示に関する個人的経験や開示に対する社会的経験，たとえば開示を見落としたり，無視したり，拾い読みしたとしても明らかな災いが起こらなかったという経験によって，人々の一見怠惰に見える行動が補強されている。社会における運用においては，この判断を反映する規約（細かな文字）がある。また，個人的経験や社会的経験は，開示を無視することを（多かれ少なかれ明示的に）正当化する理由の一覧を人々に呈示する。

この杯を取り除いてください

カステラーナの方法を不慣れで複雑な意思決定に適用することは，最悪な高校生活（退屈な科目とあなたの一生の記録に残る面倒なテスト）が一生続くことを意味する。大抵の人は卒業することを喜び，戻ることを嫌う。人々に情報開示を行い，身近で理解しやすい選択をするように伝えると，「これは自分にとっては仕事だ。大変な仕事だ。興味のない仕事だ。得意ではない仕事だ。むしろ回避したい仕事だ。（やったぜ）回避できる仕事だ」と言うのを聞く。学習は苦痛であり，どうしても理解できず，何がいい答えであるかがわからないということだけがわかり，リスクと自分の望みを比較検討するのに骨を折り，決められないことさえ辛く，責任を負わされ，この苦痛に対する見返りはあるのかどうか分からず，そしてあったところで乏しいことは確かである。

不慣れで複雑な意思決定に直面する人たちの多くにとって「情報は多ければ多いほど良い」という呪文は間違いである。これらの領域では，情報があるからといって評価されない。多くの人々が多くの知識ではなく，より少ない知識を求め，情報は確信ではなく不安をもたらす。人々は，契約書やマニュアル，警告，通知，書式，チャート，指示書，リスト，画面スクロール，ベッドシー

ツ[52）を読むのを嫌う。要するに，初心者に対して専門家の情報を修得するよう求めることは，不快な課題を与えることである。勉強に対する学問的な熱意を持っている人はほとんどいない。科目がつまらない場合，そのような熱意を持つ人はより少なくなる。勉強が難しくやりがいがない場合，そのような熱意を持つ人はほぼ誰もいない。

　本書は，開示を受ける者の仕事がいかに重荷となっているかについての証拠で溢れている。これらの意思決定の一つに関してでも自分自身を教育することは，多くの人が理解できない，また，より多くの人をおじけづかせる文章を読むことで無知を減らすことによってのみ始めることができるだろう。これは，特に人々は自分が読むことのできる文章でさえ，解釈するための背景を欠いているからである。もしあなたが読む内容を正しく解釈するとしても，（わからないところだらけの）複雑な選択を分析する労働は，痛みを伴うものになるだろう。さまざまな場面で非常に多くの意思決定がある。それは難しく，終わりがなく，不快である。それは教育である。そして，誰が気にかけるのだろうか。クルーズ旅行を予約するのに，うまくいかない可能性があるすべてのことを本当に知りたいだろうか。または，あなたの買い物に関するデータをウェブサイトがどのように使っているか，贅沢なデザート一口で摂取するカロリーについて本当に知りたいだろうか。シュバルツが書いているように「信頼に対する必要性がなくなるほど我々がすべてについて十分な情報を得ることはできない」。しかし，警戒心は「それぞれの取引を競わせ，対立させる。それは，我々はおそらく騙されたのだという感覚をいつも残す。それは情報収集をフルタイムの仕事にする[53）」。

機会費用

　開示主義者による生涯学習プログラムは不快なだけでなく，人々が好き・・なことをするのを邪魔したり，より快適で価値のある活動を妨害したりする。人々が自分の人生を考える時，彼らは自分たちが何をするのが好きか，何が気になるかについて考える。彼らはプライバシーポリシーや利用規約を読むためではなく，興味のあることを見つけて遊んだり働いたりするためにインターネットを次々と閲覧するのである。免責事項や保険規約を読むためではなく，ビーチ

を楽しむためにクルーズ旅行に出かけたり車を借りるのである。そして，医療
保険の携行性と責任に関する法律の情報開示を読んで頭を痛くしに行くのでは
なく，頭痛を取り除くために病院に行くのである。

　好きなことをするために費す時間を情報開示の内容を学ぶために費やすこと
はできない。またあらゆる努力，つまり「認知的，感情的，または身体的とい
った他と共有している心的エネルギーの少なくとも一部を利用する」。開示を
分析するために必要な注意を得るには自制心を働かせる必要があり，それは
「自我枯渇を引き起こし不快」である。不慣れで複雑な意思決定に自制心の多
くを費やした後，もうひと踏ん張り別のことに自制心を使うことは難しいだろ
う[54]。

　開示主義者は別の機会費用についても考慮から漏らしている。開示を読むこ
とは，別の開示を読むために時間を使えないことを意味する。あなたが細かな
文字を読みたいと思っても，あなた自身がそれをすることを企業から妨害され
ていることにすぐに気づくだろう。細かな文字を読むことは他の細かな文字を
読むことを妨げる。また，あなたが情報開示を読んだとしても，それはすぐに
繰り返し改訂され修正される。開示が急増するにつれ，真に重要な開示を読む
ための時間を取るために，それらのほとんどは無視しなければならない。

何のため

　情報開示を修得することは，楽しいことを犠牲にして不快なことをすること
を意味する。人々はそれをするための正当な理由を必要とする。その理由はあ
る程度は，教育が意思決定をどのくらい改善するかによる。もし意思決定を改
善することがほとんどなければ，開示を受けた者はほとんど何も得ない。しか
し，開示を受けた者が選択についてほとんど改善できないとしても，多くの場
合，開示は義務づけられている。開示の多くは重要ではない。クリックによっ
て開示への合意を確認する形式や，パッケージの開封によって開示への合意を
確認する形式のほとんど，その他多くの契約上の情報開示は，あなたが無視す
べきである遠い未来のあり得ないような不測の事態を説明している。コンシュ
ーマーズ・チャンピオン（消費者の立場を支援する人）をとても騒がす定型文に
よる，紛争時の仲裁に関する合意についての開示が，消費者を驚かすことはほ

とんどない。ジェイムス・J・ホワイトが述べるように「5セントや10セントのために，我々のほぼ全員がソフトウェアの転売の権利を放棄し，仲裁に同意するだろう[55]」。

　我々が気を配ったところで，開示はほとんど重要性がない可能性がある。医療保険の携行性と責任に関する法律や金融に関する個人情報保護の開示は，秘密事項がどのように扱われるかについて知らせるものである。個人情報がどのように整理され，売られ，利用されるかは重要な問題となりうる。しかし，銀行や小売店，またはウェブサービスが個人情報をどのように利用するかを理解するためには，我々の情報が「法律によって許可されている際に」（我々が当然法律を知っているかのように）「関連会社」や「サービス提供者」（我々がそれらが誰であるかを知っているかのように）と共有されていることを示す不可解な法律用語を解読する必要がある。そして，それを理解したとしても，どうすればよいのか。もしある銀行に自分の資産に関する個人情報を共有してほしくなければ，別の銀行に（変更に伴う大きなコストを払って）行くのだろうか。他の銀行の契約はより良いのか（そうとは思えない）。フリーダイヤルに電話をかけて，オプトアウト（許諾しないように手続き）するのか。ここで我々は，「何でもいい」の国に戻ることになるのである。

　さらに，開示は次から次に変更される可能性がある。「たとえば，法律の改正または本サービスの変更を反映するために，本サービスに適用する本規約または特定の本サービスについての追加規定を修正することがあります。ユーザーは定期的に本規約をご確認ください」とGoogleは警告してくれている。Googleは皆さんのためお役に立つように「本規約の修正に関する通知をこのページに表示」および「追加規定の修正については，該当する本サービス内において通知を表示します[56]」。おそらく，あなたが気にも留めず，そして気にしたところで絶対に変更できないものを学ぶために，変更履歴を追跡する機能がないさまざまな場所で進化する規約をあなたは本当に監視するのだろうか。

　しかし，開示されない規約というのは好ましくない規約ではないのだろうか。ラディンは，「人々は自分に義務を課したり，自分がもともと持っている権利を奪うことを宣言する定型文を受け取っていることにさえ気づかない」ことを嘆いている。規約は非常に悪いため，定型文を受け取ることは「何千もの弾丸

の一つに当たったような」ものである[57]。しかし，箱の中に包まれ，購入後にのみ知ることができる細かな文字は，事前に開示されている細かな文字と比べて悪いものではなく，むしろましであることをマロッタ゠ワーグラーは明らかにした。売り手は一方的な契約をこそこそ隠しているわけではないと，彼女は考える。むしろ，過度な不意打ちであると買い手が主張できないように十分目立たせることによって，売り手はその一方的な契約を保護している[58]。

　また，開示を受ける者が判断材料にできる良いアドバイスを受けている場合，開示から得るものもわずかである。そのため，ハングの研究における経験の浅い投資家たちは，制度の管理者に頼っていた[59]。患者は，自分が医師より良い決定ができるはずがないと疑い，努力をしない。彼らは拒否権を持っているかもしれないが（「その大きな針で何がしたいんだ」），多くのことを医師にゆだねている。

　最後に，開示を受けた者が自分が理解できない開示から得るものはほとんどない。したがって，ある研究において，経験の浅い投資家は「自分たちに理解できそうにないと感じる追加情報を探すために時間をかけることを好まなかった[60]」。この第2部の各章では，開示が理解できるということがいかに少ないかを示す。

　要するに，「何でもいい」は往々にして理にかなっている。開示を読むコストはしばしば高く，ベネフィットは低い。金融に関する決定についてウィリスが述べるように，人々が「自ら金融の専門家になることは非効率的である。人が資産運用を苦手とするのは，頭が悪いからではなく，自分たちの時間をより良いことに使っているからである。それを得意にするために彼らが勉強時間を投資してもそれが報われる可能性は低い[61]」。

　我々の議論は自律性の原則の一つの説明の仕方，つまり自律性とは，自分にとって重要な意思決定は豊富な知識を持って行うという説明と対立する。重要な事例が示唆しているように，「自分自身の身に起こることに心から納得するのは情報に基づいた選択を行使したときである[62]」。自律に関するこの説明は，時としてすべての人にとって正しい。しかし人々はたびたび異なる自律性を好む。それは，個人的な意思決定をいつするのか，そして，どれだけうまく自分自身に情報が提供できるかを決める自律性である。彼らは自律性をそれ自体と

してではなく，自分たちが望むものを得るための一つの手段として，道具的に評価する。彼らが開示を苦労して読み解かずにそれを得ることができるのであれば，それは素晴らしい。

　この見解は，開示主義者が提唱する，情報に基づいた選択を，自律性を守る盾ではなく脅威にする[63]。開示を研究することはあなたの自己決定の感覚を削ぐ可能性がある。絶え間なく複雑で混乱する選択を研究することほど，自律性を感じないことはない。絶対に理解できないかもしれないことに気づくと，自律性の感覚がさらに低下する。そして，選択が本質的に幻想であることに気づくとき，自律性はもっと低下していく。開示主義が約束しているような人生の選択におけるある種の自己決定は幻想なのである。

　意思決定嫌悪は開示主義のもう一つのイデオロギー的な根拠にぴったりと当てはまる。情報を検索して取得することのコストが十分なベネフィットによってのみ正当化されるというのが標準的な経済学の見解である。開示が比較的簡単に手に入る場合でも，情報を取得するコストは高くなる可能性があるため，開示を無視することは個人的に合理的であり社会的に効率的である可能性がある。

個人的な経験と社会的な経験

　これまで，どうして開示主義が人々の生活にそれほどよく適合しないかを説明してきた。特に，開示を受ける者たちの視点，特に，開示を無視することに関する一連の説明を検討することを通して，その理由をより深く理解することができる。それらの説明にいつも納得できるわけではないが，少なくとも，人々がそれらの説明を簡単に放棄しないくらいには妥当である。

　それはもう知っている　人々が開示を無視する理由は，それらが何を語っているかを知っていると思っているからである。これは時には正しく，時には誤っている。多くの人々は，ローン，住宅ローン，インフルエンザの予防接種，バイアグラ，保証，投資信託，生前遺言，レンタカー，冷凍庫について自分たちが知っている以上のことを知っていると思っている。自分が何を知らないか，何を尋ねたらいいのかを知らない場合，無知であるのに自信を持つことは簡単である。たとえば，消費者は価格や商品の違いを大幅に過小評価するため，店

を見て回る必要性を感じていない可能性がある[64]。

それは重要ではない 人々が開示を無視する理由は，それらが自分にとって重要ではないように見えるからである。我々は，人々がたびたび正しいことを主張した。確かに，人々は時々誤る。それは，意思決定が不慣れで複雑な場合に，開示の重要性を理解するための十分な知識を持っていないことが多いからである。また，意思決定を素早く行う場合，判断材料とする一つの（あるいは2，3の）基準にくぎづけになり，重要な他の基準を無視することがたびたびある。その支払額で毎月の支払いができるかどうかでローンを選択したなら，山積みとなった書類の中の他の情報は不要に見える。

開示は重要ではなく，人が重要なのである 人々が開示を無視する理由は，自分たちに何が起こるのか，そして自分たちがどのように扱われるかは，開示によってではなく，自分たちが今関わっている人や場所によって決まると考えるからである。患者がスタチンを服用するのは，医師は必要がない限りそれを処方しないと考えているからである。ある企業がその製品を保証するかどうかは，保証書の中にその企業の弁護士が埋め込んだ内容よりも顧客サービスがどのように行われるかによって決まると人々は（正しく）結論づけている。人々は，32ページにわたる規約と利用条件にも関わらず Apple のコンピュータを購入し，iTunes を使用する[65]。企業と取引する人々（や企業）は，協力と調整によってコントロールできる関係を期待し，実行するために法的手続きを要求する規範である細かな文字はたいてい重要ではなく，消費者にとってばかばかしいものだと考える[66]。

この開示を無視しても安全であるにちがいない 人々は，取引は安全であると考えるため，開示は重要ではないと想像している可能性がある。「大丈夫でなかったら，こんな取引はしない」。規制が多い社会では，政府の制約と職員が自分たちを守ってくれるだろうと，人々は想定しているかもしれない。また，市場が悪徳な取引を提供する人を罰すると想定しているかもしれない。そして，あなた（そしてあなたの友人）がこれまで何千もの取引を行っており，にもかかわらず開示を無視したことによる苦しみを思い出せない場合に，これらの想定は合理的であるようにみえる。

開示に何が書かれていようと，私はこれを入手しなければならない 開示に

よって必要なものが入手できなくなるだけなら，なぜ開示を読むのだろうか。もし医師が「手術するか死ぬかです」と言う場合，同意書の何が重要だろうか。かつて，著者の一人が家の手続きすべてを説明する書類を手渡されたので，彼は多くの惨事について読んだ。彼が，なぜみんなこのような恐ろしい書類にサインをするのかと尋ねると，担当者は率直に「サインしないと提供できないからです」と答えた。家の契約のクロージングにサインする際，所有権の専門家である大学教授と契約法の専門家である大学教授の両方が書類の山をじっと見つめ，それを拒否しようとは考えなかった。二人はすでに古い家を売却し，引っ越し業者を雇い，新しい電化製品を注文して，他に住む場所がなかった。どんな選択があっただろうか。

　開示は私を助けてくれない，彼らを守るのである　ほとんどの人が考えることを，二人の学者はうまく表現している。尻拭いは「フロイトの快楽原則やベンサムの幸福計算法に匹敵する基本原則である」と[67]。企業は自分たちを守るために細かな文字を使わないのだろうか。施設内治験審査委員会の一謝罪担当者でさえ，「過去10年間に発展した『尻拭い』精神で，……施設内治験審査委員会は研究参加者を守るという名目で，実に愚かでバカげたことをしているが，実際には自分自身を守っている」と述べている[68]。イギリスの研究は，患者のほぼ半数が，同意書の主な目的は訴訟から病院を守るためだと考えていることを示した[69]。アイルランドの研究は，患者の86％が，同意書は主に医師と病院を守るためだと考えていることを明らかにした[70]。これは単なる皮肉ではない。製品に関する警告は，製造者を不法行為責任から守る。消費者金融に関する警告は，貸し手を詐欺責任から守る。免責事項は，多くの契約責任から売り手を保護する。また第11章で示すように，開示は消費者保護に大きな損害を与え，訴訟に対する企業の免疫を強める可能性がある。

　とにかく理解できなかった　開示がどれほど複雑で，困難で，混乱するものであるかを第1部で説明した。開示を受けた者は，（サーバーの言葉を分かりやすく言い換えると）開示は彼らが知りたいと思う以上にペンギンについて多くのことを伝えることができるとすぐに気づくが，その内容を理解するのは困難である。開示を受けた者のほとんど（または，すべて）が開示を理解しようと試みるが失敗している。したがって，開示を受けた者は，開示を読むことは時

間の無駄遣いかもしれないことを学習し，そして次に複雑な開示を読もうとする時にその教訓をすぐに再学習する。

私が求めたものではない　消費者は詳細な開示よりも信頼できる知り合いからの強い推薦を好むことが多い。「非専門的で非公式な情報源からの質の高い情報を好む傾向は，消費者による医療保険の品質に関する情報の使用についての数多くのフォーカスグループ研究やアンケートにも映し出されている。この選好傾向は，選択の過程に基づく評価が理解できないと感じることによって強まっているように見える[71]」。そのことに対する支援がない場合，人々は信頼できる組織に相談する傾向があるだろう。ウェブサイトがどのようにあなたに関する情報を収集して使用するかを，あなたが真剣に気にしていると想定しよう。「あなたの個人情報に関する重要なお知らせ」は不明瞭で曖昧である。そのサイトの動きを調査し，（賞や等級づけを使って）評価する仲介業者に相談するのが良いと考えられる。

あ，それ読まないといけなかったの　開示を受ける者は，自分たちが調べて使うべき情報が呈示されていると常に認識しているわけではない。重要な情報は，この文書全体は他の誰かや他の何かのためである，と被開示者が考えるような重要ではない情報と混ざっていることがある。薬剤の添付文書を広げてみてほしい。あなたは本当にその細かな文字をすべて読むべきなのだろうか。事実，答えはノーである。そのほとんどはあなたの医師のためであり，あなたの担当する箇所は最後の部分である。最初の部分ではあなたの医師に対してその薬剤について，いつどのように処方するかが説明されている。そして，（あなたの銀行の最新の当座借り越しに関する契約書と同様に）情報開示はあなたが投げ捨てる迷惑郵便物によく似た封筒に入って届くかもしれない。

つまらない！　文学作品としてみると，情報開示は失敗作である。優雅さに欠けた文，怪しい文法，下品な構文規則。ストーリーには筋書がなく，命が宿らず，ユーモアに欠け，終わりがない。

変人だ！　空港のレンタカー窓口であなたの前の人が細かな文字をすべて読み，係員に説明を求め，完全な情報開示を要求し，定型文に新しい条項を書き込むことは普通ではない。あなたはそんな風になりたくないだろう。

　要するに，人々は自分で良い意思決定をするために学習する労力を厭うだけ

でなく，人々には自分でやりたいことがあり，また，開示を拒否する様々な理由があるということである。そして，これらの説明とその態度は，開示に纏わる「何でもいい」の心理学と文化によって強化されるのである。

結　論

　開示主義者が想像する方法で十分な情報に基づいた意思決定をするにはほど遠く，人々は慢性的に意思決定を回避し，延期し，急ぎ，委ね，わずかな情報で意思決定を行う。彼らがそうしている限り，開示を精査するためのインセンティブは減少する。そして開示を受ける多くの者にとって，費用対効果分析はそのインセンティブをさらに減少させる。そして，これが費用対効果分析の終わりではない。これから他の要素に目を向けることにする。

第5章　情報開示を読む

> 病院に行くというのはいつだって，初めて中古車を買った17歳に戻るようなものだ。僕らは希望，無知，そして不安の藪の中に入り，分別のある決定ができるように信頼できる良い情報の入手を望む。しかし一旦その場に着くと，理解，検討，記憶できないのはもちろんのこと，聞いたこともないようなことを告げられる。
>
> ティム・ブルックス『呼吸を整えて』

　第4章では，開示義務が失敗する主な理由を特定した。開示義務は，人々がどのように考え，行動し，生活するかについての誤った仮説に基づいている。人々は，多くの不慣れで複雑な決定をすることを嫌う傾向があるので，それらの決定に関する選択を避け（または少なくとも遅らせ）ようとし，開示主義が想定するよりも少ない情報と注意に基づいて決定をする傾向にある。これは，開示を読もう，学ぼう，使おうという人々のインセンティブを減らす。多くの開示を受けた者が，認識の程度に差はあれ，開示を使うことのコストはたびたびベネフィットを超える，という結論にたどり着くことによって，そのインセンティブはさらに減少する。人々は自分自身の経験と社会的な経験によってこの決定を確認する。それは，人々が開示を無視する理由を簡単にリストアップできることにも反映されている。

　本章は，開示を受ける者が，情報開示は手間をかける価値がないと決定する理由の一つについて検討する。つまり彼らはしばしばそれを読むことができないのである。我々はここで，「読む」という言葉を「有用な意味を抽出する」という意味で広義に用いることにする。多くの人々が多くの開示を読むことができないのは，彼らが合理的な努力を以って解読できるだけの読み書きや計算の能力がないためである。これは，識字や計算の能力のレベルが驚くほど低いことと，開示を読むのに必要とされる読解レベルが驚くほど高いことの両方の

理由によるのである。しかし開示を受ける者は，それ以外の理由によって多くの開示を読むことができない。これらの理由は，人々は不慣れで複雑な問題について決定しなければならないという開示義務を正当化する言説から生じる。そのような問題に関する開示を理解するには，単語，文，段落，そして図を理解するだけでは不十分である。それは，我々が領域に関するリテラシーと呼ぶ，熟練者のみがなしうる決定の文脈と業界の慣行の理解をたびたび要求する。

リテラシー

　第 2 章では，人々を助けることを目的とした問題が，どれほど根深く不慣れで複雑であるか，したがって開示がどれほど根深く複雑である必要があるかを示した。例には，住宅ローンの 50 の開示の山，iTunes の巻物，消費者金融のベッドシーツなどが含まれた。では，これらの開示の中の文章はどれほど難しいのだろうか。ここにいくつかの例がある。このような単語や文章は非常に一般的であり，それらを快適に処理できない人がそのような開示を理解することは（もしくは読破することさえ）できないだろう。

　ベッドシーツに共通する一般的で重要な規定　「本消費者クレジット契約の保有者は本契約およびここで定められた手続きに基づき，商品またはサービスの販売者に対して債務者が主張することができるすべての請求および抗弁を行うものとします。本契約に基づく債務者による回収額は，本契約に基づいて債務者が支払った金額を超えないものとします」

　iTunes の契約の一文　「お客様が iPad 上で位置情報機能を利用されることで，お客様は Apple ならびにそのパートナーおよびライセンシーが，当該位置情報商品およびサービスの提供と改善のために，お客様の位置情報データおよび検索結果の送信，収集，管理，処理，使用を許可することに同意するものとします」

　米国中央銀行の変動金利住宅ローンの消費者ハンドブックの一節　「変動金利の金利は，インデックスとマージンの 2 部で構成されています。インデックスは一般的な金利の指標であり，マージンは金融機関が追加する金額です。支払額は金利の変動によって，上限額または所定の制限の影響を受けます」

Walmart.com の規約の一節　「お客様は，本サイトの利用によって起因または関連する，またはお客様による本利用規約の違反に起因または関連する，弁護士費用を含むすべての請求，損害賠償，費用および経費について，Walmart.com およびその関連会社を防御し，補償し，損害を与えないことに同意するものとします」

　また，面白いので埋葬商品の生前予約契約の一文を紹介する　「本契約は，受益者が商品を必要とするまで商品を保管するために，認可された保証付きの倉庫に商品を配送することを認めます。このような方法によって商品が配送されることで，配送された商品に起因する販売代金の返金が妨げられることがあります」

　この散文を読んだ読者は，その一部をよく理解したかもしれない（我々自身も，そのすべてを理解している自信はない）。しかし，典型的な開示を受ける者たちはどうだろうか。

リテラシーのレベル

　人々は，自分たちが読むことのできない開示から学ぶことはほとんどない。しかし読者の皆さん（および読者の友人や同僚）は最も高いパーセンタイルに位置する素養を有しており，皆さんの中には，普遍的な教育と優れた大学がある国において，それほど多くの人々の素養が低い状態にあるということに疑いを持つ人もいるかもしれない。したがって，我々はアメリカ人の素養がどの程度かを簡単に示すこととする。

　2003 年の成人リテラシーに関する全米調査は，成人の英語話者の識字能力を4 段階にわけたところ，(1) 基礎以下（14%）(2) 基礎（29%）(3) 中級（44%）(4) 熟練（13%）のような分布であることが分かった。レベル 1 の人々は，最も単純で具体的な読解スキルしかない。彼らは「風邪薬の包装に記載されている，子ども，幼児，小児用という言葉を見つけることはできるだろう」が，体重約 50 ポンド［約 23 キログラム］の 10 歳児への投与量はわからないだろう。レベル 2 の人々は「中程度の複雑な文章の中から情報を探し，印刷物を使って低レベルの推論を行い，簡単に識別できる情報を統合することが可能である」。しかし，投与量の表を読むのは困難で，アメリカの生活に完全に参加できるだ

けの識字能力が十分あるとはいえない[1]。レベル3の人々は難易度が中程度の識字能力課題を扱うことが可能である。レベル4の人々は，「より複雑で困難な識字活動を行うことが可能である[2]」。要するに，かなり多くの人口が，非常に単純な内容でさえも読解に問題を抱えている。

　いくつかの具体例を紹介する。公共病院2施設の英語話者患者の3分の1が健康に関する基礎的な情報を読めなかった。5分の2以上が「空腹時の服薬に関する説明」を理解できず，4分の1が予約表を使用できず，5分の3が基礎的な同意書を読むことができなかった。「病気の管理，予防，インフォームド・コンセントに関して」患者が読解に困難を抱えることから，医師は患者に対して重要な情報の呈示ができないのである[3]。

　読むことが苦手な人が多いだけでなく，よく読む人たちも少ない。1993年の米国教育省の調査では，0-500点満点を5段階に分類した。レベル5は376-500点（平均423点）の人々で構成された。410点に相当する問題では，陪審員候補者用に書かれた648単語の質問と回答のパンフレットを呈示した。パンフレットには以下のような内容が書かれていた。

　　　陪審員を免責する法的な理由があると弁護士が考えた場合，弁護士は陪審員の忌避を申し立てることができる。双方の弁護士が陪審員は免責されるべきであると同意しない場合には，担当の裁判官がその申し立てを支持または無効にしなければならない。陪審員忌避の申し立てがすべて裁定された後，専断的忌避の行使によって残りの陪審員候補者から陪審員を選択することができる。陪審員忌避とは異なり，専断忌避による陪審員の免責においては，理由を呈示する必要はない。

　質問：「陪審員を選ぶ際に弁護士が用いる2種類の忌避を特定して要約しなさい」。レベル5に達した人口は3%だった[4]。

開示の読解難易度

　我々が今説明した質問に答えることができる人はほとんどおらず，リテラシーが「堪能な人」がたった13%しかいないのであれば，開示を広く役立たせ

るためには，非常に分かりやすいものでなければならない。したがって従来よ
く言われていたのは，研究のための同意書は中学 2 年生レベルで書かれるべき，
というものである[5]。ミネソタ州の法律では，同意書は「利用可能な治療の選
択肢を患者が理解できるように 7.5 年生［中学 2-3 年生］の読解レベルで書か
れていること」が求められる[6]。

　この基準は多くの分野で無視されている。同意書は，平均的な人々が読み進
めることに難しさを感じるほど長く難解である傾向がある。癌の臨床試験の同
意書の単語数は 955 から 6,453 単語で，ページ数は 4 から 26 ページの範囲が
あり，8.3 歳から 17.5 歳の読解レベルが必要であった[7]。グロスマンは腫瘍学
センターの臨床研究委員会，施設内治験審査委員会，そして三つの国内の協力
団体によって承認された同意書を調査した。同意書は，ほとんどの患者とその
家族にとって難しすぎるものであった[8]。規制当局の同意書のモデルでさえ，
当局の読解レベルの基準をたいてい超えていた[9]。

　個人情報保護の通知は現在，バロムブローサ公園の茂みのように厚くなって
いる。しかし，金融に関する個人情報保護に関する通知は大学 3-4 年生の読解
レベルで書かれている[10]。学術医療センターが使用している個人情報保護の書
式の 3 分の 2 は大学教育修了程度を要求しており，90% は「難しい」とされて
いる。施設内治験審査委員会の個人情報保護の書式は，同意資料を 2 ページ増
やすほどの分量であり「企業の年次報告書，法的契約書，そして専門的な医療
文献にあるような」複雑な言葉を使っている[11]。主要な医療機関の施設内治験
審査委員会の個人情報保護の書式は（中央値で）10 ポイントのフォントサイズ
で 6 ページに渡っている。想定される読者の中央値 80% は「それらを理解する
のが難しいであろう[12]」。

　ビジネスにおける情報開示も同様である。平均的な情報開示と重要な契約条
項を単純に理解するために必要とされる識字能力は，アメリカ成人の大部分に
は手が届かない[13]。この国のわずか 3-4% しか契約の言葉を理解することがで
きないのである。クレジットカード契約は一般的に 7 ポイントのフォントサイ
ズで 8 ページに渡り，約 80 の規定が含まれている。それら規約の多くを理解
するには特別な知識を必要とする[14]。消費者金融の開示は，長くぎっしりと
ページに詰め込まれている。人々は金融用語を誤って理解する（割引料金とは

割引額のことか，割引後の料金のことか。バルーンとは何か）。多くの借り手が基礎的な用語を理解できず，プライムローン利用者とサブプライムローン利用者の両方に混乱が広がっている[15]。

　それでも，問題を十分に指摘しているとはいえない。レイドの観察によると「読者の読解レベルに合わせて書いたからといって，理解を保証するわけではない。理解は単語の複雑さや文の長さのような本文上の変数だけでなく，本文の構成や構文，修辞的な構造にも左右される」。このような「本文上の変数」を管理することは，専門家の何十年もの間の課題となっている。さらに，識字能力テストを受ける人々は，事実上，本文に注意を払わざるを得ないが，生活の流れの中や自立した生活の中で開示を受ける者たちにその必要はない。しかし，情報開示が成功するか否かは読者の「興味，読解スキル，事前知識，認知欲求，そして経験」に依存している[16]。

　情報開示には世知に長けた読者でさえも打ちのめされることがある。口頭弁論の際，ある州の最高裁判所の判事は「自分の保険契約の半分も理解できない」と述べた。別の判事は「保険会社は契約の言葉を意図的に曖昧にしている」と考えた。裁判長も賛同した。「私には意味がわからない。困ったものだ。大きな字で一つのことを示した後，小さな字でそれを打ち消してしまう[17]」。また，ある億万長者の投資家は，「財務諸表がなんらかの意味のある手がかりを提供している大手金融機関は今日存在しない」と銀行の情報開示について記述している[18]。

計算能力

　計算能力の低さは識字能力以上である。ある標準的な検査では（1）1,000 回コインをひっくり返した場合にコインは何回表になるか（2）1,000 の 1 ％はいくつか（3）ある比率（1,000 分の 1）をパーセントにする方法，を人々に尋ねる。あなたはそれを読んで，それぞれの質問におそらく解答しただろう。しかし，識字能力が平均以上の女性のうち 30 ％がこれらすべてを間違え，1 問正解したのが 28 ％，2 問正解したのが 26 ％，そして 3 問正解したのはたった 16 ％だった[19]。別の研究では，ほとんどの人たちが最低でも大学教育を受けていたに

も関わらず，40％が「基礎的な確率の問題が解けない，またはパーセントを比率に変換することができなかった[20]」。

2003年の成人リテラシーに関する全米調査はより広く四つのレベルの計算能力を説明した。その結果（1）基礎以下（22％）（2）基礎（33％）（3）中級（33％）（4）熟練（13％）のように分布することが示された。「基礎以下」とは数字を探し，非常に具体的で身近な情報を使って簡単な演算（主に足し算）ができることを意味する。基礎とは，「簡単に識別できる量的情報を探し，演算が指定されているか容易に推測できる場合に，1回の計算で解くことのできる簡単な問題を解くためにその情報を使用することができることを意味する[21]」。おおよそ短大の学生の3分の1，および4年制大学の学生の5分の1が基礎または基礎以下のスキルしか持っていない[22]。それにもかかわらず，たとえば患者は病気のリスクや治療の利益について数字で示されることが多くなっている[23]。したがってある研究において，ほとんどの女性が，マンモグラフィーがリスクを減少させる程度に関する数字を受け取っても，マンモグラムを撮る場合と撮らない場合の乳癌による死亡リスクを推定することができなかった。正答率は7％から33％の範囲であった[24]。

計算能力と金融開示に関する証拠も厳しい。200ドルの投資で年利が10％の場合，2年後にはいくらになるか（242ドル）を計算することができたアンケート回答者は，わずか18％だった。二つの基礎的な問題に正解できたのは，わずか半分であった。（1）2％の年利で100ドルを5年間投資した場合，得ることができるのは102ドルより多いか，少ないか，ちょうど102ドルか（答え：多い）（2）インフレ率が年間2％であるときに，毎年1％ずつ貯金した場合，1年後に貯金した額でできる買い物は今日より多いか，少ないか，または同等か（答え：少ない）。そして，テストされた何千人もの成人のうち「かなりの割合」が，「クレジットカードによる借り入れのコストを評価するために必要な比較を行う」ことができなかった[25]。

連邦の新しい規制がクレジットカードのコストに関する情報開示をより明瞭にすることを求めた際，最適なカードを選ぶために必要な計算は簡単なものがいくつかだけであったが，計算ができたのはテストを受けた学生の半数以下であった。この研究では，研究者は数学のスキルを必要としないように選択肢を

単純化したので，学生たちは「利率と年会費のトレードオフ」を理解するだけ
でよかった。そうであっても，正しく選択できたのはわずか3分の2だった。
「どうやら参加者のほぼ3分の1は，この簡単な商品情報を理解していなかっ
たようである[26]」。

　多くの情報開示がリスクを警告している。ハンらは教育歴の長い人々でも数
字に疎い場合があることを知り，受益者ごとに計算されたリスクデータを人々
が理解できるかどうかについて研究を行った。その結果，自信のある人々，自
信のない人々の両方が「度数の計算を間違え，比率を誤解し，リスクの平均を
過大評価し，中心傾向を示す異なる指標を混同していた」ことがわかった。あ
る人たちは「パーセントを度数に変換すること（たとえば，100人の9％は9人
であることの計算）」が困難であった。他の人たちは「9％という数字は10段階
の評価」と考えていた。参加者たちは「比率ではなく分子の大きさで比較す
る」傾向にあった。ある人達は「9％のリスクの推定をパーセンタイル順位（ち
ょうど9％目の人）と誤って解釈した[27]」。このように誤りに悩まされ，ある研
究では

　　　「10,000人につき1,286人が死ぬ病気」であるという情報を見た人々は，
　　　「人口の24.14％が死ぬ病気」であると知らされた人々よりも，その病気を
　　　より危険であると判断した。最初の病気のリスクは2番目のものの半分で
　　　しかないのに最初の病気は2番目の病気より恐ろしく見える！　さらに分
　　　母を無視した直接的な例として，「10,000人につき1,286人が死ぬ病気」は，
　　　100人に24.4人が死ぬ病気より危険であると判断された[28]。

　しかし，識字能力の器は少なくとも部分的に満たされているのだろうか。事
実上，ノーである。情報開示は，文章と数字を読解する基礎スキル以上を求め
ることが頻繁にある。開示を受ける者たちは，ミスが簡単に起こり，データを
完全かつ正確に取り扱う必要があり，一つの誤解が命取りになりかねない不慣
れで複雑な問題を乗り越えなければならない。我々が説明した計算能力のレベ
ルの低さは，多くの開示が対象者の助けにほとんどなっていないことを意味す
る。

領域に関するリテラシー

領域に関するリテラシーの必要性

　開示を受ける者は，開示された数字，単語，文，文章や書類を理解すること
ができないために，多くの開示を理解することができないと，我々は議論して
きた。しかし，非常に高い識字能力や計算能力がある人でさえ，苦労するし，
失敗もする。何故だろうか。

　それは基本的に，開示は人々が不慣れで複雑な，専門化された分野に関する
情報を提供するからである。複雑さに直面すると，皆がそれを単純化する。専
門家はうまく単純化することができるが，初心者はできない。問題を繰り返し
解決することで，専門家はある分野の前提，争点，解決策を修得する。彼らは
実践的な経験と直感を身につけ，状況を「典型的で身近である」と認識するこ
とを学ぶ。それによって，彼らは「ある状況下において，どのような種類の目
標が理にかなっていて（したがって優先順位が設定される），どれとどれの治療
法が重要で（したがって情報過多がない），次に何が起こるかを予期し（したが
って自分自身を準備し，予想外のことが起これば気づくことができる），その置か
れた状況における典型的な対応方法を理解することが可能である。ある状況を
典型的と認識することで，専門家は成功する可能性の高い一連の行動も認識す
る[29]」。

　初心者は複雑さをうまく単純化できない。彼らは「情報の心的表象」を形成
するのに必要な知識が不足している[30]。専門家のもつ「予期，イメージ，テ
クニックのレパートリー」を持っていれば何を探してどのように対応すればよ
いかを知る手掛かりになるが，初心者はそれらを持っておらず，それらが必要
となる[31]。たとえば，消費者は最も単純な情報開示（レストランの衛生評価）で
さえも，評価がどのように行われるか，または検査がどれくらい信頼できない
かを知らないために誤解することを，ホーは明らかにした[32]。

　重要なことは，この行動のための知識は「ただ教えられただけでは」学べな
いことである。それには「多くの経験，そしてさまざまな種類の経験」が必要
である[33]。それは明示的ではない，暗黙的な知識に基づいている[34]。専門家

は「通常，言語化することができる以上に知っている。彼らはいわば実践の中で学んでおり，知識のほとんどは暗黙である[35]」。したがって，ジリアン・ローズのような非常に高い教育を受けた患者でさえも，医学と彼女とが実りの多いコミュニケーションをするには，互いの言葉をあまりに理解できなかったと述べている。彼女は「文法や構文の基本原則」ではなく「単語や慣用句，文さえも」学んだ。それでも彼女には，質問をして彼女自身の結論を出すために必要な「判断の文法を生み出す」ことができなかった[36]。

　人々が一般的な決定をする場合，「事物，人々，出来事やそれらの特徴の関係性に関する一般的な知識の貯蔵庫」を利用する。この知識から，人々が情報を整理し説明するために用いる信念や理論が生まれる[37]。馴染みのある領域では一般的にこれらの理論は十分に機能する。しかし不慣れな領域においては，知らされた内容を解釈するための知識の貯蔵庫に不足があり，理論を所有していない（または悪い理論を所有している）。そのような場面で人々は何が重要で何が重要でないかを知らず，間違ったデータに注目し，全体よりも細部に気を取られ，彼らの判断は重要でないものによって混乱させられる。

　したがって，複雑で，解釈する上での背景やスキルが不足している情報に直面すると，初心者は身近で単純な状況では十分機能するが，不慣れで複雑な状況ではうまく機能しない種類のヒューリスティックに引き戻される（第 7 章を参照）。キルシュが記述するように，ある製品に精通する人々はデータが少なくても良い選択が可能であるが，「適切な背景的枠組みが不足している人々にとっては，データはデータのままであり，消費者は『不十分な情報』と認識して嘆いていることを頻繁に発信することになる[38]」。

　たとえば，健康に関するリテラシーがない患者はどのように前立腺癌の治療を選ぶだろうか。健康に関するリテラシーは，臓器や病気の基礎を知るのに役立つ。そのリテラシーがあれば，癌は単独の疾患ではないこと，また多くの癌の治療法は前立腺癌にはうまく適用できないことを知るのに役立つ。そのリテラシーは，医療の決定をする際に考慮される種々の確率を理解することに役立つ。そのリテラシーは基準値の考え方，副作用はありなしの二項対立ではなく連続体であるという考え方，医療的な不確実性はさまざまな場面に及ぶという事実の把握に役立つ。

　各領域に関するリテラシーの必要性は，それが欠けている時にもっとも明白になるかもしれない。たとえば，専門家は前立腺癌のPSA検査について異議を唱える。検査への反論は（1）PSAが上昇したほとんどの男性は癌ではないが，生検は不快で料金が高く間違いがありがちであること。そして（2）癌の治療は無駄になるかもしれない，というものである。検査に反対する専門家は，患者に証拠を提供することで彼らは決めることができると考え，情報開示を推奨している。シュナイダーとファレルは対象となる男性たちに大量の情報を提供したが，それでも彼らは「十分な情報を得て十分な理由のある決定」をするのが「かなり困難」であった[39]。

　健康に関するリテラシーの不足は重大な結果をもたらした。ファレル医師の情報開示は世知に長けた人が持つ定型文で作成された。男性たちは定型文を知らず，「情報を無視したり誤解する原因となる未検討の前提に振り回された」。彼らは頻繁に「素朴な知恵に基づく原理」を採用した。たとえば，彼らは癌検査に関する先述の議論を理解するのに十分な健康に関するリテラシーを持っていたが，検査が必ずしも費用対効果が高いとは言えないことを知るには十分ではなかった。また，検査と予防を区別するのに十分な健康に関するリテラシーも持っていなかった。一部の人は，検査と治療の誤りを理解するのに十分な健康に関するリテラシーを持っていなかった。ある人は，「もしテストや試験や何かがあるなら，私はそれを受けるだろう」と言った。

　他の男性たちは，「統計は医師が望むように曲げることができる」と考えていた。これは，ある種の定型文の戦いにつながる可能性がある。

回答者：数字（は重要でない）……いずれにせよ，五分五分の可能性がある……！

ファレル：うぅむ。それらの数字は正確に五分五分ではないことを覚えておいてください。

回答者：あぁ。ちゃんと聞いたよ。でも，それはどちらかの可能性があるギャンブルだと私は思ってる。わかるだろう，五分五分だよ。

　要するに，ファレルは標準的な医療的定型文の順に並べられたデータを提供

した。男性たちは実際の定型文を使わず，しばしば日常生活で役立つ格言や，単純すぎて役に立ちそうにない一般論を用いてそのデータを解釈した。したがって，彼らはファレルが長い時間をかけて明瞭に説明したことを理解することも，聞くことさえもできなかった。

領域に関するリテラシーに関連する証拠

　領域に関するリテラシーの必要性を説明したが，我々はこれから二つの重要な領域において，それを評価する。第 1 に，人々は健康に関するリテラシーなしに，医師や病院，治療に完全に対処することは不可能である[40]。これなしには医療に関する情報開示を理解することができない。多くの患者は，健康に関する必要なリテラシーが不足しているだけでなく，誤った情報を与えられている。健康ほど「疑わしく，誤った，そしてしばしば有害な信念によって悩まされる分野はない[41]」。患者はテレビで見るイメージに照らし合わせて心肺蘇生法に関する情報を解釈する[42]。どのように身体が機能するかに関する誤りは普及している[43]。ある研究では，生涯における結腸癌のリスクを参加者全員が過大評価していた。ほとんどの人が 50％以上，数人が 10-50％と回答し，50 歳以上の人たちの実際のリスクである 6％と回答した参加者は誰もいなかった。これは癌のリスクを過大評価し，自分自身のリスクを 50％と仮定する傾向の一部である[44]。

　領域に関するリテラシーが低いことの問題は，人々が情報開示を理解しないというだけではない。彼らが開示を誤解することも問題である。たとえば，ある研究に参加した人々はしばしば，肺炎による入院率の高さを示した成績表は，その医療保険プランが非常に少人数にしかワクチン接種をしなかったことを意味するのではなく，そのプランが入院することを過度に困難にしなかったことを意味するのだと考えた[45]。または，広告を是正する実験では，83 人にリステリンの広告四つのうちの一つを呈示した。それら広告の二つには連法取引委員会に義務づけられた免責事項が記載されていた。免責事項の内容を思い出した 29 人[46] のうち 5 分の 2 が，免責事項に記載がなかった内容について誤解していた[47]。

　資産運用に関するリテラシーが低いことも有害であるという点では共通して

いる。連邦準備銀行が述べるように，消費者が市場や商品を理解することなし
に情報開示を効果的に使うことは不可能である。しかし開示は「複雑で消費者
がほとんどかかわることのない取引に関する最低限の理解」を実質的に提供す
ることができない[48]。基礎的な資産運用に関するリテラシーの指標は低い。
ある研究は，高校生が個人の資産運用についての教育を十分に受けていないこ
とを一貫して示しており，初歩的な質問を尋ねられた場合でさえ，大学生の平
均正答率は約53％であった。家計の資産運用に関する決定をした家族も，そ
の基本的事項を理解していなかった[49]。

　資産運用に関するリテラシーがあるというのは，専門用語の知識があること
以上を意味する。たとえあなたが「信用生命保険金額」[50]といった専門用語を
知っていたとしても，それを評価することができるだろうか。貸し手の生命保
険契約を一般の保険市場で販売されている他の保険契約と比較するには，契約
ごとの医療検査が必要であることを，どれくらいの人が知っているだろうか。
貸し手は貸し手の関連会社から（しばしば高値の）信用保険契約を購入するこ
とを借り手に要求はしない場合もあるが，貸し手が借り手にそうするように一
定程度強引に迫る可能性があることをどれくらいの人が知っているだろうか。
貸し手が提供する契約は，すでに持っている保険と重複する可能性があること
をどれくらいの人が知っているだろうか。

　同様に，人々は期限前返済と，それらがどのように借り換えの妨げになるか
もよく理解していない[51]。ある調査の回答者の3分の2は期限前返済のペナル
ティを知らなかった[52]。しかし，借り換えは住宅ローンのコストに大きな影響
を及ぼす可能性があるため，そのような無知は高くつく可能性がある。多くの
人々は，ポイントが住宅ローンの利率を下げることを知っているが，ポイント
は借り換えやローンの早期支払いを計画している人にとっては良くない選択で
あることを認識していない。クレジットカードの発行者は多くの情報を開示し
なければならないが，ある研究における，多くのカード所有者は「利子がどれ
くらい高くなるのか知らなかった。それは，利子がどのように適用されるかを
認識していなかったり，最低支払額のみを支払った場合に借金がどれほど早く
蓄積されるかを全般的に理解していなかったためである」。ダブルサイクル請
求や諸費用の最低額など，カード請求の難しい部分を理解していた人は誰もい

なかった[53]。

　「事実上，多くの個人投資家は，確率論的および金融的なリテラシーの低さ
が絶望的であり」異なる種類の資産のリスクとリターンを評価する際に「根本
的な誤り」を犯す傾向にあると，フーは結論づけている[54]。投資家とのイン
タビューでは，わずか 18％しか資産運用に関するリテラシーを持っていなか
ったことが明らかにされている[55]。多くの人々が，株式市場から期待できる
リターンを知らず，年間収益が 20％を超えれば妥当であると考えていた。人々
は一般的に，自分の会社の株は分散型投資信託より安全であると考える[56]。
知識に潜むこれらのギャップや誤りがあるために，資産運用に関する情報開示
をうまくいかない企てであると解釈する。

　我々は，健康とお金に関する無知が広範にわたって根深く広がっていること
を示す証拠の一部を紹介した。これを紹介したのは，これらが非常に多くの情
報開示の対象となっているからである。しかし，これらの領域に関するリテラ
シーの低さは，他の場所でも人々を悩ませる。多くの情報開示は法的権利に関
するものであるが，法に関するリテラシーを持っている人はまれである（法学
部の 1 年生を 50 年間教えている我々は証言することができる）。ミランダ警告は，
自分の権利を放棄した場合にどうなるかを知らなければ無意味である。多くの
情報開示は，開示をする人とあなたの契約的な関係性を説明するが，契約の規
定は，それらの代替案を知らない限り十分理解することはできない。そして，
ロンダ・カステラーナが契約書を数時間かけて読んだ時も，彼女は契約の解釈
には複雑なルールがあることを知らなかったに違いない。その中には口頭証拠
法則も含まれており，彼女の州では，契約の解釈の根拠として販売員による口
頭での保証を使用することを禁じている。

リテラシーの問題は解決できるか

　したがって，識字能力の低さ，計算能力の低さ，各領域に関するリテラシー
の低さは，多くの人々が開示の多くを理解すること（または取り組む意欲）か
ら遠ざける。多くの人々は，一般的な情報開示を読むためのリテラシーが十分
ではない。大量の難しい情報開示から必要な情報を読み込むのに十分なリテラ

シーがある人は非常に少数である。そして，単に知識を得ることができないというのが問題なのではない。問題なのは，間違ったことを学習することである。リテラシーの低さは，人々を無知のままにするだけでなく，人々を間違った方向に導くのである。

　開示主義者は一般的にリテラシーの問題を認めており，一部の人たちは，各領域に関するリテラシーの問題に気づいている。たとえば，グラハムは「議会と米国食品医薬品局は，心臓病と飽和脂肪に対する不飽和脂肪の関係を理解するのに十分に高度な知識を持たない消費者が使用できるように，複雑な事実情報の体系的な表示制度を制定した」と記述している。領域に関するリテラシーの必要性は「この法が議会で審議されるにつれ，事実上，全員が消費者教育の重要性を強調した」ため明らかであった。たとえば，米国医学研究所は「食生活の改善による特定のリスクが生起する可能性と，考えられるベネフィットについて，一般の人々に情報を提供するための包括的な取組み」を求めた[57]。

　開示主義者は，リテラシーの問題がある意味では徐々に悪化していることに，あまり気づいていないようである。ほとんどの関連領域で，複雑さが増すと選択がさらに困難になる。バーナンキが観察するように，「ある側面でますます複雑化する商品は，情報開示がどれほど明確になっても，ほとんどの消費者から十分な理解や評価がされることは，絶対に不可能である[58]」。より一般的には，金融機関が新しい投資方法を考案するにつれ，人々の選択肢は増え，それとともに混乱も増加するだろう[59]。

　開示主義者はリテラシーの問題に対して二つの解決策を持っている。第1は，開示を単純化することである。その考え方は非常に重要であり，その課題は非常に大きいので，我々はそれについて第8章をあてることとする（簡単に言えば，我々が説明したようなリテラシーに問題のある人々が理解できるほど，複雑さを十分に単純化することはできない）。第2の解決策は，教育である（特に各領域に関する教育）。教育は，アメリカの社会問題を洗い流すための偉大な溶剤である。ある典型的な委員会が言ったように，幼稚園から大学までのあらゆるレベルのアメリカの教育は，健康に関するリテラシーを教えるべきである[60]。開示に懐疑的な人でさえ，国会は学校の消費者教育の授業で人々をより賢くすることができると考える場合がある[61]。教育は「雇用主に提供される確定拠出

年金制度の前提であり，労働省，証券取引委員会，そして現在新たに米国財務省に設置された金融教育局の公共政策の焦点でもある[62]」。

しかし，我々がこれまで説明してきた識字能力，計算能力，各領域に関するリテラシーは，何十年にもわたって行われてきた奨励と努力の，多くの落胆を反映している。確かに，他の国々はアメリカ人よりも識字能力や計算能力の高い学生を産出しているが，アメリカの得点はそれほど悪いものではなく，得点が追いつくことで，我々が調査した問題は解決するだろう。そして，これらの他国も我々と同様に開示義務の失敗と格闘している。また，領域に関するリテラシーを向上させるための集中的な努力の記録も，大きな希望を抱かせるものではない（たとえば，ウィリスの資産運用リテラシーの教育に関する詳細で厳しいレビューが示すように）[63]。実際に決定を強いられる場面に直面している小グループを対象とした集中的な教育でさえ，莫大な費用のもとで限定的な成功しか収めていない。

改善が可能であったとしても，それは開示義務を有効にするほど迅速かつ確実に十分なものではない。識字能力と計算能力のレベルを上げることは困難な作業である。人々は高校や，時には大学で何年もかけてよく読み，快適に数字を扱うことを学ぶ。領域に関するリテラシーは，その領域がどのように機能し，基礎的な概念と手続きをどのように扱うかを十分学ぶために，実際にその分野に長い期間かかわることが必要となる。領域は急速に変化するため，学校で優れた領域教育を行ったとしても，その有用性は失われる可能性がある。そして，その教育に関する課題が急増するのは人々が学校を卒業した後である。人々には教育が必要であり，教育を受けることで利益を受けると確信することが必要になるだろう。開示を効果的にするために必要とされる十分な改善を達成するためには，人々がその教育に注意を向け，協力し，それが十分に維持されなければならないだろう。要するに，開示義務のリテラシーの問題を教育で解決しようとすることは，熱意も資源も乏しい全学生に対して，数多くの難しい科目を教えるようなものであろう。

最後に，開示主義は医療，医療保険，貯蓄，投資，個人情報保護，安全，栄養，法的権利など，多くの分野を教育することでそれが有効化することを期待する。しかし，そのような多岐にわたる非常に多くの教育は，すでに拡張しす

ぎている資源を不条理に拡張することになる。これは，我々が次に向かう，蓄積の問題である。

第**6**章　分量の問題

> 情報にあふれた世界において，情報の豊富さは，何か
> 他のものの不足を意味する。情報が消費するものならそ
> れが何であれ不足する。情報が消費するものは明白だ。
> それは情報を受ける人の注意である。したがって，情報
> の豊富さは注意の欠乏を生み出し，そして注意を消費す
> るであろう過剰な情報源の中で効率的に注意を分配する
> 必要性を作り出す。
>
> ハーバート・サイモン
> 『情報が豊かな世界のために組織をデザインする』

　第4章は開示義務に対する基本的な障害，すなわち，人々が考え，行い，求めることに関して開示義務が間違った前提を置いていることを確認した。ホモ・アービター（決定する人）は熟考して決定をするために喜んで情報開示を使用すると開示主義は思い込んでいる。しかし，人々は意思決定嫌悪の傾向がある。意思決定が義務づけられている場合にはそれをすることに抵抗し，開示主義が望んでいるように，情報を元にした決定をすることに抵抗する。したがって，開示は検討されず，読まれもしない。第5章は，開示を理解する上で必要なリテラシーと，開示を受けた者がもっているリテラシーのギャップがあるがために，開示の受け手が開示から学ぶものが少なすぎて，情報提供すれば意思決定嫌悪の人々でも意思決定を行うと考えるには無理があることを示した。

　第6章では，たとえリテラシーのある人であっても「分量の問題」がある場合にはどの程度開示をうまく使用できるかを問うことで，我々の意思決定嫌悪に関する主張を続ける。それには二つの側面がある。「蓄積」の問題と「過重負荷」の問題である。過重負荷の問題は，開示を受ける者にとってそれをうまく扱うには多すぎる場合に起こる。ロンダ・カステラーナは，情報開示を読むのにほぼ3時間かかった。うんざりするほど長くて邪魔くさい課題を受け入れ

る人はほとんどいない。そしてカステラーナがそれを実行した時、彼女が情報
開示から学んだにも関わらず、それは、誤りから彼女を救わなかった。

　過重負荷の問題はよく知られているため多くの議論はしない。その代わりお
そらく、より根本的であろう蓄積の問題から始めることとする。それは、開示
を受ける者が様々な場面で多くの開示に曝されることで起こる。一つの開示な
ら扱えるかもしれないが、膨大な開示になると抵抗できず、人々は情報開示の
洪水の中の一滴に注意を向ける以上のことは望まない。

蓄積の問題

　蓄積の問題はほとんど気づかれていない。情報開示が単独で動くスパイであ
れば、対処することが可能かもしれないが、大隊の場合は対処が不可能である。
第 4 章では、開示義務を選択のためのデータの送信の問題とみなすのではなく、
人々の生活を構成する方法の一部としてみなしたが、開示は、互いに人々の時
間と注意を奪い合っており、また人々の他の学習方法や、意思決定以外のすべ
ての行動（仕事、遊び、家族との生活など）とも競合することが明らかになった。
要するに、たとえ人々がすべての開示を読みたいと思ってもできないのである。

　ロンダ・カステラーナの話は、与えられたものをきちんと読んだ、一人の女
性の話であった。もし誰かが彼女のように、与えられたすべてのものを読んだ
らどうなるだろうか。クリス・コンシューマーのたとえ話は、これまで読まな
かった開示はないという、のほほんとしたある中級階級のヒーローの一日を描
いている。

クリス・コンシューマーのたとえ話

　クリスは日常的に飲んでいるビタミン剤のパッケージに入っている添付文書
や、ボトルに記載されている義務づけられた警告が、前回読んだときから変わ
っていないことを期待しながら、無謀に朝を始める。彼は天気予報チャンネル
をつけ、観光地のコマーシャルを見る。魅力的な景色と低価格とともに彼は免
責事項に気づく。文字が小さ過ぎたので、Tivo[1] でクリップをスローモーシ
ョンで再生し、条件だらけの価格を見つける。うぅむ。トースターのコードに

ついている警告を読んだ後，注意深くコンセントを入れる。クリスはバターと
ジャムをつけたトーストが好きである。しかしパッケージに書かれている栄養
に関するデータを読んだ後，うっすらと層を削り落とす。彼には新聞をちらっ
と見るほどの時間しかない。新聞は選挙の複数の立候補者のことを長々と批判
しており，クリスは誰がこれらの話を広めているかを見つけ出すために選挙活
動の情報開示を調べてみようと心の中で思う。

　クリスの車が動かないので，レッカー移動会社に電話をかけ，録音された音
声案内を聞き，助けを求める。レッカー移動の担当者は，自社の料金，契約内
容，保険の開示を示す書類を呈示する。クリスはそれを注意深く読んだ上で署
名し，ある修理店にもって行くよう担当者に指示する。クリスは，車の修理と
価格の契約内容に関する詳細な開示を受け取る。その修理が保障の対象である
ことを期待して，車のダッシュボードから保険証書を取り出して読み，その修
理は「パワートレイン[2]」にかかわる部分ではないので支払いが発生すること
を悲しくも知る。彼はダッシュボードの中の「州のレモン法[3]に基づく所有
者の権利」という冊子をさらに確認し，61ページのカリフォルニアの部分（そ
れ自体で2,000単語以上）をめくり，制定法で規定されている権利が失効してい
ることを知る。

　クリスは会社で自分用のパソコンにログインする。ソフトウェアのアップデ
ートプログラムが，Microsoft Office と Firefox の新しいバージョンをインスト
ールする準備ができていることを知らせる。先週もアップデートしなかっただ
ろうか。それとも，それは Adobe だったか。ソフトウェア使用許諾契約の下
にある「同意します」をクリックする必要があるので，クリスは Microsoft プ
ログラム用の 4,000 単語の契約と Firefox のわずか 1,100 単語の契約（所詮，オ
ープンソースソフトウェアである）を読む。クリスは新聞を1分につき 250 単語
読むが，これらの契約を読むのは簡単な作業ではない。しかし，彼は以前のバ
ージョンの，全く同じというわけではないが大きな違いもない規約と利用条件
を学んでいたため，読むのに 45 分しかからなかった。これを達成すると，
少しお楽しみの時間を取る。クリスは nytimes.com[4] に移動する。しかし「サ
ービスの規約」（2,500 単語）とプライバシーポリシー（わずか 650 単語）のリン
クへのクリックを忘れない。実際には，彼は以前にそれらを読んでいるが，そ

れらは時折一方的に変更されるのである（ウェブサイトに掲載されている規約が
そう警告している）。用心深い人，万歳。

　自動車修理店から部品代と作業代を伝える電話がある。ボールジョイント[5]
にも問題があることが分かり，検査結果を送るため（地方条例で定められている
とおり）修理店はクリスのファックス番号を尋ねる。料金は高額なようだ。修
理店を選択する前にこのことを知っていればと考える。しかし，彼が他の店に
車をレッカー移動することはできそうにない。したがって，絶対に同意しない
ぞ，と言いながら同意する。そして彼は最近，新しい規制に関する銀行の公式
報告（コミュニケ）を読んで，当座借り越し[6]の補償範囲をオプトアウト（解
除）したため，修理のための資金を転送するように銀行に電話する。転送には
署名が必要である。彼は，ウェブサイト上の電子フォームへの入力と，しっか
り読んだそれほど長くない法律英語の規約一組を受け入れるためのクリックを
行う。銀行のウェブサイトで口座の入出金記録を確認すると，銀行からの新し
い「ポイント」デビットカードを宣伝する自動メッセージが開く。

　FedEx が到着する。クリスは免責事項が記載された配送用紙を読んだ後に
サインをする。受け取った荷物には顧客注文ラベルと昨日の電話注文の条件を
記した請求書が入っている。表面に書かれた条件は同意したものであるが，裏
面に印刷されている条件に気づき，それらを慎重に検討する。

　クリスは同僚と一緒に，素材を生かした料理の看板を掲げている食堂でラン
チを取る。メニューにそれぞれの料理のカロリーが示されていることは，最近
の地方自治体の条例に感謝である。こうして貞淑に，クリスは注意深く注文す
る。男性用トイレには従業員に対して，そしてクリスに対しても，手洗いをす
ることと6段階の手順（“1. ぬるま湯で手を濡らす；2. 十分な量の石鹸をつけ
る；3. 20秒間手をこする…”）の推奨を促すサインがある。控えめな朝食と情
報に基づいたランチの後に疲れた気持ちになったクリスは，エッグノッグラテ
（610カロリー）を買うために Starbucks に立ち寄る。

　戻る途中，クリスは建設現場を通り過ぎる。現場には建設計画とその詳細情
報にアクセスするための市役所のウェブページについて掲示されている。彼は
iPhone をチェックするが，その前にアプリの一つがアップデートをダウンロ
ードするように彼を招待している。それは，それほど単純なことではない。

iTunes ユーザー ID を入力すると，まず更新されている規約と条件への同意を求められる。彼は iPhone でそれらを読み始め，「1/55 ページ」の通知が出るまで下にスクロールする。彼は 1 ヶ月前に以前のバージョンを読んだこと（そして，それがわずか 53 ページだったこと）を思い出す。小さな文字の原本を読むのではなく，後で読むために自分自身のメールに規約を送信する。

　その日の午後，クリスは自動車修理工場に車を取りに行き，請求書を読んでサインをした後，運転してその場を去る。11 月初旬なので，インフルエンザの予防接種のために薬局に向かう。駐車場の入口にある自動入場口で，車の施錠の促しおよび免責事項の認可と責任に関する 150 単語の説明が書かれている駐車券を受け取る。後ろの車がせっかちにクラクションを鳴らす中で，クリスはそれらを読む。薬局のカウンターでは，2 ページの用紙が，ギランバレー症候群（彼は嫌な予感がしている）や死亡を含む，インフルエンザ予防接種のリスクを記載している。彼は用紙を見て悲観的になりつつサインする。不運なことに，彼の懸念の一つである危険な種類の予防接種に関して彼の妻が聞いたという噂については説明されなかった（彼が理解する範囲において）。彼は，処方箋の再調剤を行う前に，医療保険の携行性と責任に関する法律が薬局に「治療，支払い，および健康と医療の個人情報に関する権利を詳述するその他の目的のために顧客の情報をどのように使用する可能性があるかについての説明」の通知を顧客に提供するよう要請していることを述べる用紙を受け取る。クリスはこの文を解析するために立ち止まるが，解析できずに通知内容を読む（2,023 単語）。その場を去る際，顧客が医療保険の携行性と責任に関する法律の通知を床に捨てないよう，薬局が設置しているごみ箱に気づく。

　家に着くと，クリスは郵便を仕分ける。クレジットカード会社からの通知は紙くずのように見えるが，プライバシーポリシーの変更に関する通知であることが判明する。それらが好ましいものかが不確かな中，クリスは以前の通知（確かに分厚い書類である）のファイルを開き，規約を比較する。しかし，言語が非常に曖昧で，自分の個人情報を受け取る可能性がある団体がどこなのか理解できない。自分の個人情報はクリス自身に対して「サービスを拡大する」場合にのみ共有されることを新しい規約の言葉では保証している。しかし彼の個人情報は「我々に対してサービスを提供する，または顧客に対してサービスや

製品を利用可能にする他の企業」とも共有されると述べている。一つのことを
述べた後にそれと反対のことも述べることができるのだろうか。

　今日の郵便には，彼の自動車保険会社からの四半期ごとの請求書と，補償範
囲に影響する法律の変更に関するパンフレットも含まれていた。クリスはパン
フレットを読む。最後に，最近行った歯医者に保険で支払われる金額と彼の自
己負担額を詳述する福利厚生の説明書を開く。歯医者に行ったのは5週間前で
あったが，自己負担はもっと少なくなるという保証を受けていたことを思い出
そうと必死になる。クリスは自分の記憶を裏づける文書を見つけられず，請求
額を支払う。

　夕食前，娘が学校からもらった遠足の許可書と，遠足で彼女の写真を撮るこ
とを学校に許可すること，およびその写真の使用に関する一覧の書面を受け取
る。夕食時には，息子がインターネットで無料ダウンロードした新しい映画を
称賛するのを聞く。クリスは，DVDで映画鑑賞する度に（しばしば2か国語で）
表示される，複製に関するFBIの警告を思い出す。この警告は配信される映
画にも適用されるのだろうか。デザートの前に電話が鳴る。少しの間があった
後，聞き慣れない声が，彼に寄付を依頼する。その声は平たんで早口に台本の
文字を読んでいる。そこでクリスは要点を説明するよう，声の主に求める。し
かし説明することができないので，クリスは自分の意思を伝えて電話を切ろう
とする。ところが相手はしつこく，郵便でより多くの情報を受け取るよう彼を
説得する。

　「マンデーナイトフットボール」は夕食後の楽しみだが，その前にオンライ
ン登録で結婚祝いの購入と，新しいトナーカートリッジの注文をしなければな
らない。登録ウェブサイトのアカウントを開いてユーザーIDとパスワードを
素早く選択し，規約と条件および他のプライバシーポリシーをゆっくり読む。
そして，そのカートリッジのモデルをGoogleで検索し，より安い価格を呈示
するeBay出品者を見つける。彼はこの出品者に関して何も知らず，その名前
は驚くべきことにトナー野郎101である。奇妙なことに，eBayページには細
かな文字も情報開示もない。規約や利用条件がなく，個人情報に関する宣言も
ない。読むものがない！　カートリッジの写真，価格，送料，返品ポリシーだ
けである。しかしクリスは，50,000回以上の販売で99.8％の評価点を見つけ，

「今すぐ買う」をクリックする。

　その後もパソコンの前に残ってメールを確認し，自分で自分に送信した iTunes の規約を見つける。おっと。1万単語を少し超えている。彼は，読むには長すぎると結論づけるが，15分をかけて「注目トピック」にざっと目を通し，すべて大文字になっている部分だけを読むことに決める。

　クリスはやっと，サードクォーターの途中からアメリカンフットボールの試合を見始めるが，「このテレビ放送は個人用で非営利的な使用を目的としている……」と聞くはめになる。タイムアウトの時間はお馴染みのシアリス®[7] のコマーシャルが流れる。コマーシャルが最後の10秒に差し掛かると，ナレーターの温かくて自信に満ちていた声が急に切り変わり，副作用のリストが大急ぎで読み上げられる。失明の可能性（確率は不明）や，プリアピズム[8] という知らない言葉に思いを馳せながら，試合の終わりを見守ってベッドに向かう。マイケル・クライトンの『ディスクロージャー』が開いて置かれているが，クリスは今日一日すでにたくさんの開示（ディスクロージャー）を読んで，おなかいっぱいである。

　しかし，今日はクリスのラッキーデーだった。彼は人生の厄介な選択に一切直面しなかった。彼は住宅ローンの借り換えやクレジットカードの申請，医療保険プランの選択をしなかったし，研究参加者にもならなかった。住宅の購入やアパートの賃貸，不動産仲介業者の雇用をしなかった。新しい処方箋をもらったり，生命保険を探したり，生前遺言にサインをしたりしなかった。彼は車の購入，リース，レンタルをしなかった。退職後のための投資をしなかった。携帯電話や埋葬の計画を選択しなかった。彼は絵画の購入をしなかったし，ペットの里親にもならなかったし，子どものために大学の選択もしなかった。購入選択権付賃貸店の訪問，タイムシェアの購入，警報機の設置をしなかった。彼は警察の取り調べを受けなかった。今日は「軽めの情報開示」の一日だった。

情報開示の蔓延

　これまでのところ，蓄積の問題は驚くべきことではないと思うに違いない。第1章は，開示が立法者にとってどれほど魅力的であるかを示した。第2章は，人々が直面する多くの不慣れで複雑な意思決定，およびそれに応じて立法者が

義務とする数多くの精緻な開示を説明した。第3章は，開示主義のレトリック
とイデオロギーが，完全開示という基準を促進する方法を振り返った（そして
第10章では，どういう力が働いて，開示者が新しい開示義務を発令し，古い開示義
務を拡大するのかについて述べる）。要するに，人々の選択の数と複雑さが大き
くなるにつれ，そしてこれらの選択に関する問題が開示義務を引き起こすにつ
れ，開示は人々の注意，時間，そしてエネルギーを崩壊させる。シュワルツは
これをほのめかしている。

> 我々が食料品店に行ってシリアルの列で立ち止まる。加熱用シリアルと非
> 加熱用シリアル，どちらを買うべきだろうか。砂糖をまぶしたのを買うべ
> きか，または（比較的）甘くないのを買うべきか。ブラン[9]入りとブラン
> なしのどちらを買うべきか。オールブランか，オート麦ブランか，ライス
> ブランか，コーンブランか，クラックリンブランか，レーズンブランか，
> ハニーブランか，ナッツブランか，どれを買うべきか。同種のものの中か
> ら一つを選択する場合でさえ，それは大変である。選択肢の中に共通点が
> ほとんど，またはまったくないものが含まれている場合，人はその問題に
> 圧倒される[10]。

　選択肢が数多いだけでなく，その情報開示も長い。たとえば，「今日のアメ
リカ人は資産運用の選択肢と，それら一つひとつに関する詳細な情報に溺れて
いる[11]」と言われている。インターネットに関する個人情報保護の開示はま
さにそれである。消費者は正しいプライバシーポリシーのサイトを利用するた
めに複数のサイトを検索するだろうと連邦取引委員会は想定する。一つのサイ
トのプライバシーポリシーを年1回読む（ポリシーが変更されるため）一般的な
インターネット利用者は，少なくとも244時間を費やすことになる。それは
人々がインターネット全体に費やす時間の半分以上である[12]。
　このことが示唆するように，蓄積の問題は，多くの開示を複数回検討すると
いう（開示主義の原則に起因する）必要性によって悪化する。時々，人々は以前
読んだことを忘れる。時々，データは変化する。時々，社会通念は変化する
（グラハムが食品ラベルについて記述するように，「そこに書かれるアドバイスは頻

繁に変化し，次第に複雑になっていった」[13]）。iTunes の契約やクレジットカード
ポリシーといった，いくつかの契約はたびたび変更される。パッケージに添付
された文書は，万が一の場合に備えて，詰め替えのたびにそれらを読み直すよ
うに我々に指示している。

　人々は情報に埋もれているだけでなく，情報は人の注意を得るために互いに
争う。「手がかりの競争が起こることがよく知られている。より目立つ手がか
りは，あまり目立たない手がかりの効果を弱める」，そして重要ではない手が
かりが，重要な手がかりを無視するよう人々に教える。したがって，正確な情
報を追加することでさえ，より悪い結果を招くことがありえる[14]。身近な例
として，「子どもが遊んでいます」（children-at-play）の標識がある。連邦道路
管理局は，警告標識の使用を可能な限り控えるよう助言する。それは，不必要
な標識がすべての標識を軽視する原因となる傾向があるためである。もしあな
たが毎日「子どもが遊んでいます」という標識のそばを運転しており，めった
に遊んでいる子どもを見ないとしたら，あなたはその警告にどれだけ注意を払
うことができるだろうか[15]。

　クリス・コンシューマーのたとえ話は，蓄積の問題の背理法である。彼は目
にするすべての開示，細かな文字，注意書き，警告を読んだ。彼はめぼしいも
のに限ったり，飛ばしたり，流し読みをしなかった。そして我々がたとえ話で
とり上げた日，クリスはありふれた開示のみに直面し，困難な開示には出合わ
なかった。

過重負荷の問題

「過重負荷」とは何を意味するか

　過重負荷の問題は，不慣れで複雑な決定に関する情報の完全開示の義務によ
って作られる。複雑であるということは，その多くの側面を十分にカバーする
長い説明を要求する。不慣れであることは，カバーしなければならない側面の
数を増やす。過重負荷の問題はよく知られており，どこにでも存在する。開示
義務が過剰に詳細で，困難で，多大な努力を要する場合，開示を受ける者は，
たいていそれらを注意深く，あるいは全く読まないだろう。もし開示を受けた

者がそれを読むなら，情報のなだれを理解，分析，記憶，吸収するために悪戦
苦闘する。開示は，多すぎる選択肢と，各選択肢に関する多すぎる情報の両方
を提供することによって心に過度な負荷をかける可能性がある。

　複雑であることの負担は，その開示義務の対象となっている意思決定への影
響が不確実であるほど増大する。そして不確実性は，記憶し評価しなければな
らない要因を増加させる。事実の中には知られていない，または知ることがで
きないものがあり，ある情報は信頼できず，あるデータは他のデータと矛盾す
る。「事実」はたいていの場合，起こりそうなこと，である。したがって，開
示を受けた者が覚えておかなければならないのは，個々の値ではなく範囲であ
る。目標が不確実な場合，矛盾する場合，非現実的である場合，または変化す
る場合，選択はさらに面倒になる。

　過重負荷の問題の中心は，データを学び，記憶し，使用する訓練を受けてい
ない心理的苦闘である。自発的な人でさえ，通常2，3のことしか覚えること
はできない。キルシュが観察するように「専門家が情報負荷の正確な限界につ
いて議論を続けているにも関わらず，それらはかなり少ないという点では意見
が一致している16)」。複数の実験に関するサイモンのレビューは，短期記憶が
一度に管理することが可能な要因は五つから七つであろうと結論づけ，ブロー
ドベントは数字の場合は三つか四つであると考えた17)。退職後のための投資
をする人々を助けている専門家でさえ，多くの変数のうち平均してわずか六つ
しか使用しなかった18)。

　ある意味，非常に多くの情報開示が妥当な数量を超えているため，この数は
ほとんど問題ではない。年百分率のような単一の点数でさえ，何ページもの追
加の情報が添付されていると重荷になる。栄養データを表示した枠には数字を
連ねることができるので，消費者はおそらく製品を比較して，一度に複数の栄
養データを読むことになるだろう。そして，極めて重要な領域において，過重
負荷でない開示はほとんどない。たとえば，何度も改善されてはいるが，医療
保険に関する開示は過重負荷である。医療費負担適正化法は，我々が選択肢を
有意義に比較できるように，ベネフィットの概要の表示を大胆に再設計したが，
提案される各保険に関する数多くの項目を含んでいる。実験的研究は，参加者
は最初の書式と比較して，よりわかりにくいと感じたこと，圧倒される状態が

続いたこと，そして多くの参加者が自分たちの選択を，自己負担のコストや共同保険の計算式の単純さといった，単一の要因に頼ったことを明らかにした[19]。

　ミランダ警告でさえも過重負荷である。ミランダ警告は平均 96 単語で，400単語を超える場合もある。ロジャースは，「言葉のチャンキング」（データを単一項目に結合して貯蔵を容易にすること）を使用しても，75 単語を超える警告はおそらく長すぎると述べている。手がかりを示した場合でさえ，高校レベル以下の教育しか受けていない人々は，伝えられた内容の半分をわずかに超える程度しか思い出せなかった。そして，「多くの被疑者は認知的な欠陥があり」，この警告で開示を受ける者はストレスの多い状況にあるため，そして，聞いたことに関して質問に答えることができるということと，適切に理解していることとは異なるため，これは理解の程度を過大評価している[20]。

　過重負荷は，人々が事実を学ぶ段階から，それらを使って推論する段階へ移行する際に悪化する。「異なる種類の情報や価値を統合して決定を行うことは非常に困難な認知過程であることを，多くの実証的研究が示唆している[21]」。情報開示される特性の数が増加するほど，人々は早く飽和状態に達する。「ある実験では，投資資金の選択肢六つにある，11 の特徴に関する情報が与えられた消費者は，考慮する選択肢が多すぎると感じ，意思決定において圧倒され，ストレスが多く，困難であることに気づき，意思決定を終えてほっとしたと述べた[22]」。彼らは 66 の変数を管理するよう求められたのだから当然のことである。しかし，第 2 章に挙げられた三つの例が示唆するように，多くの開示が，まさにそのような量の変数を提供している。住宅ローンの開示を一つ読むだけで十分大変なのに，50 の開示を読むことは想像を絶する。iTunes の契約は果てしなく続き，初心者がすべての規約を理解するには数時間どころではなく，数日必要である。カリフォルニア州のベッドシーツは非常に多くの規定があり，それぞれが注意を引こうと互いに競い合う。ローンや前立腺癌治療を選択するために必要な情報についての我々の説明は，開示を受ける者の頭にいくつの要因がグルグル回ることになるかをやっと示すところまできたにすぎない。

　過重負荷の問題の取り扱いにくさは住宅ローンの開示が良く説明している。連邦取引委員会は重要な開示を簡素化するためにうまく機能してきた。それが，米国住宅都市開発省のローン費用の見積書であり，3 ページで住宅ローンの手

数料，利子，支払い，および関連する義務を挙げている。連邦取引委員会研究
室の実験は，新しい形式がより読みやすく，理解しやすく，効果的に消費者に
届くことを明らかにしている。しかし，住宅ローン契約のクロージングを利用
する典型的な人たちは30以上の書類と情報開示，時には50以上の情報開示を
受け取る。それは，おおよそ100ページもの読みにくい文書を読み，50以上の
署名をすることを意味する。この資料の多くは，個人情報保護，権利放棄と免
責事項，利益相反，クロージング・エージェンシーの果たす役割，エスクロー
の契約，そして，その他の偶発的な財務問題および税金について扱っている。
このように大量にあると，一つの書式をより明確に作成したところでほとんど
意味がない。

　したがって，過重負荷は書式が複雑であることだけではなく，書式が多様で
あることも原因となる。クレジットカードを利用する買い物客は，カードごと
に異なる契約をする[23]。平均的な家族は6枚のクレジットカードを所有し，平
均約9,000ドルのクレジットカードの借り入れがある。そして恐らく，倹約家
の買い物客は他のカードがより良い条件を提供しているかどうかを時々確認す
るだろう[24]。各カードは情報開示を行っているだけでなく，主要な発行会社は
通常「重要な事項において驚くべき頻度でそれらの契約を修正する[25]」。

　立法者は開示を操作して，カリフォルニア州のベッドシーツのように本当に
重要な事項を本当に目立たせようとする場合，過重負荷の問題が起こることを
暗黙のうちに認めている。重要な事項を目立たせるというのは過重負荷の問題
を解決するための有力な方法のようであるかもしれないが，もともと細かな文
字は目立たず，悲しいことに立法者は自分たちの課題に関して考えが甘い。彼
らは**全部大文字**で書くことで強調するのが好きである。それは読者の目を引く
が，スピードを落とし，読む気を削ぐ[26]。そして**全部大文字**を多用しすぎる
（**全部大文字**が数ページにわたる書式がある）。消費者の契約は**全部大文字**になる
ことで燃え上がる。以下のようである。

　　本サービスを利用することで，サービスの利用に起因するいかなる請求，
　　訴訟および判決においても，当社，当社取締役，役員，従業員，関連会社，
　　代理店，請負業者，主任および許可者を免責することに同意したものとし

ます。

　今日の開示主義者は，開示を削減し簡素化することで過重負荷の問題を抑えることができると自信を持って提案している。簡素化は複雑であるという問題に対する極めて明瞭な対応であり，それに対する彼らの信頼は非常に一般的で情熱的であるため，我々はその課題と限界について第8章を割くこととする。

過重負荷の効果

　人々への過重負荷は選択への意欲を弱め，選択を害する。過重負荷をかけられた人々は「意思決定を先送りし，新しい選択肢を探し，デフォルトの選択肢を選んだり，または単純に選ばないという選択をする傾向にある」。より限られた選択だけを考慮し，伝えられた内容のごく一部を使用する傾向にある[27]。身近な例は店内の二つの試食コーナーである。一方は24種類のジャムが，他方は6種類のジャムが並んでいる。通行人の5分の3が種類の豊富なコーナーで立ち止まり，5分の2が種類の少ないコーナーで立ち止まった。しかし，種類の少ないコーナーで立ち止まった客の30%がジャムを購入した一方，豊富なコーナーの買い物客は，わずか3%しか購入しなかった（ジャムの購入は身近で楽しいことであるにも関わらず）[28]。このような一連の研究では，人々が「多数（20から30）の選択肢がある場合より適度な数の選択肢（4から6）が与えられた」場合に，より自信を持って選択する傾向にあり，選択についてより幸せを感じるという結果が「かなり一貫して」得られている。

　これは非常に重要なことである可能性がある。確定拠出年金制度において投資の選択を増やすことで，被用者は対応不可能になる可能性がある。一部の人は，より安全ではあるが報酬が少ないファンドを求めて株式ファンドを避け，別の人はまったく参加しないことが考えられる[29]。大規模研究において，プランに四つのファンドがある場合は，参加が75%だったのに対して，プランに12以上のファンドがある場合は，参加が急速に70%まで下落した。プランに59のファンドがある場合は，参加が60%にまで沈んだ[30]。同様に，多すぎる選択は医療保険プランに関する決定を妨げた[31]。これらの例が示唆するように，過重負荷は人々を一層悪い選択に導く可能性がある。株式ファンドへの投資を

拒否した投資家は自分たちの選択を簡素化することはできたが，重要な投資が欠けている退職後のポートフォリオを作成することになった。人々が借り過ぎる傾向にある理由の一つは，賢く借りるために必要な計算とトレードオフが非常に多くて複雑であり，単純に「自分は月々の支払いが可能であるか」と尋ねる方が簡単だからである。また，医療保険プランを選ぶ場合には，「その自己負担金の支払いが可能であるか」と自らに尋ねることになる。これらの質問は重要で比較的容易ではあるが，健全なローンや優良な医療保険プランを選ぶうえでは不十分な方法である。

　最後に，過重負荷は，助けをもっとも必要とする人々に対してもっとも害を及ぼすかもしれない。そのような人の「注意は制限され，情報が過重負荷となる傾向になりやすい可能性がある。情報に疎い消費者は，選択する前に検索することが少ない傾向にあり，401（k）で投資する際に直面する資産配分の決定を促された場合，情報が過重負荷であると報告する傾向が有意に高い[32]」。

過重負荷と開示義務

　過重負荷は，不慣れで複雑な意思決定に必要な情報を完全開示するという目標を設定した場合に必然的について回る。ロンダ・カステラーナは，3時間に渡る困難な読解を成し遂げることができなかった。我々の呈示した三つの写実的な例，すなわち住宅ローンの書類の山，iTunes のスクロール，そしてベッドシーツは明らかに多過ぎることを示した。臨床医学においては，「良い決定を下すための十分な情報」という義務が，過重負荷の始まりであるとされている（ある研究では，医師と看護師が患者に対して非常に重い負担をかけたので，その研究者は「医師と看護師は情報の過重負荷を課す傾向が非常に強い」と結論づけた[33]）。医療保険の規制は開示に対して，プランのベネフィットとコストだけでなく，オンブズマンサービス，政府の消費者支援，補償範囲の拒否に対する内外への不服申し立ての権利，抗議および不服申し立ての詳細を明らかにすることを，次第に義務づけるようになっている[34]。

　また，退職のための計画について考えてみると，米国労働省による『退職計画の謎解き』は，あなたが10年後に退職するために貯蓄がいくら必要かを伝えるために，62ページと八つのワークシートを使っている。ワークシートは，

あなたに 100 以上のデータを検索すること，支出を予測すること，各資産の
「グロースとインカムの換算係数を選択するための収益率」を特定すること，
そして「これらの数値を繰り返し，加算，減算，乗算すること」を求める[35]。
それから，貯蓄と投資をどのようにするかを見つけなければならない。

　もう一つの例である。全米保険監督官協会は，「不明瞭な問題に関する，馴
染みのない専門用語で表現された大量の複雑な情報」の開示を要求する。モデ
ルとなる規制は，「補償範囲や契約保険料の説明から，保険会社が示す保証の
ない要素や解約価値の基準に至るまで」少なくとも 12 の専門的な事実の開示
を求めている。別の規則は「更新可能性，ポリシーの制限，給付のきっかけ，
保険料の増加規定，連邦税，償還の定義などを追加する[36]」。

　最後に，消費者は情報開示を受ける前に，広告や製品パッケージ，セールス
トーク，消費者レポートを受け取るものである。彼らが，情報に食らいつくの
ではなく，一口しか食べないのも不思議ではない。彼らは Google で情報をフ
ィルターにかけ，「I'm feeling lucky」オプション[37]を使ってさらにフィルタ
ーにかける。彼らは情報開示を嫌がっているのに，なぜその方法を変更するの
か。

第**7**章　情報開示から意思決定へ

> 完全な効果が長時間もたらされるであろう，何かポジ
> ティブなことを行うための我々の決定のほとんどは，お
> そらく動物精気の結果としてのみ解釈されかねない可能
> 性がある。つまり，それは何もしないという不活動では
> なく行動への自発的な欲求であり，数量的な利益の加重
> 平均に数量的な確率を乗じた結果としてではない。
>
> ジョン・メイナード・ケインズ
> 『雇用・利子および貨幣の一般理論』

　我々は今，開示を受けた者はいったい何を求めており，認識し，受け入れ，理解し，覚えているのかを問うている。いずれの段階における失敗でも開示をダメにすることが可能であり，いずれの段階においても失敗はよく起こる。意思決定嫌悪は，対象者を不注意および消極的にすることがある。リテラシーの低さは多くの情報開示を役に立たないものにする。そして，過重負荷と蓄積の問題は多くの開示を受ける者を気落ちさせ，思いとどまらせる。しかし，その影響はそれだけではない。我々はこれまで情報に関する認知的な問題に焦点をあててきた。しかし，より良い意思決定をする上での障害は，それら認知的な問題を解決しても，まだ残っている。

　第1に，意思決定をする人々は，しばしば，開示義務が提供することのできない，自分自身に関する情報を必要とする。第2に，情報開示の有用性は，無知以外の問題に制限される。人々が誤るのは，情報を歪め，フィルターにかけ，誤った解釈をするからである。それは，成長を続ける素晴らしい社会心理学や行動経済学の文献が示している。これらの文献はあまりにも広大で整理して要約することが難しく，また，いたるところで紹介されている[1]（正確ではないが一般的な慣習に従って，我々はこれらの研究を行動経済学と呼ぶ）。しかし，これらの研究は，開示義務が対象としている決定を心がどのようにして歪めるか

を示しているため，我々はそこからいくつかの教訓を導くこととする。

　世知に長けた開示主義者は，これらの研究が開示義務を救うことができると考える[2]。彼らは，開示を受ける者の意思決定を促進するために，うまく設計された開示を使用した選択の構造（人々の選択を形作ることを意図する法的な枠組み）を使うことを提案する。我々はこれに懐疑的である。第 1 に，先の研究は選択の構造について十分に信頼できる示唆を提供するには未熟過ぎる。第 2 に，人々は情報を非常に多様かつ予想外に解釈し，使用するため，多様性と不確実性を考慮した義務化を作成するのに十分なだけ，彼らの反応を予測することは誰にもできない。

汝自身を知れ

　多くの開示が存在するとしても，開示を受ける者が意思決定をするためには，より多くのことを知る必要がある場合がある。それは，開示を受ける者が自分自身を知る必要である。自律主義者と自由市場経済擁護者はともに，人々が自分たちで意思決定をすることを求めている。それは彼らが自分自身の状況と選好を理解すべきであるという理由からである。しかし，この知見は良い決定が求めていることに比べれば徹底性や正確性に欠けている。たとえば，一般的に意思決定は将来の状況において，自分が選択したことに対してどのように行動し感じるかを予測することを必要とする。バー＝ギルが観察するように，クレジットカードの規約を知ったところで，あなたが自分は絶対に借り入れをしないと誤って予測したのでは役に立たない[3]。

　相当な数の困惑させる文献が，自己理解の難しさを明らかにしている。たとえば，自分がいくら使っているか，多くの人々はほとんど分かっていない[4]。年金計画に投資している人々の 5 分の 2 は，自分たちの資金をどこに投資しているか知らなかった[5]。そのようなことは知っているだろうと，人々は思うことはできるが，実際はそうでないことを複数の検証が示している[6]。人々が自分自身と他者を不正確に比較することは有名である（たとえば，ほとんどの大学教授が，自分は同僚より生産的であると考える）。

　人々が自分の現在の状況を分かっていないのなら，自分の将来をどれだけ正

確に予測するのかを想像してみてほしい。彼らは慎重であろうと心に決めてデートに出かけ，コンドームを使うつもりで前戯をはじめ，途中までと決めてセックスを開始する。「性的興奮は馴染み深く，個人的で非常に人間的であり，全く正常なものである。たとえそうであっても，興奮が超自我を完全にダメにする程度や，感情がどのように行動に影響するかを，我々は皆一貫して過小に予測する[7]」。あまり馴染みのない状況では問題はさらに悪くなる。携帯電話利用者の多くは，自分がどのように電話を使用するかや，いつサービスを変更したくなるかを予測する。スポーツジム加入者の多くは，自分の施設の利用頻度について倍以上高く見積もるため，定額料金を支払う[8]。

　次に選択における嗜好性である。開示を受ける者は，自分の嗜好にもっとも適する選択を見つけるために情報を利用すると考えられるが，問題が不慣れで複雑な場合，人々は，自らがどうしたいのかを明らかにするのに必要な，吟味された正確な嗜好に欠けていることがよくある。成功するチャンスは低いが死亡するリスクも低い治療と，成功するチャンスは高いが死亡するリスクも高い治療の選択について想像してみてほしい。患者は重要な嗜好，つまり死亡を回避したいし，副作用も回避したいという嗜好を持っている。しかし，ここではそれらは対立しており，成功のチャンスに死亡のリスクが値するかを決定するために，十分に慎重にそれらの価値の比較をする患者はほとんどいない。

　そこまで劇的ではない例を挙げると，ほとんどの人々は個人情報の保護を大事にしており，Google や Facebook が自分たちの検索履歴を保存しないことを好む傾向にあるにも関わらず，自分たちの多少の個人情報を，より良い検索結果や無料サービスと喜んで取引する。しかし，取引を行う際の詳細な情報開示を読むことから利益を得るほどきめ細やかな嗜好を持つ人などいるだろうか。同様に，もしあなたが仲裁条項（しばしば「同意します」のクリックで同意する内容に含められている）を理解したとしても，それらについてどう感じるだろうか。仲裁条項はあなたの権利を守るための能力に制限をかけるものだと一部の専門家は考えている一方，他の専門家は，それほど重要ではないと考えている[9]。

　嗜好が矛盾していて不完全で不安定な場合には，それは役に立たない導き手である。クラインはこれらを，一般的な「厄介な問題」と呼んでいる[10]。人々

は，ほとんどの問題について明確な目標を持つことが苦手であり，ある程度考えても目標を明確に定義することはできない。ざっくりとした目標を立てて満足するしかないのである[11]。

　最後に，不慣れで複雑な選択に遭遇した際の自分の反応を予測することは困難である。たとえば，普段の状況でさえ，人々は悪い結果が自分をどれほど不幸にするかについて過大評価し，自分自身を励ます自分の能力を過小評価する傾向にある。したがって，病気の人たちは，自分たちが予想していたよりも病気に絶望的に反応することはない。彼らは自分の周りの人々よりも自分の生活をより好意的に評価し，「質は量に勝る」という呪文にも関わらず，耳かきほどの「量」のために，バケツ一杯の「質」を諦めることがよくある[12]。より率直に言うと，人々は貯蓄の長期的なコストと利益を誤って予測する。毎月1,000ドル追加で貯蓄すると，現在の生活がどれくらい悪くなり，20年後の生活はどれくらい良くなるだろうかという質問に，誰が正しく答えられるだろうか[13]。

限定合理性：歪んだ認知，歪んだ意思決定

　一分の隙もないほどの完全な開示があっても情報不足になる可能性があることについて，我々は述べてきた。しかし，この問題が解決したとしても，人々の情報の受け取り方，使用する方法によって，やはり開示は損なわれる。もし人々が識字能力や計算能力をもち，知識が豊富であったとしても，また，もし完全な開示を受け取って読んだとしても，人の思考の一貫した特徴は，読んだ内容や，意思決定における処理方法の認知を歪める可能性がある。

　人々は自分の効用（または，不確実性に直面する場合は期待効用）を最大化しようとする，と合理的選択理論は教える。しかし，我々が行動経済学と（簡略化のために）呼んでいる研究は，人々の選択が合理性から一貫して逸脱する場合があること（ざっくり言えば，ヒューリスティックとバイアス）を指摘している。この合理性からの逸脱は，人々が情報を解釈，再解釈，誤解釈する方法を含んでいる。

　まずは，開示義務が示す，ある種の意思決定に影響を与える二つの古典的な

例から始める。第1に，意思決定は，情報がどのようにフレーミングされるかによって決まる。これは，十分に研究されたインフォームド・コンセントにおける問題を示している。ある研究で一部の参加者は，手術後1年は生きるという可能性が伝えられ，他の参加者は，手術後1年で死亡するという可能性が伝えられた。説明されたリスクは同じだったが，反応は違った。前者の参加者では，42％が手術を選んだが，後者ではわずか25％だった[14]。フレーミングの問題は広く認識されている。「患者の両親に十分な情報を提供することは，あなたの考えを知らせていることに他ならない」と言う医者の言葉を，アンスパックは引用している[15]。

　第2の古典的な例は，利用可能性ヒューリスティックである。これは，鮮明で心を乱すような物事は，単調で習慣的な物事よりたやすく思い出すことができるというものである。この顕著性の違いは，認知，推論，および意思決定を歪める。つまり，たとえば，洪水の被害を受けたことのある人や，被害を受けた人を知っている人は，「計算できる費用便益比とはまったく関係なく」保険に加入する傾向がある[16]。そしてある人々は，テロを含む様々なリスクに対する保険よりも，テロに対する保険により多くを支払うだろう。

　心的な習慣は，人々に情報開示を無視させたり，注意深く読まないように仕向ける。たとえば，人々が証拠からどう判断するかは，その判断に対する確信に依存する。しかし，「証拠の量も質もこの主観的な確信に対してあまり意味がない」。自分の判断に対する確信は「たとえその人がほとんど見ていないとしても，自分が見たものとして話すことができるストーリーの質にほぼ依存している。我々は，自分の判断にとって重視しなければならない証拠が欠けている可能性に気づかないことが頻繁にある。つまり，我々が見ているものが，そこにあるすべてであると考える[17]」。証拠が信頼できないとわかっている場合であっても，それを無視することは難しい。したがって，「株を売買する人は，噂の信用性を低く評価している場合でさえ，それがより信頼できるニュースであるかのように，そのような情報を元に売買を続ける[18]」。

　意思決定の質は，選択や選択する上でのスキルに関する自身の知識について，どれだけ正確に判断できるかに依存するところがある。しかし，人々が自分たちの「能力，特性，見通し」を楽観的に評価する傾向があるという証拠は豊富

にある[19]。人々は，自分たちがどれくらい知っているかについて過大評価し，十分に学ぶことがどれくらい困難かについて過小評価する傾向にあるため，開示は無視や軽視されやすくなる。「既知の錯覚」（何かを理解していると誤って考えること）は情報開示を却下したり，注意深く読まないように仕向ける[20]。そのため，ある調査において，読者の 5 分の 3 は，パンフレットは簡単だと考えていたが，そこに書いてあることはほとんど思い出せなかった。同様に，「個人の資産運用に関する意思決定における過度の楽観と自信過剰は広く普及している」。ある調査に回答した人々の 3 分の 2 が，自分自身を「個人の資産運用に関して『非常に』または『高度に』知識がある」と考えた。しかし，「彼らは客観的な質問に対してとてつもなく酷い解答をした[21]」。

　人々が使用する証拠の質，および彼ら自身がもつ知識やスキルに関して判断を誤る傾向があるなら，配慮し警告することが必要だろう。しかし，カーネマンたちが言うように，心はそのような制約に乗り気ではない。彼らは思考を二つのスタイルに区別する。「システム 1 は努力や随意的制御の感覚がほとんどまたはまったくなく，自動的に素早く作動する。システム 2 は複雑な計算を含む，注意を要する努力の必要な精神的活動に注意を配分する[22]」。システム 1 の思考は素早く簡単で，システム 2 の思考は遅くて困難である[23]。したがって，システム 1 は作業を多く行うが，情報開示の重みづけを軽くする傾向にある。たとえば，多くの人々は自分がどれくらい貯蓄するかについて注意深く考えない。彼らの日々の行動は「さまざまな制度的枠組み，および心的枠組みを主に手がかりとしている。そして結果的に，ほとんどの人々が平均して貯蓄が少ない[24]」。貯蓄の問題は「偶発的なコストや長期的なコスト」を過小評価する傾向によって悪化する。そのような「近視眼は，主に短期的な見返りによって動かされる感情システムが，短期的および長期的な見返りの両方に関して配慮する熟考システムに勝利することに起因する[25]」。

　多くの情報開示はリスクについて説明する。薬の服用，借り入れ，投資，警察との会話，製品の使用，個人情報の公開のリスクなどである。知っての通り，人々はリスクを見誤る。正確なリスクに関する情報開示は誤った前提が置かれることによって歪められる。たとえば，「投資市場はリスクを与える」にも関わらず，人々はそれとは反対のことを信じる傾向にある。ある活動に素晴らし

いメリットがあることを伝えると，彼らは，そこにあるリスクは低いと想定する傾向がある[26]。したがって，投資家は「あまり知らない投資先をローリスクハイリターンで全体的に『良い』もの，またはハイリスクローリターンで全体的に『悪い』もののいずれかと判断する傾向にあった[27]」。開示者は正確にリスクを述べる際にこれらの問題を乗り越えることができるのだろうか。腹立たしいことに，開示を受ける者は，正確な記述を読んだとしても，それらの記述を曖昧なものに変換することが頻繁にある。「リスクの認知は単なる数値的なリスクの認知的評価（たとえば，6％対7％）ではない。リスクの評価は，『高い』または『低い』を『心配すべきもの』または『安心すべきもの』に変換する，直観的で感情的な反応を含んでいる[28]」。

　我々は，人々が情報開示を誤って認知し，誤って解釈し，誤って使用する多種多様な方法から，ほんのいくつかを紹介した。これは（我々が繰り返し言っているが），人々は馴染みのある決定を巧みに扱えないことを示しているのではない。人々は，「単に自分たちが愚かで騙されやすいがために，誤った信念を抱く」のではない。いくつかのヒューリスティックやバイアスは，馴染みのある決定をする際に都合よく働く[29]。しかし，開示義務が多く使用される領域において，これらの心的な習慣は共通しており，立法者が適切に義務づけ，開示者が効果的に公開し，開示を受ける者が見たり，読んだり，使おうとしたことのある開示でさえも打ち倒す可能性がある。

行動経済学は問題か解決策か

　行動経済学の研究が，情報開示をあまり役に立たなくする思考の仕方の存在について説明していることを，我々は論じてきた。しかし，これらの研究は開示の義務化が成功するための「開けごま」の役割を果たすと，一部の開示主義者たちは考えている。彼らはなぜそのように考えるのだろうか。我々はなぜそれを疑うのだろうか。

行動経済学への希望

　世知に長けた開示主義者は，行動経済学の研究を（一部の批評家が示唆するよ

うに），消費者のバイアスを利用する多種多様なビジネスの慣行に対処するための，全般的に好ましく，より優れた規制として捉えている[30]。つまり，選択，特に情報開示に焦点を当てた規制は，これまで評価されていたよりも必要であると，彼らは結論づける。文献は，人々が不慣れで複雑な取引において操作されたり，自分自身の誤解に陥ってしまったりする道筋について，明らかにしている。これは規制をする者たちに人々をより良く理解させ，それによって，彼らがより良く規制することが可能になる。サンスティーンが述べるように，研究の結果は「規制とその起こり得る結果に関する思考に対する有用な洞察を提供する。それらはまた，開示要件，基本ルール，簡素化を含む規制の問題に対する，効果的で低コストで選択の余地のあるアプローチの適切な設計について複数の示唆をも提供する[31]」。サンスティーンが特に有望であると考える四つのアプローチのうち三つが開示義務を考慮している。「(1) 情報開示を規制の道具として使用する。特に，情報開示政策が人々の情報処理の方法を理解して設計されている場合。(2) 適切なデフォルトルールをおき，複雑さと手間を削減するなどの方略を通じて選択を簡素化および緩和する。(3) 特定の要因または変数の顕著さを増加させる[32]」。

　したがって，セイラーとサンスティーンは，「ナッジ」を作成するためにアンカリング，フレーミング，損失回避など心理学的なバイアスを利用する。これには，情報開示の改善も含められている。ファング，グラハム，ウェイルは，人々の過誤やバイアスを理解することで「ターゲットを絞った透明性」と彼らが呼ぶ優れた情報開示を可能にすると信じている。クーリーらは，金融商品の誤使用を防ぐより良い方法は，「認知バイアスを克服することで，意思決定を促進するために設計された情報開示を義務づけることかもしれない」と考える[33]。要するに，いくつかの重要な領域において，最近の情報開示に関する多くの学術研究（そして徐々に立法者の信念も）は，開示義務がどのように機能するのか，なぜそれらが失敗するのか，そして「能動的な選択」を促進するためにそれらをどのように使用するのかを理解するための鍵として，行動と認知のバイアスを捉えている。

　これはバー＝ギルの『消費者契約の法と行動経済学』の中でうまく示されている[34]。彼は，複数の市場において，どのように売り手が買い手の非合理

性を利用し，どのように近視眼や楽観主義が携帯電話プラン，クレジットカード，および住宅ローンの選択において人々の判断を誤らせるかについて示しており，これらの非合理性を説明する開示を注意深く構成する。彼は「使用パターン」の開示といった革新的な開示を推奨している。それは企業が消費者の行動について把握している事柄と行動が製品のコストにどのように影響を及ぼすかについて，企業が消費者に伝えることである。この重要なアイデアは，人々が携帯電話プランを選択したり，クレジットカードによる借り入れを抑制することに役立つかもしれない。

　バートランドとモースによる給料日ローンの研究は，この文献の有望性を示すために頻繁に用いられる。彼らは，コストの割高な給料日ローンの借り入れをする人たちが屈する可能性がある認知的な落とし穴に関する研究と，借入者のバイアスを取り除く方法に関する研究をもとに三つの開示を設定した。具体的には，時間の経過に伴い借り入れのコストがどのように加算されるかを借入者に考えさせ，他のローンとの比較によって当該ローンの評価を簡単にし，「そして，効果は小さいものの，給料日ローンの借り換えの典型的なプロファイルに関する情報を開示した」。これは，借り入れを11%減少させた[35]。

行動経済学に対する疑念

　心理学の文献がどれだけ示唆的であるとしても，それは立法者を義務づけたり，開示者に義務化された情報開示を救うような開示を設計する能力を与えることはできない。第1に，文献は開示の問題のほとんどを扱っているわけではない。第4章で論じたように，意思決定嫌悪は広まっており，どのように生活を送り選択を行うかに関する合理的な選択に基づいている。第5章で論じたように，リテラシーの限界によって人々は開示が理解できない。第6章で論じたように，過重負荷の問題と蓄積の問題は根深い。そして第8章で論じるように，不慣れで複雑なものを親しみやすく単純なものにすることは簡単ではない。

　さらに，認知や推論の歪みも簡単には乗り越えられない。この領域の研究における著名人でノーベル賞受賞者のダニエル・カーネマンは，彼自身がもっぱら自らの年齢によるものだと指摘するものの影響を除けば「私がこれらの問題を研究する以前と同様に，私の直感的な思考は自信過剰，過剰な予測，そして

計画錯誤の傾向にある」と言う。彼は「エラーが起こりそうな状況を認識する能力」が向上しただけである[36]。もし彼でさえもこれらの弱点を克服できないのなら…。

　また，開示主義者が全面的に足がかりにできるほど強力な研究もない。研究の多くは実験室で行われており，要因の散乱した実社会で行われているのではない。実社会で行われたとしても，研究者はこれまで 60 を超えるバイアスとヒューリスティックを確認しており，それらの定義，説明，メカニズム，原因，発生率，解決策については一致していない。一つの決定が多くの歪みに影響される可能性がある。たとえば，スタークとショプランは，住宅ローンにおける意思決定は「多くの認知心理学的および社会心理学的」な問題に直面すると考える。それらには「(d) 利用可能性ヒューリスティック……，(f) 属性の推定と評価のバイアス，(g) ポジティブ確証バイアス……，(i) 議論の接種効果，(j) サンクコスト（埋没費用）効果，(k) 保有効果，(l) 時間割引と不確実性割引，［そして］(m) 消費者の社会経済的地位が低い場合に悪化する，信頼への強い動機が含まれている[37]」。

　さらに，開示を受ける者の開示に対する反応は，その者の気質，基礎知識，スキルなどに依存する。クレジットカードの購入は情報探索傾向といった特性[38]に，資産運用に関する意思決定は人を信頼しようという意欲と売り手の外向性といった要因[39]に影響される。要するに，バイアスとヒューリスティックは非常に多く，そして人々は多様に反応することから，思考と情熱のカオスを説明できる情報開示を書くことができる人は誰もおらず，皆が混乱している。「合理性からの逸脱は全く予測不可能で文脈的に固有であるため，他の逸脱を考慮することなく，ある一つの逸脱を是正するように設計された介入は，有益な結果をもたらす可能性がほとんどない」と，マンは正確に記述している[40]。

　先ほど我々が称賛したバー＝ギルの使用パターンの開示について考えてみよう。この提案者でさえ，人々は情報の必要性に気づかなければいけないと言っている。つまり，我々が主張している必要性について，人々はあまり認識していない。間違った信念を持つ消費者には，特に助けが必要である。しかし，彼らは自分たちが必要とするものに関して認識する可能性がもっとも低い。情報

が必要だと知っている人々でさえ，これらの領域に共通する先延ばしを乗り越えなければならない。そして「これまでの使用に関するデータは，未来の消費についての信頼できる指標とはならないことを，誰かが消費者に警告しなければならないだろう[41]」。

　特に，抵当権設定者は自分たちが望む家を購入する余裕があるかどうかを知る必要がある。欲しい住宅を購入できる金銭的余裕がない多くの人（ある調査によると，アメリカの世帯の30%[42]）が，耳の痛い話を聞こうとするだろうか。変動金利ローンと固定金利ローンの違い[43] といった基礎を理解していない多くの買い手は，毎月の支出の使用パターンに関する情報開示を理解するだろうか。第6章で振り返った分量の問題があり，使用パターンの開示が他の開示に埋もれている場合，それらのいずれかに注意が払われることになるだろうか。

　そのような理由により，スタークとショプランは情報開示を作り直したところで，複雑な住宅ローンに対して人々が「真に情報に基づいた意思決定をする」ことに役立つか，または彼らが確認した「14の心理的障害を緩和」することができるかに疑念を抱いている[44]。彼らは住宅ローンのカウンセリングを推奨している。しかし，それでもこのカウンセリングは「リスクを説明し，合理的な意思決定を妨害する複数の特性を説明し，ヒューリスティックへの依存を減らすための要因を評価し，確証バイアス，意味のない説明，時間割引と不確実性割引，そして議論の接種効果を乗り越えるために，注意深く設計されなければならないだろう」。また，個々のカウンセリングが必要とされる努力を行ったところで，改善は測定可能ではあったものの，わずかであった。

　バイアスを乗り越えるために情報開示を設計する際の予測不可能性は，利益相反の開示に明確に示されている。それらはアドバイスをする人の潜在意識や意図的な歪みや，アドバイスを受ける人の騙されやすさや素朴さといった心理的なバイアスを抑えることを目的とする。しかし，それらは逆の効果をもたらす可能性がある。第3章で，利益相反を開示せざるを得ないアドバイザーは，利益相反の開示をしなくても良いアドバイザーに比べて，より歪んだアドバイスをすることを示す実験研究について説明した。それらの研究は，歪んだアドバイスを受けた被開示者は，そうでない被開示者と比較して，よりアドバイスを信頼し，悪い決定をすることも示した[45]。驚くことに，アドバイスをする

人の利益相反やアドバイスを受ける人の脆弱性に対処することで，新しい歪み（「嫌味バイアス」や「戦略的誇張」効果のような）が導入されたのである。

　バートランドとモースの給料日ローンの借り入れの研究でさえ，行動経済学が開示義務を生き返らせるかというと疑わしい。彼らが言うように，もしあなたが「給料日ローンの借り入れのほとんどは非合理的である」と考えるなら，借り入れの 11 ％の減少は「失望効果」だと考えるかもしれない。特に「情報開示の介入」が「より標準的な貸付真実法の開示」と比べて「非常に強力」であったのだから[46]。さらに，少なくとも 15 の州が給料日ローンの貸付を禁止している一方で，これらの貸し手が請求する天文学的な利率で借りることがどれほど非合理的であるかについて，学者たちの意見は一致しない。たとえば，「給料日ローンの借り入れの存在は，年百分率が 400 ％であったとしても，差し押さえやその他の問題の危機に瀕する世帯の福祉を増加させる」ことをモースは明らかにしている[47]。

　最後に，合理的で注意深い意思決定を奨励する他の試みの経験は，わずかな結果しか得られないものでさえも大きな努力や創意工夫，そして粘り強さを要求することを示唆している。たとえば，人々が退職後のための資産計画を管理する方法を変えるために設計された教育プログラムは「実績が乏しい」[48]。また，社会的および法的な全面的な取組みがあったとしても，喫煙に反対するキャンペーン（一部は開示義務による）は勝利からほど遠い。

　行動経済学が規制を改善するとしたら，それは不慣れで複雑な問題に関して十分な情報を得て，熟考した意思決定を人々が行うことを目的とする規制に固執することの無益さを教えることによってである。最終章で議論するように，まだ問題があるとしても，情報の重荷を軽くして開示義務を他の規制技術と置き換えることが最善のアプローチであるという教訓を過去の文献は教えている。

第 2 部の結論

　第 1 部では，開示義務は失敗することが多く，疑わしい規制形態であることの証拠を検討した。第 2 部では，失敗の理由を検討した。その理由は非常に深く，開示義務が頻繁に成功することは望めないことが明らかになった。

　開示義務は，より良い決定を行うためにどのような情報を必要とするかという質問に対する答えである，という前提を第 2 部は捨て去った。代わりに，開示義務がどのように開示を受ける者を見ているかについて問うた。要するに，開示義務は人々が自分の人生を生きて自分の選択をする方法に適していないということである。人々は，開示主義が想定するような熱意をもって意思決定を行うことはなく，開示主義が前提とするように十分な情報に基づいた方法で意思決定を行うこともない。むしろ，人々は情報開示を使用せず，情報開示が始まる以前にそれを無効にする傾向がある。これは悪い選択を生み出すことがあるが，それでも人々は開示という贈り物を拒否する正当な理由を持っている。簡単に言えば，割に合わないと彼らは考えている。それは，不快な仕事を引き受け，より楽しい仕事を諦めることを意味している。そして，開示義務が申し出る教育を受ける労力を評価した上で，人々は，多くを蒔いてほとんど刈り取れないことを合理的に恐れている。

　特に，第 5 章はリテラシーのなさによってどのように開示を使うことが難しくなるか，またそれが開示をうまく使えない原因となり得るか，そして開示を一切使わないようにし得るかを示した。リテラシーのなさとは多面的なものである。それには，単語，文，段落が理解できないこと，そして非常に単純な数字でさえも理解できないことが含まれている。各領域に関するリテラシーは，読むことに困難を伴わない人々でさえも打ち負かす。そして各領域に関するリテラシーがある者でさえ，各領域に関する情報開示から利益を得るのに十分に専門化されていない可能性がある。

　第 6 章は開示義務に対するその他の認知的な障害を振り返った。つまり，量に関する問いである。多くの場合，開示は役立つよりも人々を圧倒する。そしてクリス・コンシューマーのたとえ話には重要な教訓があった。つまり，人々は日々情報に悩まされ，そのほとんどに注意を向けることができず，それでも生活を送っている。その結果，意思決定嫌悪は賢明なことであり，無能ではないということである。

　最後に，第 7 章では心理学と行動経済学の文献を概観した。人々が情報をどのように誤解し誤用するかの研究は，開示主義者にとって機能する情報開示への扉を開くものだと考えられている。しかし我々からすれば，その教訓は，

人々がどのように開示を読むかといった，さまざまな予期しない方法を考慮して開示を書くことができる人は誰もいないということである。

　繰り返すが，我々はすべての情報開示が役に立たないと主張しているのでは決してない。しかし，一部の情報開示は一部の人々に何らかの利益をもたらすことはあるが，それらが開示主義者の望む方法で，意思決定を改善するという目標を確実に達成することはできないということを，我々は主張している。第2部では，難解過ぎて解決できない問題を説明した。意思決定嫌悪は人々の生活においてあまりにも理にかなっているので，それを取り除くことはできない。一般の人々を，非現実的なレベルのスキルと理解にまで育てるための巨大な社会的努力なしに，リテラシーのなさの問題を解決することはできない。不慣れで複雑な問題は起こり続けるので，分量の問題を取り除くことはできない。不慣れで複雑な決定への人々の対応を歪めることになる習慣は，彼らの生活場面のほとんどにおいて非常に役立つので，それらの習慣を取り除くことはできない。

　我々は，開示義務のためにその支持者が掲げる反論を論じ切っていない。我々はまだ開示の問題を修正する案を扱っていない（主に開示を簡素化することによる）。どんな欠点があれ，開示のコストは低いため，欠点があるにしても開示を維持することには価値があるという議論をまだ扱っていない。我々はそのような議論へと移ろうと思う。

第**3**部　開示義務を有効に機能させることはできるのか

　第3部は，第1部や第2部で挙げた問題を乗り越え，開示主義を機能させることができるかどうかについて論じる。この話にはいくつかの紆余曲折があるが，救いの女神はシンプル化である。しかし第8章で，シンプル化は，ごく一部でしかみられず，効果も弱いことを明らかにすることになる。一部のシンプル化は，ある複雑なものを別の複雑なものに置き換える。別のシンプル化は，情報の一部を省略したり，歪めたりすることでシンプル化を実現している。第9章は，シンプル化がうまく機能した場合でさえ，規制の政治的なダイナミクスによってたいてい立ち行かなくなるだろうことを示している。その理由は，第1に，開示義務の範囲が広がることで，過重負荷の問題が拡大するからである。第2に，新しい開示が急増することで，蓄積の問題が拡大するからである。開示義務は，規制の難問であり，一つを解決したところで，すぐ別の二つの問題があらわれる。

　第10章は，開示義務の抱える問題をシンプル化によって解決できない別の理由に焦点を当てている。開示義務という規制方法は，開示者に依存しているが，複雑性という根本的な問題があるがゆえに，立法者は開示者にうまく指示を出すことが難しく，開示者は，それを効果的に実行に移すことが難しい。

　開示主義者は，残された唯一の方法で，開示義務を何とか機能させようとするかもしれない。開示義務によるベネフィットが少なかったとしても，そのコストがより小さければ開示義務を課すことは正当化されるだろう。第11章では，開示義務の運用にはコストがかかるだけではなく，予想外の害を引き起こす可能性があることを示そうと思う。

第**8**章 シンプルにすれば良い？

Et surtout, faites simple!（そして何よりシンプルに）
偉大な料理人

はじめに

　開示が複雑性によって損なわれるのであれば，シンプルであれば開示は生かされるのだろうか。開示主義者にとって，シンプルにするということは，開示に対する批判の多くに直接的に対応しているようにみえるので，完全な開示と同じくらい自明のことである。もし単語が多音節なら単一音節にすべきである。書き物に専門用語が多いならそれをなくすべきである。プレゼンテーションの筋が通っていないなら筋を通すべきである。文書が長すぎるのなら短くすべきである。開示の記述が多すぎるなら少なくすべきである。残念ながら，シンプルにするというのは難しい作業であり，すぐにできることではない。そして，シンプルにするということは完全な開示の原則との矛盾を来す。

　言い方を変えると，シンプルにするということは我々が呈示した多くの批判の答えになっているわけではない。見事にシンプルな様式というものは，立法者がそれを明示的に義務づけ，開示者がそれを適切に提供し，そして，その開示を受け取る人がそれを鋭く読み取って利用しなければ失敗に終わる。シンプルにするということは，開示を受けた人が開示を読み飛ばしたりざっとしか見ない理由すべてを消し去るわけではなく，情報の踏まえ方が不十分なまま意思決定を行わせる。これは各領域に関するリテラシー問題を拡大しうる。蓄積の問題を解決することはできない。これはデータにもとづいて意思決定を行うという認知的，心理学的課題の前では，救いがないものである。しかしながら，シンプルにするさまざまな方法が存在することで，開示主義者は開示義務への

期待を高めることになり，特に世知に長けた開示主義者を積極的にする。

シンプルにすることの魅力

　開示主義者は，シンプルにすることの重要性をずっと理解してきた。サンス
ティーンは，開示は「それだけで十分というわけではないかもしれない」，そ
して「開示をするかどうかだけではなく，どのように開示されるか」が重要で
あると書いている[1]。これには多くの立法者が合意する。米国証券取引委員会
は，長過ぎ，複雑過ぎ，紛らわしく，法律的すぎると投資家が感じるような投
資信託目論見書にもこれがあてはまることを認めている[2]。そのため開示主義
者は，よりシンプルな言葉，数字，形式を求める。保険の文書は，その言葉の
理解不可能性でよく知られている。開示主義者は，保険をわかりやすくするた
めに，「これまでよりもシンプルで透明性を目指した制度改革」を求めている
[3]。立法者は，シンプルに書かれた形式を求めることで，強制的にシンプルに
することを要求する。

　開示主義者は，シンプルにすることがどれだけ困難であるかを理解している
だろうか。立法者は，時折こちらを不安にさせるほど自信に満ちた発言をする。
「シンプル記載法」において，議会は軽率にも連邦機関に対して「明確に，簡
潔に，そしてよく練ること」を命じた[4]。ドッド＝フランク法は，開示者が
「金融取引に対して責任ある判断ができるように，必要なときに理解可能な情
報を」消費者に与えるようにと淡々と命じた[5]。人間を対象とした研究を監視
する連邦機関の責任者は，利益相反を開示することは「容易に行える」と軽く
言ってのける[6]。

　多少なりとも経験をつんだ開示主義者は，シンプルにすることは困難である
と知っているが，それでも不可思議なほど自信に満ちている。オバマ政権は，
実証研究に基づいたスマートな開示を積極的に活用していた。サンスティーン
は，「適切にデザインされた開示要求によって，消費者はより情報を踏まえて
意思決定できるようになり，市場の機能は有意に改善される」と述べている[7]。
この素晴らしい理想こそが，「具体的で，正直で，シンプルで，有意味で，時
宜にあって，目につく」要約的開示である[8]。そして，経験を積んだ有識者は，
開示が失敗していることを理解していても「有意味で」「正直で理解可能であ

る」が，それでも「増強された」開示を推奨する[9]。

　シンプルな開示は，義務づけられてきており，時に重要な領域に適用されている。米国証券取引委員会は，新しい要約目論見書である，連邦の新しい住宅ローンに関する開示規定を持っている。新しい米国金融消費者保護局の保護のもと，新しいシンプルな住宅ローンに関する開示規定が作成され，研究所で読みやすさと有効性が検証された後，「借りる前に知る」というスローガンのもとで実施された[10]。連邦法は，クレジットカードについてシンプルな開示を要求している。医療費負担適正化法は，医療保険についてシンプルな開示を求めている。米国教育省は，入学志願者に対する学校の開示をシンプルにしている。規制当局は，ウェブサイトにシンプルなプライバシーポリシーを記載するよう求めている。有識者は，保険開示をシンプルにすることを提案している。

シンプル化の限界

　シンプルにしても，開示義務の問題を乗り越えることはできない。長年にわたる，推奨，要求，試行，再試行を経ても，効果的な開示は見つけられないままである。たとえば，貸付真実法の始まったころから，議会と連邦は，消費者金融の開示をシンプルにしようと努力してきた。その努力は今も続いている。多くの労力と知性が，この問題に費やされてきた。かといって，実証を踏まえた開示も新しいものではない。たとえば，1980年の貸付真実法によるシンプル化の際には，「『情報の過重負荷』の問題に詳しい著名な心理学者の証言」が元にされた。2008年のシンプル化は，連邦取引委員会の社会科学者による新しい形式の多くの実験室での検証をもとになされた[11]。インフォームド・コンセントについては，無数の実証研究が行われてきた。

　要するに，複雑であるということはシンプルではないということであり，容易にそのように作ることはできないということなので，シンプル化は失敗する。言葉をシンプルにするということは，より言葉が多くなり，より文章が長くなる（その結果難しくなる）ことを意味する。情報をよりよく形式化することや，その表示を標準化すること，あるいはそれを要約することは，一般的に，情報を歪める，あるいは，省略することを意味している。情報が適切であることと情報が理解しやすいことが兼ね備えられることはほとんどない。米国財務省は

「合理性には重要な製品コストとリスクの記述における明快さと誘目性だけではなく，リスクとベネフィットの表示におけるバランスが含まれる」と述べる[12]。しかし，バランスを取ることは，一部の開示を受ける人にとって重要な情報が省略されることを意味することになるだろう。そのため，少ないことは良いことかもしれないが，少ないからといって十分とはいえないかもしれない。

　バーらは，「一般的な理解の元で，開示が，典型的な借り手に対して，住宅ローンの主要な条件を効果的に伝えることができるかどうか」を裁判所に決定させることに救済の糸口を求めた[13]。しかし，裁判所はこれで解決するのではなく新たな問題を作り出した。裁判所はインフォームド・コンセントと警告上の欠陥の原理を解釈して，開示をシンプルにするのではなく，その量を増大させた。裁判所は，個別に事案を扱うことで，真実を知らせないでおくことがどれだけ有害であるかをよく理解しているが，開示を追加することのコストについては簡単に理解することができない。

　開示主義者は，他の複雑性，つまり細かな文字で書かれた契約書をシンプルにすることも切望している。一つの解決案は，iTunes のスクロールやカリフォルニアのベッドシーツをシンプルな契約に置き換えることである（たとえば「私は自転車を 120 ドルで買う」[14]）。しかし，契約にあふれる「定型文」[15] がなかったエデンの時代でさえも，契約は，思ったよりもはるかに情報量の多いものであった。実際，これらの村落的契約では，商品（この自転車），価格（120ドル）そして合意（私は買う）が短く述べられている。この文には，「定型文」は不要である。しかし，契約（両当事者が同意した義務）には，契約法や地域の慣習や市場の規範，商品売買を統治する規制など明文化されていないデフォルトの条件があふれている。

　村落的契約には，定型文的な瑕疵担保保証についての文言は含まれていないが，商品の瑕疵についての争いは，ここで言及されていない瑕疵担保保証の複雑な法律によって規制されるであろう（売買法についての著名な解説書は，商品の瑕疵担保保証について 254 ページを割いている[16]）。村落的契約は，契約の不履行については何も述べていないが，この法のデフォルトの救済手段の恩恵を与える。定型文的な救済処置はたいていシンプルである（補修か交換，さもなく

ば返金）のに対し，派生的損害に対する賠償責任は，よく知られているように不明確なので，デフォルトのルールは複雑である（注意散漫に取りつけられたタイヤによって怪我をした場合に売り手に責任はあるか。自転車の納品が遅れたことで配達員が収入を失ったらどうか）。多くの起こりうることが予測されるために，「定型文」はどんどん肥大化していく。村落的契約が一見薄いのは，それらを未解決のままにおき，両当事者を法，規制，先例，規範，そして慣習の迷路に追いやるからである。どちらがよりシンプルだろうか。

　このような問題は，シンプル化に対する開示主義者の信念を断念させるものではなく，この難問を解こうと開示主義者を刺激するだけである。フォンらは，対象を絞った情報開示を提案し，サンスティーンは，実証データに基づくシンプル化を提唱している。エアーズとシュバルツは，新しい「消費者契約を読まない問題に対する対処法」を発見した。それによると，大企業は消費者を調査し，どの条項がもっとも想定外かについて「裏づけをとる」べきである。そのような条項については，標準化された警告の強調表示がなされることになる。過重負荷を避けるために，この警告の強調表示は，いくつかの規定に限られ，その他すべては他の規定の中に紛れることになるだろう[17]。

　エアーズとシュバルツは，契約の条件とは，その商品の意外な特徴ではなく，人々が警告を受けたいと思っていることを知らせるものであると前提を置いている。しかし我々はその前提に疑問を感じる。あなたは，ポケットに入れた鍵がiPhoneのスクリーンを傷つけるであろうことと（意外な特徴），契約上の紛争発生時にはカリフォルニアの裁判所で解決が目指されること（想定外の契約条項）のどちらを知りたいだろうか。この調査が最悪の契約条項を特定できるかどうかについても我々は疑問を持っている。さらには，法や変更条項の選択のようなことを消費者が期待しているということについても我々は疑問を持っている。しかし，確かなことは，シンプル化された警告が機能するために他のすべての開示を取り去らねばならないとエアーズとシュバルツが暗に認めていることである。細かな文字で書かれたそれぞれの条項は，ある取引についての数多くの開示情報（過重負荷の問題），そして他の取引についての開示情報（蓄積の問題）と競合する。これは，ある開示の失敗への対処が，他の多くの開示を消し去るという皮肉な結果となる。

　要するに，選択肢の熟考には多くの要因が影響するので，書式は複雑になる。要因を消すことでシンプル化することができる。しかし要因を消せば消すほど，よりよい意思決定を行うための要素を省略することになりやすくなる。消す要因が少なければ少ないほど，開示を受けた人は理解し，記憶し，操作することに苦戦するにちがいない。これは，立法者と開示者が引っかかっている落とし穴である。

　つまり，シンプルであることは，通常，この完全な情報開示と矛盾する。しかし，開示主義者は，ときにこのことに気づいていないように見える。ホワイトハウス（第3章でみたように）は，「個人情報とセキュリティの取り扱いに関し，消費者は理解しやすくアクセスしやすい情報を得る権利がある」と言っているが，その後，特に記載されるべきことについて複雑なものを呈示している[18]。米国医学研究所は，「合理的な人が情報に基づいた判断を行うのに必要なすべての情報を潜在的な（研究）参加者に与える，明快で，シンプルで，不明瞭な点がなく，急がされない，親切な開示」を求めている[19]。しかし，その開示は「研究参加者が，科学の論理と手続きの性質を完全に理解し，倫理と規制によって自分自身で確認したさまざまな種類のリスクを踏まえ，参加の動機に「偽り」がないことを保証するものでなければならない[20]」。

　あなたが多くのことを必要とするある取引の形式をシンプル化したとしても，それでもシンプル化は幻想である。実証に基づいてシンプル化を規制した住宅ローンの開示は，独創性のあるものだが，住宅ローン業者にとって 30 あるいはせいぜい 50 の情報開示の一つにすぎない。同様に，シンプル化した「貸付真実法の開示の形式は，通常単一の文書として作られたものではない」。むしろ，「重要な情報を含む 1，2 ページを見つけるために，非常に周辺的な多くの情報を含む多くの文書に，目を通さなければならない[21]」。

　もう一つの誤ったシンプル化は，重要であるが分かっていないので開示することができない要因を無視することである。たとえば，第2章で述べたように，住宅ローンを理解していたとしても，あなたは不確実性に悩まされる（住宅市場の景況は向上するだろうか？　利率は下がるだろうか？　すぐに売らなければならなくなるだろうか？　あなたの収入は上がって支出は減るだろうか？）。近年の住宅ローン破綻を招いたサブプライムの借り入れの一部は，経済やクレジット市

場，自分たちの就業状況，そして住宅市場に何が起こるかを誤解した借り手によって引き起こされた。これらの問題をあなたならどのように単純化するだろうか。

　最後に，第9章と第10章で述べるように，シンプル化は，開示の義務づけが制定され，それが施行されることで抑制される。立法の政治的ダイナミズムが義務づけを広め，増大させる。義務づけの実施の実際のダイナミズムは，開示者に少ない情報を提供することではなく，より多くの情報を提供することにインセンティブをもたらす。

　シンプル化は複雑である。我々は3種の検証を行う。第1に，言葉のシンプル化，次に，シンプルで選抜されたデータの提示（たとえば，標準化された形式），第3に，一つの数字で表すといったような情報の極端な縮約である。

言葉のシンプル化

　シンプル化にもっとも正面から取り組む方法は，シンプルな言葉にすることである。よりシンプルに書くことで，第2部で明らかにした多くの問題，特に識字能力の問題に対処することができる。その結果，人々にとって開示は読みやすくなるだろう。シンプルに書くことは，完全な開示とも矛盾しないように思える。つまり情報は失われず，よりアクセスしやすい言葉遣いになるだけである。素朴な開示主義者も世知に長けた開示主義者もこれを称揚し，立法者もこれを必要としている。

　開示主義者たちの言うとおりである。開示を何年も読み続けて，開示がとても膨張しており，開示が（そして我々も）良い編集を求めていることを我々は証言する。彼らは，マーク・トウェインの「余計なものの抑制」ルールを軽蔑する。しかし，良い編集にできることには限りがある。

　第1に，言葉のシンプル化は，単語をシンプルにするだけであってアイデアをシンプルにするものではない。もしある選択肢が複雑であれば，複雑性は維持される。より一般的な言葉に置き換えるだけである。これは良いことであるが，第2部で取り上げた問題の多く，おそらくほとんどは残るだろう。ホワイトとマンスフィールドが述べているように，「デザインと読みやすさの専門家

は，契約や情報開示の形式を改善することができるであろうが，現在の消費者契約の専門用語は非常に複雑なので，契約の書式を読みやすいものにするよう義務づける法は役に立たないかもしれない[22)]」。

　第2に，シンプルな言葉を書くのは難しい。開示者が読みにくく書こうとすることはほとんどない。専門家は，頭を使って誠実に複雑な情報をシンプルに呈示しようと確かに努力してきた。医療における意思決定ガイドの支持者が，そのガイドを人々からアクセスできるものにしようと努力をしてきたのは確かである。資産運用の規制者は，より読みやすい住宅ローンの契約書式を作り出そうと確かに努力してきた。しかし改善はわずかであり，依然として契約書式は高度な読解レベルを要するままである。たとえば，「シンプルにしたミランダ警告は，ミランダ警告の複数の要素を32語に収めたため，逆効果であった[23)]」。シンプルに書くためには，技術を持った書き手になるとともにその主題について理解しなければならない。上手に書くことは困難であり，良い書き手は少なく，知識を持った良い書き手はさらに少ないが，そのサービスに対して文句をつける人はたくさんいる。シンプルな言葉で書く必要性を主張する報告書や，規制，法は，常に退屈で，堅苦しく，明らかに効果がない。もし医者が自分自身を治療できないなら…。

　情報開示の義務づけを救済するシンプルな言葉の第3の問題は，しばしばそれがただ単にある複雑な表現を別の複雑な表現に置き換えるだけになることである。情報開示はしばしば，開示を受ける人が知らない単語を用いる。それを消すことはできるが，それは複雑な概念を要約しただけである。その複雑な概念を使うことができないなら，要約した概念を説明しなければならず，それは多くの文，ときには数段落を要することさえある。そのため，ここにはもう一つの落とし穴がある。すなわち単語が短くなるほど，より多くの単語を要することになる。多くの単語は，人が読むのを断念するほど長く認知的負荷の大きい契約書式を作り出すことになる。

　消費者向け金融商品に関する開示は，この落とし穴の例である。それらは，多くのシンプル化改革の到達点であり，複雑性の低い読みやすい文を用いている。しかし，これらの文と「（他の契約文書の参考文献とともに）貸付真実法の開示形式の複雑さと文章の密度を合わせると，その形式は」，人口の半分以上

が自信を持って理解したと言えないレベルになる。「利息」,「融資額」,「総支払額」,「年百分率」の四つの開示で示された数字を理解するためには，数に関する能力とその領域に関するリテラシーが必要なことは言うまでもない[24]。

　要するに，洗練された言葉遣いや専門用語は，複雑な思考を含意する。シンプルな言葉のみを使い，かつすべてのことが説明されなければならない。施設内治験審査委員会の情報開示制度の設立者であるロバート・レヴァインは，「同意書において長い単語の使用が必要である」と考えた。そのため，「全身性肥満細胞症の誰かにシメチゾンかジソジウム・クロモグリケイトの比較臨床試験へ参加してもらいたいのなら，そのように言わなければならない[25]」。しかし，これをシンプルな単語で伝えることはできるだろうか。ウィキペディアは一般向けに書かれているが，この問題にどのように対処しているだろうか。「肥満細胞症は，個人の身体に肥満細胞（mastocytes）とCD34＋肥満細胞の前駆細胞が過剰に存在することによって小児と成人のどちらにも引き起こされる非常にまれな障害の1種である[26]」。では肥満細胞とは何か。再びウィキペディアによると，「肥満細胞とは，さまざまな組織の常在細胞の一種であり，ヒスタミンとヘパリンが豊富な顆粒を多く含んでいる。それらの役割で最も知られているのはアレルギーとアナフィラキシーであるが，肥満細胞は，身体の保護にも重要な役割を果たしており，傷の治癒と病原体に対する防衛に密接に関係している」[27]。そして「不思議の国」へと続くウサギの穴に潜り込むことになる。

　もしくは一般的な言葉で書かれた契約書を考えてみよう。「はじめに」で述べたeBayの利用者向けの同意書は，数百万の人々にかかわるものである[28]。手元にあるものは，3,500語ほどのものである（この他に3,700語のプライバシーポリシーがある）。多くの条項は理解可能だと思われるが，それらは費用やサービスの概要など人々が既に知っていることを書いている。データに関する方針や著作権などあまり知らない領域については，一般的な言葉で書かれていても難しい。たとえば以下のように書かれている。「eBayサイトにコンテンツを提供，あるいは投稿した際，あなたがそのコンテンツについて持つ，すべてのあらゆる著作権，商標権，パブリシティ権，そしてデータベース権に関する非独占的，全世界的，恒久的，取消不能，かつ著作権使用料不要で，（重畳的に）サ

ブライセンス可能な権利を，未知の媒体も含めたあらゆる媒体に関して譲渡することとします」。この入り組んだ構文において，英語では10の修飾語が，冠詞（a）と名詞「権利」（right）の間に置かれている。それらの10の単語は，「権利」に達して，それが何を修飾しているのか気づくまでほとんど意味をなさない。ほとんどすべての項目は特別な知識を必要とする。たとえば「コンテンツ」「非独占的」「恒久的」「取消不能」「著作権使用料不要」，「重畳的」「サブライセンス可能」，「著作権」「パブリシティ権」「データベース権」「権利」「媒体」は，人々にとっては全く使ったことがないか，契約書が使っている意味として人々が使っていない言葉である。弁護士以外でこの文章を解読できる人に私はいまだ会ったことがない（解読しようとする弁護士にも）。

　要するに，みな良い文章は好きだが，それが容易であれば，世の中にはより多くの良い文章が存在しているであろう。そして，もしより多くの良い文章が存在していたとしても，開示を受ける多くの人を困らせる，背後にある複雑性は残り続けるであろう。

シンプル化したプレゼンテーション

　シンプル化した言葉ではたいして進めないのであれば，シンプル化したプレゼンテーションはどうだろうか。識字能力の問題は，語彙の少なさだけに起因するものではなく，複雑なプレゼンテーションの解釈の問題にも起因する。シンプルにする上で，よりよい形式やフォーマットに多くの期待がかけられる。その一つの方法が，単に情報を省略するというものである。これによって我々は，完全な開示とシンプル化という根本的な緊張関係の元に戻される。そして，第9章と第10章で示すように，規制のダイナミズハは，立法者と開示者を，慎ましやかな情報開示ではなく，完全な情報開示へと向かわせる。

　フォーマットを単純化するもう一つの方法は，それらを標準化し，詳細情報の代わりに一般化したものを用いる方法である。この方法はよく使われるので，さまざまな例を検証することができる。第1に，証券取引委員会は，あるファンドの目的，戦略，リスク，コストと業績に関する基本情報が含まれた要約的な目論見書を推奨してきた。この目論見書は，「ファンドの目的，戦略，リス

ク，コスト，業績」を含むファンドの「主要情報」の要約から始まる。この情報は，「標準化された順序でシンプルな英語で」呈示され，「簡潔に，3，4 ページで収まる[29]」。証券取引委員会は，これによって，「よく理解した上で投資に関する意思決定を行う投資家の能力を高め」，投資家に対する「情報の提供に革命をもたらす」ことができると期待している。

「標準化と簡潔化」がどこでも機能するのであれば，ここでも機能することが期待されるだろう。投資家は，情報開示を理解することに強いインセンティブをもっており，標準的な開示の受け手よりもより良い教育を受けている。そのため，ベシアーズらは，一般的に理解力が高いと考えられる「ハーバード大学の，教員ではない事務職員」を対象にこの要約的目論見書の検証を行った。参加者は，平均的な個人投資家よりも良い教育を受けており，ほぼ全員が学部卒であり，半分以上が大学院卒であった。彼らは非常に世知に長けており，5分の1は公社債投資信託が保有する有価証券が何かを知っていた。これは退職後のための積立制度利用者ではわずか8％しか知らない内容である[30]。これらの比較的世知に長けた人たちがシンプル化の恩恵を受けないのであれば，誰が受けることができるだろうか。

ハーバード職員は，二つのアクティブ運用型の投資信託（一方は債券，一方は普通株）から一つを選び，その研究参加の謝礼は，自身が行った選択の業績によって決まった。しかし，証券取引委員会の要約型目論見書は「参加者の投資の選択を変えることはなかった。この目論見書によって彼らが選択した投資信託のドル加重平均手数料と過去のリターンに，統計的な違いは認められなかった」。この職員たちは「売買手数料を十分踏まえ」なかった。たった一ヶ月の投資を行ったときでさえ，売買手数料が最安値の投資信託よりも平均200ベーシスポイント（2％）高い投資信託を選択していた（運用実績が奇跡的に，最安値の投資信託よりも24％良かった場合にこの選択は合理的となる）[31]。より悪いことに，シンプル化された目論見書を与えられた職員らは，（その状況では賢明ではない）過去のリターンにより注意を向けていた。しかし，少なくとも，彼らが新しい目論見書を読むのにかける時間は少なかった。

我々の二つ目の標準化されたフォーマットの例は，消費者金融保護局が住宅ローンの情報開示を改善するために，汗と専門的知識を絞ったものである。住

宅ローン危機とその後の行動学的研究は，3 ページの申請用紙と 5 ページの開示用紙の開発に繋がった。実験室での検証では，人々は，この情報を用いることでわずかな改善を示した。しかし，箇条書きはシンプル化の逆方向であるように思われるのに，人々は，ローンのコストを文中にひとまとめに記述するのではなく，箇条書きにした方がよりその判断を改善しているように見えた。そして，対象者は「上位の階層の箇条書きは，開示の重要性も高いというしるしである」と明らかに考えていた[32]。

　第 3 に，医療費負担適正化法は，シンプルにした「ベネフィットと保証範囲の要約」の開示を要求している。政府は，一つのフォーマットを開発し（現在は年に一度の自由申込期間に使用されている），消費者グループがその検証を行った。目標は，食品の栄養に関する表示のように，医療保険を標準的な情報によって比較可能にすることである。検証の対象者は，シンプルにされたフォーマットを「役立つ」と考えたが，「特定のサービスやよくある状況における自己負担額の推定」を試みた際には，その形式は思ったほど役に立たないと感じられた。対象者の「大部分」は，この検証において問題を感じ，彼らは保険給付割合，年間当初自己負担額，給付ごとの支払い上限額，年間の支払い上限額といった概念が理解できないために「ほぼ全員が混乱した」。「たとえば，彼らは，保証範囲を示す表で言及されている『スクリーニング』（健康診断のような検査）と『診断検査』がどのように違うかも明確に答えられなかった」。これらすべては，「参加者に不満を持たせるだけではなく，本人にとっては実際には最適とはいえないプランへの選択を導く可能性がある」[33]。

　シンプル化の推進者やこの研究の研究者は，この形式は「参加者の混乱を和らげるのに十分ではない」ので，もっと強化すべきだと考えた。たとえば一部の記述は，「具体性と，具体的な数字を示した例がないので」手助けにならなかったのかもしれない。この著者は，「数字を示した例を加える」「用語を説明する」「用語を加える」「標準的な医療の事例と結びつける」「説明を強化する」といった言葉を用いてより詳細にすることを含めてアドバイスを行っている。彼らの言葉として次に出てくるのは，「詳細情報は曖昧さなく説明すべき」というものである[34]。そのため，シンプル化の失敗を解決するのは複雑性ということになる。変わろうとすればするほどその場に留まる（Plus ca change）。

　第4に，保険証書は，標準化された形式で明瞭であることが確かに求められる。「一冊の本を読むようなものだ」と，自身の証書を読まなかった自動車販売業者は不平を漏らしている。連邦取引委員会の議長は，（保険と貯蓄を組み合わせた）終身保険契約に関し，「多くの人によって多額のお金を使って購入された我々の経済における製品のなかで，実際の価値や比較した上での価値についてこれほど理解されずに購入されたものはない」と述べている。ここでも，開示主義者は「比較的シンプルで透明性を高める改革」を求め，「保険を理解可能にする」ことが実験室で検証された，シンプルな言葉を求めている[35]。しかし，近年の試みを検証すると，現実には期待できないほど高度な知識と集中力を必要とする長い文章が散見される。

点数化

　シンプル化の極みは，複雑なものを一つのデータ（一つの数字，評点，順位，あるいは少なくとも指標）へと縮減することである。我々はこのような要約を点数化とよぶ。点数化は理想郷ではない。点数化は義務づけられていないのが一般的である。そのあるものは評価者によって与えられる。Zagat はレストランを点数化し，AAA はホテルを点数化し，U. S. News は大学を格づけする。多くのビジネスは，顧客に商品の点数を付けることを求める。Netflix と Amazon の評点は，他の形式での評価を上手に補っている。しかし，複雑な開示の代わりに点数化を義務づけることにどのような有用性があるだろうか。

年百分率（APR）の例

　点数化における花形は，年百分率である。消費者信用法の中心である年百分率は，開示を受ける人がローンのコストを比較するのを手助けする。10,000 ドルのローンについて以下の三つの選択肢を考えてみよう。

　　・選択肢1：毎年2,000 ドル払い，10年で合計20,000 ドル払う。
　　・選択肢2：5年後にまとめて20,000 ドルを一括で払う。
　　・選択肢3：100 ヶ月間200 ドルずつ払い，合計20,000 ドル払う。

　どれが最も安いだろうか。素人目には，違いがないように見える。同じ金額を借りて（10,000ドル），同じ金額を返している（20,000ドル）。しかし，異なる方法で支払うので，コストは異なる（直観とはずれる）。このローンをシンプルにすると，年百分率は，借り入れのコストを正確に示しており，それぞれ，18.2%，14.9%，23.7%である。第2章の借り入れの例で見たように，コストは，利率と同様に手数料によっても影響を受けうるが，年百分率は，これらの多くを含み込むことができる。

　年百分率は，一部の重要な情報を見事にシンプルにするが，限界があり，すべてのクレジットのコストと義務を含み込むことができない場合がある。たとえば，年百分率が，第3者のコストや細々した費用（資産鑑定費用，利用状況報告費用，権原保証費用，そして期限前返済のペナルティ）を除外している場合，これが選択を歪める。そのため，年百分率をより包括的にするための提案がなされるのが一般的である[36]。しかし，貸付け実務は変化し，たとえば，貸し手は含まれていない費用を考案して年百分率を引き下げるので，この義務づけはすぐに現実に対応できなくなる。

　年百分率には他の問題もある。第1に，住宅ローンのコストは様々であり，常に予測可能というわけではない。費用のリストは長く，すべては網羅されていない。そして，期限前返済のペナルティを年百分率へ組み込むには，市場のさまざまな状況に対して前払いする借り手の行動傾向に関する情報を必要とする。さらに，利率と手数料は常に前もって知ることができるとは限らず，特にそれが明らかなのが変動金利の住宅ローンである。また，それに加えて，ローンのコストはその訴求力にも影響する。先に紹介したシンプルな事例においても，借り手はもっとも割安のローンを選択しないことがある。その人たちは，毎月の分割払いの方を一括払いよりも好み，毎月の支払額の低い方を，年利率の低いものよりも好む。そして，借り手は，低い年百分率で契約するためにはそれが何点であるのか見定めなければならず，意思決定に慣れていない借り手は，しばしばお金を失う。

　最後に，年百分率は，これまで論じてきた多くのリテラシーの問題に打ち克つことはできない。多くの研究は，人々が年百分率を誤解し，利率と混同し，

他の情報を好むことを示している。中には，高い年百分率と低い年百分率のどちらが好ましいのかさえ分からない人がいる[37]。

前払いデビットカードの例

　年百分率は，ある商品のコストを要約した得点である。その計算は，なじみのある物差し，すなわちお金によってシンプルにされている。では，複雑な値段は常に点数化できるのだろうか？　コストが見えにくい他の金融商品（前払いのデビットカード）を考えてみよう。このカードを持つと，銀行口座を持っていなくても，ATM から現金を手に入れたり，現金なしに店で商品を購入したりすることができる。しかし，申込手数料や利用開始手数料，ATM 費用，残高照会費用，カード利用手数料，カード不使用手数料，保全手数料，入金手数料，交代手数料，引出超過手数料，カスタマーサービス通話手数料といった様々な手数料があるので，このカードのコストはわかりにくい[38]。Walmartのマネーカードは，最も安価で親しみやすく設計されたプリペイドカードであり，毎月3ドル，ATM の利用に2ドルを要する。この手数料は，利用者が思っているよりも87％高いということを示す研究もある[39]。

　フロリダの法務長官は，開示主義的な反応を示した。すなわち，開示されていない費用は「要するに窃盗であり」[40]，すべての費用を明確につまびらかにしないカードの発行者に対して罰則を設けた。では，その費用は，世知に長けていない人でも理解できるくらいシンプルにすることはできるのだろうか。たとえば，その預け金のうちどれくらいが手数料として取られるか，消費者は，説明を受けることができるのだろうか。

　年百分率における問題の一つである個別化に再び戻ろう。手数料の総額はどの手数料を利用者側が負うのかに依存する。その手数料は多くあり，また多様である。これは利用者に対しても言えることである。

　同様に，小切手口座のコストを一つの点数で表現することは，借り越し超過防止サービスの価値を数値化することを意味し，それは，各利用者がどれくらいそれを利用するかによって異なる。要するに，複雑な商品を単一の点数で表そうとすればするほど，開示を受ける個人にとってその点数の正確性は低くなる。そのため，この点数は，特定の母集団に関する情報によって補足される必

要がある。そして，その点数が取り込む予測不可能な要因が増えれば増えるほ
ど，その点数は不正確になり，補足的な情報がより重要になる。

点数化，個別化と一般化

　利用者の多様性や，点数に組み込んでいる要因の予測不能性によって，点数
化の効果が弱まるのであれば，一般化するのはどうだろうか。たとえば，市場
データを調べて，一般的に発生する手数料に重みづけるアルゴリズムを用いて，
前払いのデビッドカードの費用の計算をすることはどうだろうか。あるいは，
一般的にはこの幅で収まるというように表現することはどうだろう。新しい住
宅ローンの開示は，様々な利率を扱わなければならない。その解決策は，支払
い幅を表明することである（残念なことに幅は非常に大きい）。

　重みづけられた平均と幅で示す方法は，不確定な状況において，価格や特徴
（機能）をさまざまに組み合わせて購入したり使用したりできる商品に対して
点数化する方法である。しかし，その一般化は，多くの開示を受ける人にとっ
ては，あまりに曖昧すぎで，かつ不正確である。ここで，我々の古き友人たる
スマート開示が登場してくる[41]。サンスティーンは，このスマート開示につ
いて「標準化された，機械によって読み取ることのできる形式で，複雑な情報
とデータを，消費者が情報に基づいて決定できるような形でタイムリーに提供
するもの」であると説明している[42]。点数化における個別化と予測不能性の
問題の解決にこれはどのように役立つのだろうか。取引きは，商品についてだ
けではなく，消費者がそれをどのように使うかについても物語るかもしれな
い[43]。ソフトウェアは点数やその他の要約的情報を提供する。プリンターを
購入するとき，人々は，トナーカートリッジに使うことになるであろう費用の
予測も含めて，総コストについて説明を受けるだろう。クレジットカードを選
択するとき，人々は，（遅延損害金や利息も含めて）生じる可能性の高いすべて
のコストについて説明を受けるだろう。

　スマート開示への希望はさらに高まり，個別化された開示の時代へと進んで
いる。データの山を用いてコンピュータで行動の予測につながるパターンを見
出すことで，開示を個人ごとに仕立てることができるかもしれない。買い物客
が商品をスキャンすると，自分にとって重要な開示情報のみが表示されるよう

になるかもしれない。聴覚に障害のある人がアパートを探しているなら，「隣に住んでいる喧しいロックバンドのドラマー」について警告されないだろうが，「雑音に敏感な借り主」は警告されることになるだろう。あるいは，「妊娠中の女性には（彼女たちに必要な）警告を目立たせて示されるだろう」。70 代の男性は，高齢者が聞くべき，迫り来る問題についてだけ説明されるだろう[44]。開示を個別化することで，無関係な開示を減らし，関係するものが見つけやすくなるだろう。

　このような装置はおそらく，携帯電話やクレジットカード，プリンターといった一部の商品の選択の手助けになるであろう。おそらくはこの装置が，過重負荷や蓄積の問題を緩和するだろう。しかし，重要なものも含むほとんどの開示が，この技術によって大きな利益を得るということには疑念を抱かずにおれない。スマート開示のアルゴリズムのために有用なデータを生成するに十分な頻度で行われるような決定は，その人がその人自身の経験によって十分対応できる決定である。人とソフトウェア両方にとって問題となるのは，住宅ローンや手術への同意といった，それほど頻度は高くないが重大な決定である。その上，どれくらいの借り手が，開示をスキャンし，クレジットのコストを比較するアプリをインストールした iPad を片手に質屋にいくだろうか。そして，訪れたウェブサイトの個々のプライバシーポリシーを，たとえ個別化された文章であっても，誰が読みたいと思うだろうか。総コストの開示の魅力は，追及する価値のあるクリエイティブな洞察に基づくものである。しかし，現代の複雑性の大部分は，わずかな数字や言葉に縮約することができない。

お金にならない選択の点数化

　これまで，数字，特に価格を要約する点数について主に述べてきた。しかし，質的情報に点数を割り当てることは，これよりはるかに難しい。プライバシーポリシーや医療的処置，高齢者福祉施設，権原保証書，利益相反，契約上の定型文，ミランダ警告を確実に点数化する方法はほとんどない。プライバシーポリシーを考えてみよう。医療保険の携行性と責任に関する法律は，患者が，どの情報を保持し，どのようにそれらの情報を保護し，どのように使い，誰と共有し，どのようにある種の使用を禁じ，どのように入手し，どのようにその変

更を要求するかについて説明を受けることを要求している。我々は点数が使われていない領域に持ち込むことを検討している。つまり医療に持ち込んだ場合，病院の質についての点数化は既に試みられているが（第11章で論じる），多くの要素からなる質は，そのほとんどが測定，解釈，重みづけが難しい。そのため，多くの下位得点が，さまざまな治療や，質の様々な側面（死亡率，再入院率，感染率，安全性，満足度，滞在期間，スタッフの配置）に対して与えられている。医療的処置の選択肢を数的に評価するための努力もまたなされてきているが，患者が直面する意思決定を手助けするには不確実で複雑すぎるものとなっている。

　質を点数化することにおける他の問題として，アメリカの一部の市では，レストランの入り口に衛生状態の評価を掲げることが求められている。ある影響力を持った研究は，これによってロサンゼルスで食品にかかわる入院が20%減少したと推計した。これは驚異的ではあるが，起こりうることである。ゴキブリが這い回り，ハエが繁殖し，サルモネラ菌が広がっている場所で食事をしたいと思う人がいるだろうか。しかし（第10章で報告するように）後のより徹底した調査によると，これらのとてもシンプルな点数は疾患を減少させることはなく，顧客に誤って理解されていた。顧客が重視する要因は，非常にさまざまで主観的であり，気まぐれであったので，悲しいかな，点数の持つ意味はわずかであった。

食品ラベルの例

　1990年の栄養表示教育法は，多くの食品についての基本的な事実を見つけやすくするために標準的な表示を義務づけている。また，レストランは栄養情報を表示しなければならなくなってきている。これらはいろいろな方法でシンプル化を義務づけている。食品パッケージにおける表示は標準化され，必要な要素が選ばれている。レストランは，たいていカロリー摂取量のみを開示する必要がある。

　栄養表示は，開示義務の最も簡単な検証例かもしれない。開示の義務づけは，たいてい不慣れで複雑な意思決定に対して向けられる。我々の日々の食事の選

択のように。人々は，食品ラベルの使い方を学ぶのに，多くの機会と長い年月を使う。学びは，食習慣の変化を促す社会的キャンペーンによって下支えされる。この食品ラベルは，このシリアルを買うべきかあのサンドイッチを注文すべきかといった，比較的シンプルな意思決定に向けられている。ビッグマックを注文するという決定は，経験に大いに基づいており，たった一つのデータ（たいていカロリー）によって改善されうるだろう。多くの人は，賢く食べて体重を落としたいと思うので，食品ラベルを読みたいと思うかもしれない。

　人々に食品ラベルを使いたいか，好ましいか，何か学べるかを尋ねたなら，多くの人は「はい」と答えるだろう。多くの人はこれによって食品についての知識を深め，購入を考えると証言する。栄養表示は，これが義務づけられたためになされたものか，あるいはパッケージで栄養に関する表示を増やすために自発的になされたものか，あるいは宣伝のためのものかを知ることはできないにも関わらず，栄養表示への注意はますます増加するかもしれない。レストランの開示に関する研究は，選択にいくらかの改善があることを報告し，カロリーが表示されるレストランでは，客は摂取カロリーを減らすことを示す研究結果もある。たとえば，Starbucksが，カロリーの表示をはじめた後，カロリー摂取は6%減少した（飲料ではなく，食事の選択に慎重になったため）[45]。他の研究では，もう少し大きな効果を示しているものもある。

　しかし，食品ラベルについてさえその効果に懐疑的になる理由がある。ある有名な研究は，人々が，ほとんどそれらを参照も理解もしようとしておらず使ってもいないこと，脂質のような単一項目さえも見ていないことを見出している。多くのカテゴリーについて，人々はその値が大きいのか小さいのかを判断することができなかった[46]。103の研究についてレビューしたものは，人々は食品ラベルが示している内容の一部を捉えてはいるが，「食品ラベルはわかりにくい，特に，専門的，数的情報の一部の使い方が分かりにくい」と考えていたことを明らかにした[47]。食品ラベルは，読み書きが得意で数字に強い人によって使用されるのがベストである（そのため食品ラベルマニアの著者の同僚は，一般の人以上に食品ラベルから多くの利益を得ているという）[48]。参加者をランダムに割り当てた一部の実験は，たとえ参加者がメニューの中での食品ラベルに気づいたとしても，注文したり，摂取するカロリーを減らしたりすることはな

いと報告している[49]。また他の研究は，カロリー表示は，低所得者に影響することはないが，一部の人には負の影響を与えるかもしれないと報告している[50]。

この調査のあいまいさは，義務づけが社会的な傾向と一致していることによって高められている。食生活のパターンを変化させること，特に低脂肪の食品の摂取を増やし，高脂肪の食品の摂取を減らすことは，義務づけられた開示と自発的な宣伝がただ同時進行している結果なのかもしれない。いずれにしても，食品ラベルは人々に影響を与えるかもしれないが，全体としての食事にはほぼ影響を与えない。人々は，一つの高脂肪食品（たとえば肉）を食べる量は減らすが，他の食品（たとえば乳製品）をより多く摂取するかもしれない[51]。あるいは，カロリー表示のあるメニューではより少なく注文するが，後でより多く食べているかもしれない。食事の摂取量は減ってもおやつの摂取量は増えるかもしれない。何世代にもわたって，平均的なアメリカ人の「食べる機会」は，一日当たり，3.5回から5回へと増え，カロリーは400キロカロリー増えている[52]。多くの食品表示法は一世代前に制定されたものなので，これは成功を意味するものであるとは言えない。

食品ラベルが選択に影響しうるということを我々は深刻に受け取る。しかし，たとえ食品ラベルが選択に影響するとしても，その成功が食品ラベルをダメにしてしまうのではないだろうか。次の章で見るように，成功はしばしば，立法者を義務の拡大へと駆り立てる。栄養のデータ，原材料，カロリー表示は現在一般的である。原産国の表示は，有機食品，アレルギー物質，トランス脂肪酸，安全取り扱いの情報とともに最近義務づけられた。義務づけ案には，窒息に関する情報，遺伝子組み換え，フェアトレード，カフェイン含有量など多くがある。これらの表示に加えて，ラベル，商標，健康強調表示など，製造業者は食品パッケージに散りばめている。これは複雑化と失敗へとつながる，開示がよく通る道である。

結　論

その効果がかすかであるにもかかわらず誰もがシンプルであることを求めて

いる時，法がそれを求めている時，専門家がそれを求めている時，我々は成功を求めるのをやめ，失敗の説明を始めるべきである。シンプルさの失敗は，複雑で不慣れな問題に関して開示が義務づけられていることに端を発する。それに馴染みのない人々に，複雑なものを，シンプルに伝えることはほとんどできない。救いの手（deus ex machina）はないのである。

第9章　情報開示の政治学

私は規制よりも情報開示を望む。

ロバート・F・エリオット

ハウスホールド・ファイナンス社・社長

　第1部と第2部では，開示義務がその目標を達成できないことを分析した。第3部では，それを回復できるかどうかについて論じている。第8章では，シンプルにすることは，この問題の解決にはならないことを示した。この章では，シンプル化が達成されたとしても，抑制困難な義務の膨張によってそれは往々にして無効化されてしまうだろうということを論じる。この膨張は二つの形でおこる。第1に，これまでよりも多くの社会問題を，開示義務によって規制するためである。第2に，一度義務づけられると，開示は，その問題のより多くの側面について，より細部にわたってなされるように拡大する傾向がある。そのため，立法の政治学を検討することで，シンプル化がなぜ失敗するのかは説明されるだろう。開示の失敗への対処法は，さらに開示を徹底することではない（これは過重負荷の問題を拡大する）。開示が成功した場合に，開示は拡充され（再び過重負荷の問題が拡大する），新しい領域にまで拡張される（蓄積の問題が拡大する）。

　義務づけがそんなに信頼できないものであるなら，なぜ立法者の多くはそれらを繰り返し義務づけ，拡張しようとするのだろうか。進化のメタファを使うなら，我々は，あらゆる環境で増殖する規制テクニックという手に余る種をもっている。しかし，その種に属する者は　自身の目的を達成することはほとんどない。この不適応な種はどのように生き残ることができるのだろうか。

　開示義務は，それを作り出して生きながらえさせるいくつかの力によって推し進められている。情報は確かに決定を向上させるといった，開示が妥当にみえることは決定的に重要である。この妥当にみえることは，問題を枠づけるト

ラブルの物語によって強化され，そして歪められもする。さらに開示義務は，その大部分が反証可能性をもたない。失敗が認識されたところで，それは，実施における運用の失敗に帰属され，方法の誤りには帰属されない。決定的に重要なもう一つの要素は，（いくらそれが幻想であろうとも）開示義務はベネフィットだけで，コストがかからないという直感である。この方法の直接的なコストは政府によって支払われることはないが，他の形式の規制には，政府の資金が使われる。開示の（直接的・間接的）コストは，他者によって担われ，立法者には見えにくく，遠くて，その存在が疑わしいことのように見える。立法者は一つずつ問題に対処するので，蓄積の問題を見過ごし，開示空間を野放しにする。最終的に，開示義務は（他の選択肢に比べて）妥当にみえる選択肢になる。議会は，開示に関する法律を必要以上に通過させる。その理由の一部には，開示が全体的な政治空間を満足させるからである。そのため，不適切な開示が義務づけられ，適切な開示が病的に拡大するということが起こる。

開示義務の効果の自明性

　開示義務というものは，ながらく明確なものであった。「情報は多い方がいい」という呪文は格言の一種だと思われ，完全な開示はそれに沿うものである。人間の本質はホモ・アービター（決定する人）であるという見方は，政策形成においてはよく落ち着くところである。開示の自明性は，不慣れで複雑な決定をする人々に，彼らが必要とするもの，すなわち情報を提供する。適切な情報を得た人はよりよい決定をするに違いないというのは自明なのである。

　これは，100年前から明白なことであった。『人民の法』の著者であり，後の最高裁の裁判官であるルイス・ブランダイスは1914年に，「現在では，もっとも単純な売買においても完全な開示が必要であると認識されている」と述べている。連邦法は，質や価格を保証していなかったが，「法は，売買対象の開示を命じることで，買い手がその質の判断を行う」のを助けていた。ブランダイスは，投資家が「自身を守るためだけではなく，銀行家の報酬が公正で合理的なものに自動的に調整される」という理由で，「一定の手数料や利益が支払われる投資家に対しても完全な開示」を求めていた[1]。

　開示義務は，無謬の神である。過ちが起こったとしてもそれは，調整され，拡張され，修正され，シンプル化され，厳格化され，強調され，移行され，反復され，補足されるべきであることを意味するに過ぎない。このパターンは今や馴染みのあるものである。明らかな失敗に対する最初の反応は，義務づけられた開示の範囲が狭すぎたというものである。しかし，完全開示は，過重負荷の問題を引き起こし，シンプル化の呼びかけを引き起こす。失敗が続くようであれば，他の戦略が試される。たとえば，人々に読む時間を与えるためにより早い開示を義務づける，人々の動きに合わせて開示が届くようにリアルタイムでの開示を義務づける，新しい開示様式をデザインする，多くの情報を点数に変換する，申請手続きを簡便化するために様々な開示様式を統合する，一つにまとまっている開示形式を分けて，それぞれが目を引きやすくする，シンプルな言葉で書くように要求する，テクノロジーを使う，などである。

　開示義務が反証不能であることは，開示は不合理で有害な借金から借り主を守るという，立法者の揺るぎない主張によって裏づけられる。貸付真実法とその関連法がサブプライム住宅ローンの暴落から借り手を保護できなかったということについては合意が得られているにも関わらず，開示はいまだ賢者の石である。財務長官ガイトナーは開示を「人々により多くの情報を与えるために我々が持っているもっとも強力なツールの一つであり，借入方，クレジットカードの使用方法，貯蓄方法に関してよりよい選択ができる」と評した[2]。消費者金融保護局の長官は，「ハイブリッド変動金利型住宅ローンに関する新しい開示を発行する」ことを計画している[3]。

格言が具体化する：トラブルの物語

　開示義務のように直感的に明確なものは，一般的に，あるシステムの問題を明らかに示す個人的不運のような「トラブルの物語」の文脈においては，ますます顕著になる。抵当権の執行によってホームレスになった家族，手術中に亡くなった患者，患者を実験台にする医者，食中毒になった子ども，トラクターで怪我をした農場主といったようにである。トラブルの物語は，共通の問題（無知）と共通の解決策（情報）を示していると思われる。

　トラブルの物語は，いくつかの大まかなカテゴリーに分けられる。それは語り，スキャンダル，危機である。語られたトラブルの物語は，リーハイ大学の寮の部屋の中で起きた，ジェーン・クレリーに対する暴行殺人事件に代表される。クレリーの両親は「大学のキャンパスで起こった暴力が広く浸透した問題であるのを発見し，キャンパスを安全にするために自分たちの余生を捧げた」。これは，クレリー法の成立と「アメリカで初めての，高等教育機関による犯罪統計の定期的な発表と，現在と未来の学生及び職員のためのセキュリティポリシーの発表の着手」に繋がった[4]。

　スキャンダルのトラブルの物語は，公衆衛生局によるタスキギーにおける調査を例に挙げることができる。ここでは，梅毒にかかっていたアフリカ系アメリカ人の患者が研究の対象になったが，治療薬の投与が可能になった後でさえも治療の対象にはされなかった。タスキギーは，人を対象にした研究について現在は詳細な開示を義務づけた大学と病院の委員会（施設内治験審査委員会）を主に正当化しつづけるトラブルの物語である。

　危機のトラブルの物語は，消費者金融によって大発生した不幸によって明らかに例示される。老夫婦であるメアリー・ランソンとアール・ランソンは，医療費の支払いのために自分たちの家のローンの借り換えを行った。老夫婦は契約項目や，ローン費用の見積もり，鑑定費用，エスクロー[5]に混乱し，安い貸付けであれば37,000ドルの節約になったにも関わらず，19%の住宅ローンで契約をしてしまった。これに対して議会はどうかというと，「我々議会は，シンプルでわかりやすい開示を提供することで，ランソン夫妻をはじめすべてのアメリカ人に配慮しなければならない」と反応した[6]。

　トラブルの物語は（トラブル同様に），絶え間なく流れる。トラブルの物語は，何かを至急でしなければならないようにすることで部分的に，開示の義務づけに立法者を駆り立てる。「我々の政治システムは，現実，そして想定される新しい苦難に非常に鋭敏である。メディアは，死と災難の物語を生き甲斐とする。つまり，仲間を増やして反対勢力を打ち負かそうとするロビー活動団体は，それらを誇張するさまざまなインセンティブを持つ」[7]。このような「大惨事は，おそらく新しい規制のもっとも重要な契機である」。我々の「メディア重視」世界における議会は，「個人の不法行為を，社会レベルでの解決を必要とする

社会問題へと変換する」8)。裁判所さえトラブルの物語に揺さぶられる。事件によっては，大衆と同様の怒りを裁判官も喚起し，行動を起こすことが望ましいと感じることもあるだろう。

　トラブルの物語は，開示義務を正当化する傾向にもある。その物語の中では，ある関係性において弱い立場の側が，不幸をもたらす決定をする。強い立場の側は，弱い立場の側がおそらく持っていなかった情報を持っていた。弱い立場の側がそれをもっていて，適切に使っていれば，不幸は避けられたであろう。証明終わり（Q.E.D.）。

　トラブルの物語に基づいて法を作ることは有害である。トラブルの物語は，後知恵の歪んだレンズを通して見た事例である。良い政策とは，社会問題の理解に基づいてなされるものである。過去の事例は，社会問題への理解を十分に提供するほどの代表性を有していない。代表性を評価するためには，そのカテゴリー内にいくつの意思決定があり，そのどれくらい多くが悪い結果をもたらしたかについて知る必要がある。わずかな数であるならば，規制の費用対効果が高くなることはほとんどないだろう。トラブルの物語は，分母ではなく分子について語るものであるのだ。

　トラブルの物語が真実であり，代表性のあるものだったとしても，悪い判断は情報不足によって引き起こされたのであろうか。情報を提供することで決定が改善したのであろうか。後から考えてみればそうであったかのように見えるかもしれない。巨大暴風雨サンディがあなたの家を押し流すことを知っていたなら，あなたは保険を購入していただろう。しかし，ホームズが「多くの人は量的にではなく，ドラマチックに物事を考える」と言ったように，分析的な問いが，トラブルの物語に投げかけられることはほとんどない。

　我々の一般化をより具体的にするために，ここで，立法者の開示義務制定に繋がった「トルーマンとトーマス」9)のトラブルの物語を取り上げよう。トーマス医師はトルーマン夫人の主治医であった。トーマス医師は彼女に，子宮頸部細胞診をするようすすめたが，それをしないことのリスクについては明示的に話したことはなかった。彼女は，子宮頸癌で亡くなった。専門家は，彼女が検査を受けていれば「子宮頸部の腫瘍が見つかって彼女はおそらく死なずに済んだであろう」と証言した。インフォームド・コンセントは，医師に，治療の

リスクについて説明することは要求していたが，（その後一般的に考えられるように）それを行わないことの結果については要求していなかった。

　トルーマン夫人は，検査を受けないという決定を行った。もし違う決定をしていたら，彼女は生きながらえたかもしれない。彼女の医師は，検査を受けないという選択のリスクが死であるとは明示的には言わなかった。このトラブルの物語を受けて，カリフォルニアの最高裁は，患者は「その行いが望ましくない結果をもたらす可能性を十分理解するようになる」ように，トルーマン夫人のような人に説明する際の医師の義務の範囲を拡張した。裁判所は，下級裁判所の判事が言ったように「この事件で亡くなった女性が，6ドルとわずかな不快感で，子宮頸癌の存在を発見して死なずに済んだかもしれないと知ったとしたら，彼女は検査を受けただろうことを疑うことができるだろうか。検査を受けなかった主たる理由は，医師の推奨の意味を十分理解していなかったことにある」と明らかに考えていた。

　このトラブルの物語は，開示の拡大を正当化するだろうか。どれくらい多くの女性が子宮頸部細胞診を受けるようアドバイスされるだろうか（分母）[10]。どれくらいが断るだろうか（分子）。裁判所の判断が，この物語の結末を知っていることによってどれくらい歪められただろうか。実際，トーマス医師は，トルーマン夫人に子宮頸部細胞診やその他の検査を受け入れてもらうために積極的な努力をしていた。彼女が上部呼吸器感染で医師のもとを訪れた時，彼は子宮頸部細胞診を打診した。「しかし，トルーマン夫人は，気が進まないと言った」。医師は，「骨盤と子宮頸部の細胞診を受けなければ」経口避妊薬の処方を取りやめると複数回警告した。彼女は検査を受けることを約束したが，先延ばしし続けていた。彼は支払いを猶予すると提案もした。彼女はそれでも固辞した。トーマス医師は，トルーマン夫人の治療の説得に失敗した唯一の医師だったわけではない。彼女が最終的に泌尿器科を訪れた際，その医師も危ない状況であると説明し，婦人科に行くようにと言ったが，彼女はそうしなかった。泌尿器科医はその後彼女に3回会っているが，彼女は彼を避けた。最終的に，泌尿器科医自身が，トルーマン夫人のために，彼女の疾患を診断することになった婦人科医を予約した。

　後から考えれば，シンプルな警告（「死ぬかもしれません」）は，他のものを

見劣りさせるくらい価値があるように思える。しかし，それによってどのような違いが生み出せるだろうか。トーマス医師は，トルーマン夫人に本当にその情報を伝えられていなかったのだろうか？　他の方法では彼女の気持ちを変えることができなかったときに，子宮頸部細胞診が彼女の命を救う可能性を（事前印刷した形式で）正確に伝えれば，彼女の気持ちを変えることができただろうか。そして，検診の統計を開示するよう義務づけることは，治療に抵抗を示す患者に対する医師の対応を規制する上で最善の方法なのだろうか。患者が用心深く振る舞うようにさせるものなのだろうか。

　トルーマンとトーマスのトラブルの物語において，裁判所は，情報の価値に対して素朴な考えを持ち，自身の後知恵バイアスを理解することに失敗した。しかし，分子と分母の問題を理解する世知に長けた立法者であったとしても，失敗しうる。たとえば，連邦取引委員会は，実際の経験を得るのに十分長く（7年）勤めた専門職員と委員を備えている。この連邦取引委員会は「欺瞞的な」そして「不公正な」取引を規制しており，乗り物や化粧品，工具のような製品に対して警告する権利をもっている。有名な裁定として[11]，インターナショナル・ハーベスター社がトラクター使用者に与えた警告と指示についての検証を行ったものがある。熱いエンジンのタンクのキャップを取り外すことは，中身の噴出，燃焼している熱い燃料の爆発を引き起こすことがある。初期のモデルでは，この会社はこのことを警告しておらず，複数の人が大怪我を負った。後に，この会社は，操作者用マニュアルに警告を加えたが，その時にも噴出についての完全な説明は行われなかった。この会社はこの問題を「欺瞞的」あるいは「不公正」に説明しないでいたのだろうか。そして，より多くの開示があれば正当化されたであろうか。

　委員会は，この会社が噴出リスクについて説明していなかったことは欺瞞的なことではないと判断した（強い反対意見があった）。噴出は極めてまれであり，それで怪我をすることも，さらにまれだったからである。非常に熱い燃料のキャップを外した操作者の大けがというトラブルの物語を連邦取引委員会は知っていた。連邦取引委員会は，警告は怪我を防いだかもしれないと（楽観的に）考えた。連邦取引委員会は分母も見ていた。130万台のトラクターが，40年間で数百万回運転されたが，噴出によって深刻な怪我をした事例はわずか12件

であった（この中には 1 件の死亡事故を含む）。

　連邦取引委員会は分母の問題を理解していた。トラクターは，深刻ではあるが頻度は低い事故をさまざまな方法で起こす。すべてのリスクについて警告すると，操作者は，警告文に圧倒されることになる。連邦取引委員会は，人々は，「ヒューマンエラーの幅全体と同じくらいさまざまな点について誤解するかもしれず，これらすべての点についての正しい情報を要求するのは現実的でもないし，非常にコストの高いものにもなるだろう」と認識した。消費者は，多くの間違いを犯すかもしれない。売り手は，ある消費者がどこで誤りを犯すのかを知ることはできないので，すべての人に完全な開示を提供しなければならないことになる。「たとえば，ある人がトラクターに乗っている間に怪我をする方法は多数あり，事前にそれらすべては明らかではなく，さらに，疑ってかかるならこれらすべてを積極的に開示することが必要となる」。

　そのため，「情報は多い方が良い」という呪文と後知恵による歪曲にもかかわらず，連邦取引委員会は分母を計算し，リスクの比率を理解し，マニュアルにおいて被害の存在を開示しないことは欺瞞には当たらないとした。しかし，連邦取引委員会はこれで終わらなかった。開示しなかったことは欺瞞ではないが，連邦取引委員会が言うには，これは不公正である。連邦取引委員会は 11 人の被害者の火傷，苦痛，外観の後遺症を記述した。同情は分別に勝った。過重負荷の問題は姿を消し「購入者たる一般の人は，ハーベスター社の非開示によって，今後巻き込まれ得る人身事故を相殺するのに十分なだけの利益を得ていない」とされたのだ。そのため，分母の問題と害が起こるのが非常にわずかな可能性（1% の 1,000 分の 1 以下であっても）であることに気づいた世知に長けた立法者でさえ，そしてそのような開示がいかに非効率であるかを述べた後でさえ，開示を義務づける。

　要するに，トラブルの物語は，開示が時に義務づけられる理由だけではなく，時に失敗する理由を説明する。これらの物語は，思慮が足りないときでも行動するような圧力を生み出し，うまく行動することよりも早く行動することへの圧力を生み出す。これらの物語は，これまで開示がうまく機能していないときでさえ，開示はよく機能すると立法者に想像させる。これらは社会問題ではなく，同情を引く被害者に注意を向ける。そして，トラブルの物語はあらゆる規

制を誘発しうるのであるが，それらは立法者を開示の方向へと歪めるのである。

格言と予算

　開示義務に効果があるというのは，格言のようなものであり，トラブルの物語がその格言に命を吹き込む。しかし開示義務は他の誘惑も含んでいる。それは，国家予算が傷つかないということだ。政府にとって，これは非常に安価である。最小限の予算，対応官庁，監視で済ますことができ，おそらく規制を書いたり解釈したりする最小限の機関だけでよい。政府は，開示を書いたり，配布したり，使用する際に常にお金を払うわけではない。物語に出てくる悪党，つまり情報を出し渋る強い立場の側が払うことになるだろう。貸付真実法は，連邦準備銀行に，ときおり法を明確にすることだけを要求しており，解釈したり実施したりする普段の負担は，貸付者の方が負っている。その運用さえ大部分が民間にゆだねられている。

　これと対照的に，その他の規制の選択肢は，政府の負担となる場合がある。たとえば，消費者金融規制において，政府は，市場の失敗を修復し，消費者を保護するための道具だてを用意している。政府は，貸付へのアクセスを改善し，高金利の取り締まりを強化し，差別を抑止し，不正な取り立てを罰し，貸付データと個人情報を規制し，貸付者を許可証で管理し，住宅ローンの条件を規制することができる。政府は財政措置を講じることで利率に影響を与えることもできる。しかし，これらの方法は，開始し，運用するのに多額の資金を要し，手痛い失敗をすることもある。要するに，開示義務は常に安価であり，その他の方法はたいてい割高なのである。

　開示義務の財政的な魅力は，ジェーン・クレリーのキャンパスでの暴行致死のトラブルの物語に対する立法者の反応からもうかがい知ることができる。立法者はキャンパスの安全が他のどれよりも大きな問題であるかどうかについて最初に尋ねるべきであった。もしそうであれば，学校に対してキャンパスをより安全にするように要求または援助することができただろう。しかし，これは政府の支出につながる可能性もあった。警察が雇われ，刑務所が作られ，安全基準が定められて施行され，助成金が提供されることになったかもしれない。

しかし立法者は，このトラブルの物語を，キャンパスの安全性の問題としては扱わず，通勤通学を含めどの学校に通うかの選択の問題，つまり開示によって解決される情報の問題として取り扱った。小さな連邦機関が，安全報告に関する 200 ページにもわたる説明書のハンドブックを配った。法令順守のコストは一定程度（典型的な開示は 1 万語以上で，多くの情報を管理することが求められる），学校に課されたが，政府の負担は微々たるものであった。

格言と可能性の技術

　政治学は，可能性の技術である。開示義務は，他のほとんどの選択肢よりも可能性がある。時にその妥当らしさゆえに，ある問題に対して立法者が最初に考える案になる。そして，それがもっとも抵抗の少ない道筋になる。誰が反対できるだろうか。たいてい，それは頓挫の結果であり，よりよい規制を実施しようとして失敗した結果なのである。

　開示が政治的に魅力的なのは，一部には立法者が，そのベネフィットや負担についてほとんど評価しないからでもある。議会は，患者自己決定法（人々に今まで以上に医療に関する方向づけを決定させることを意図した開示に関する法）を，この法が解決しようとしている問題についての最低限の議論だけで通過させた[12]。最初にインフォームド・コンセントの義務を定めた裁判所は，患者が医療的意思決定を行いたいと思っているのか，医師は提供することができるのか，そして患者は開示を理解できるのか，患者は開示があることでより良い決定ができるのか，ここで義務づけられたものは理解可能な形で言語化できるのか，そしてどのインフォームド・コンセントにコストがかかるかといったそれぞれの問いに対して厄介な答えが想定されるという経験的な根拠があるにもかかわらず，ほとんどそれらについて質問しなかった。

　開示義務が政治的に成功するもう一つの理由についてはすでに説明した。これは誰にとっても不快ではなく，一般的な二つの基本的な政治的イデオロギーの両方にアピールする。つまり，自由市場の原則，自由放任主義，規制撤廃にアピールする一方で，自律性の原則，消費者保護，人のエンパワーメントにもアピールするものである。また，開示主義は，倫理的にも高い地位を占める

（そのため，利益相反の開示は「治療関係の信託的性質の基礎要件の一つ」である）[13]。開示は汚職を防ぐ場合があり，そのため，ブランダイスは「太陽の光は，最善の殺菌方法だと言われている」と宣言している。開示は，「企業体の言論に対して市民や株主が適切な方法で反応することを可能にするものなので」[14]，選挙資金規制の一部である。開示は，社会を形成するために人々に知識の使用を許可することで，「市民のエンパワーメント」を作り出す。そのアピールの普遍性は，サンスティーンやセイラーのリバタリアン的パターナリズムによってうまく要約されている。リバタリアンは開示義務を好むであろう。なぜならそれは，選択を妨げないからだ。人はビッグマックを食べることもできるし，巨額の住宅ローンを組むこともできる。開示は人々を望ましい方向に水路づけするので，パターナリストは開示を好むだろう。立法者は，ビッグマックを頭蓋骨で包むように命じることもできるし，年百分率を緑色のビックリマークで囲まれた大きなフォントの大文字で書くように命じることもできる。サンスティーンとセイラーは，リバタリアン的パターナリズムを「2大政党双方にとって有力な基盤」であり，それは「右でも左でもなく，民主党でも共和党でもないもの」であると記している[15]。

　開示義務のアピールの普遍性は，たくさんの開示に関する法律が存在することから示されるというだけではなく，その法が施行されることに関する票差によっても示される。貸付真実法は，上院を92対0，下院を382対4で通過した。これは貸付真実法がすでに制定されていた州での人気に続くものであった（イリノイ州でこの法は56対1で通過した）。公正包装表示法は，上院を72対9で，下院を300対8で通過した。クレリー法は，「反対なしで」下院を通過した。不動産決済手続き法（貸付真実法に対する1974年の重要な補足であり，基本となる住宅ローンの開示に関する法律）は，両院を全会一致で通過した。製品の瑕疵担保について標準的な開示を明確な言葉で行うことを求めるマグナソン＝モス瑕疵担保開示法は，下院を381対1で切り抜けた。（カード利用者を保護するためにシンプルな開示を求める）2009年のクレジットカード法は，90対5，357対70でそれぞれを通過した。このような例は枚挙にいとまがない。

　開示義務は，医療制度改革にも影響を及ぼす。2010年の患者擁護および医療費負担適正化法は論争を巻き起こした。しかし，研究やコンサルティングの

ために製薬会社が医師に支払った額の開示が義務づけられたことで平安がもたらされた。両陣営は，医師を選択するために患者により多くの情報をもたらす法案について，「白日の下にさらす」もので，説明責任を高めるものだと賛同した[16]。

　これが通常というわけではない。法案は異議を唱えられるものである。消費者保護でさえ，せいぜい味方からの多くの賛同を得ることしかできない。2010年のドッド＝フランク・ウォール街改革・消費者保護法も（金融消費者保護局を創設し，悪質な貸付業務を禁じる枠組みを定めた）一方の政党の支持によって通過したにすぎない（223 対 202 と 59 対 39）。（開示だけではなく，資金を配分したり不適正な業務を発見するために政府が使用する報告を得ることを目的とした）住宅抵当貸付に関する情報開示法は 45 対 37 と 177 対 147 で通過した。実業界はその利益のために，規制にときおり抵抗を示すが，この章のエピグラフのある貸付者のように，「私は規制よりも情報開示を望む。あなたが私に開示してほしいと望むすべてを，提供することができるだろう」[17] と気楽に言う。ウィリスが観察したように，2003 年に国会議員たちは貸付規制を検討した。住宅購入者を悪質な貸付者から守り，給料日ローンの価格の上限を定める法案は小委員会に行くことはなかったが，3ヶ月未満で金融リテラシーおよび教育委員会が設立された[18]。

　同様の動きは議会の外でも起こっている。ソフトウェアのラインセンスとダウンロードに関する改革における戦いを例に取ってみよう。利用者は，ソフトウェアを購入した後でしか読めない規約に基づいて購入する。1990 年代以来，国会議員は，ソフトウェアの利用者の権利を拡大する法案を提案してきた。しかし，ロビー活動団体がそれを弱めたり，法案が成立しなかったりした。最終的に，「ソフトウェア契約に関する法の原理」を発表したアメリカ法律協会の戦略は成功したが，開示が増えただけであった。つまり，細かな文字の契約書が取引の前に開示されていれば，契約は，ライセンス使用者の権利を思いのままに制限することができた。アメリカ法律協会はおそらくもっと踏み込んだことをしたいと思っていたが，強い反対に遭い，落としどころに落ち着き，つまり「経済的効率性」，「公正な」価格，「共有」，「自律性」，「善悪」という標準的な開示の慣習に基づくことになった[19]。

開示の広がり

　開示義務に関して言えば，成功ほど失敗するものはない。開示の中には当初は機能しているように見えるものもある。しかし立法者は，開示対象のデータを増やし，そのデータに対してより徹底した説明を求めることで，この義務づけの範囲を有用な範囲を超えて拡大する傾向がある。義務づけが縮小されることはほとんどなく，それはたいてい拡大する。第2章では，カリフォルニアの5,400語のベッドシーツを紹介した。1961年には，それはたった740語だった（図3参照）。

　開示の広がりから50年がたつと，四つだった開示の枠組みは16にまで膨らんだ。2個の署名が8個になった。フォントは4種から22種になった。価格を説明する場所は11から60に膨れ上がった。

　この広がりのより体系的な描写は，人を対象にした研究に関する規制に見ることができる。規制者（施設内治験審査委員会）は，参加する可能性のある人すべてに配られるあらゆる同意書の細かな文言の評価を行う。学術研究，政府機関，上級の委員会は書式が長くなることを否定しているが，何十年もの施設内治験審査委員会の実務において，書式は年々長くなってきた。ある研究によれば，書式は，10年ごとに平均1.5ページの割合でおよそ直線的に増加を続けている。1970年代において，平均的な同意書は1ページ以下であり，しばしばたったの1，2段落であったが，1990年代中盤において，それは4.5ページになった。他の研究によると，同意書の平均の長さは，7年間で倍近くになったという。開示の動きの普遍性は，オーストラリアのデータによって確かめられている。このデータによると，書式の長さの中央値は5年間で7ページから11ページになったという[20]。

　なぜ広がるのか。開示が成功しているように見えると，立法者は，さらに別のところでこれが採用されることを望む。開示が失敗しているなら，社会問題は維持され，トラブルの物語が再び起こり，この義務づけの圧力が高まる。開示義務は無謬であり，開示を進めることは合理的なことのように見える。そのため開示は，より多くの言語，項目，詳細情報，頻度にますます広がっていく。

図 3　膨れ上がった「ベッドシーツ」

新しい問題や新しい事故は，新しい開示や古いものを新しく仕立てることを誘発する。

　すべてが対称な世界で，問題がなくなり，環境が改善し，けが人が減っていっているのであれば，立法者は義務づけを廃止していくことになるだろう。しかし，社会問題とトラブルの物語は注意を引きつけるが，これらがないことについては，何が注意を引きつけてくれるだろうか。ある問題は規制するには頻度も少なすぎ，問題としても大きくないといえる証拠とは何だろうか。どの利益集団が義務づけの廃止を要請するだろうか。より増やすことへの圧力は緊急性が高く，政治的にも強く，もっともらしい。より減らすことへの圧力はほとんどない。分子となる 12 件のガソリン噴出事故は，トラブルの物語を喚起した。分母となるこのような事故を起こさなかった 1,299,988 台のトラクターは消えていった。新しい燃料キャップが，分子をゼロに減らした場合であっても，連邦取引委員会は，義務づけを取り消すだろうか。どんな時でも（いつでも）怪我をする人はいるのだ。

　結局，開示を義務づける限り，その立法者に政治的問題が起こるリスクはわずかである。しかし，義務を削減したり，失効させたりした立法者は，もっと開示があったなら利益を得られたかもしれないと後知恵で考える消費者（議会が住宅ローン危機の後にまさに行ったように）の保護をなぜはずしたのかを説明しなければならない。時代遅れの義務づけを廃止しようとする立法者をだれがねぎらうだろうか，そして，そうしようとしない立法者をだれが罰するだろう

か。

立法者の集団行動問題

　立法者は，集団行動の問題を抱えている。立法者が一致して義務づけを抑制するのであれば，だれもが利益を享受するかもしれないが，立法の構造はそれを防ぐ。これは一般大衆のコモンズすなわち人々の関心を損なう。それぞれの新しい開示は，このコモンズのリソースをほんの少し多く消費し，他の開示の効果を減少させる。言い換えれば，蓄積の問題は，立法者のジレンマである。

　すべての住宅ローンの開示が，多数の規制者ではなく，ある一人の規制者によって義務づけられているのであれば，その規制者は，その開示に優先順位をつけることができるだろう。しかし，アメリカの法は，連邦，州，そして地方政府に分かれており，さらに議会，監督官庁，裁判所に分かれている。消費者金融は，金融，個人情報，不動産，税，安全性，保健に関する複数の機関によって規制されている。監督機関が重なるということは，ある立法者が立法は不必要であり，望ましくなく，安全性が低いと考えたとしても，別の立法者に立法させる可能性を含む。たとえば，米国食品医薬品局は，薬品ラベルの表示内容を承認しなければならないが，米国食品医薬品局が承認したラベルであっても，州の裁判所の陪審員が不十分だと判断した場合には，製薬会社が傷害の責任を負うことになる[21]。

　立法者は，専門立法委員会や，監督機関，特定の事件の審問を行う裁判所においてトラブルの物語を聞き，少しずつ社会問題に直面する。蓄積の問題に焦点を当てるものはなく，それを取り上げることで政治的に魅力的になることも，（たいてい）法的に重要になることもない。そして，蓄積の問題が学術研究において認知されたとしても，立法者が学術研究に同意したとしても，さらには，立法者が開示の森の伐採をしたいと思ったとしても，それを効果的に行おうとする何のインセンティブも機会も存在しない。

　まとめると，どんなに開示主義者や立法者がシンプル化に傾倒したとしても，開示義務の動きはそれを押しとどめる。その理由は，立法の構造とプロセスに埋め込まれており，新しい義務づけは承認され，古い義務づけは，それが成功

していようと失敗していようと拡大される。このような運命に直面すると，シンプル化が広がるのはまれである。開示を受ける人の役に立たなかったとしても，開示義務は，立法者にとっては役立つ種であり，それは，天敵のいない種なのである。その進化的な立ち位置は盤石であると思われる。

第**10**章　開示を作る

> この種の利益相反を開示するという選択肢はどうだろ
> う。これは容易に実現することができる。たとえば，研
> 究が成功すれば数百万ドルの価値をもつ株を研究者自身
> が所有することになるという一段落を同意書に加えるの
> にそれほど手間はかからないだろう。
>
> 　　　　　　　ジェリー・マニコフ（研究参加者保護局局長）
> 　　　　　　　　　　　　　　　　　『医者は何を言わなかったか』

　第3部では，開示義務が，第1部で見たような失敗の証拠や，第2部で見た
ような失敗の理由を防ぐことができるかどうかについて議論してきた。第8章
は，その副次的メリットがなんであれ，複雑なものはシンプルではなく，うま
くシンプルにすることもほとんどの場合できないので，シンプル化をしても開
示義務を規制方法として救い出すことはできないと結論づけた。第9章では，
立法者によってなされたシンプル化が，新しい義務づけを生み出し，古い義務
づけを拡張していることを見てきた。

　第2部は，開示を受ける側に関する問題を主に論じ，第8章と第9章では，
シンプル化がその問題の緩和に繋がるかについて論じた。しかし，開示の質は，
どのように開示が作られるかに依存するので，我々はここでその手続きを検討
しようと思う。立法者は，開示を受ける人が必要とする情報がどのようなもの
かをおそらく知っているはずである。開示者にそれを提供するように言うこと
はどれくらい難しいだろうか。開示者は，おそらく情報をもっており，自由に
それを使えるだろうと想定される。それを必要とする人にそれを渡すことはど
れくらい難しいだろうか。

　第9章は，何を開示すべきかを決定するという立法者の問題を描き出した。
開示者は，立法者の命令を解釈し，それを実現しなければならない。この過程
のたいてい判断が難しい場面において，念のためというインセンティブによっ

て過剰に開示がなされることになる。なぜなら，開示が少なすぎると，規制者の怒りを買うかもしれず，また開示を受ける人からの訴訟を招くかもしれないからである。「企業には，警告が不十分という理由で不法行為責任の罰を招くおそれがある。しかし，警告が過剰でも，何のペナルティも科されない[1]」（シンプル化の破綻へのさらなる一歩）。

　各章において，我々は，開示義務の欠陥は，立法者，開示者，開示を受ける者の失敗に主にあるわけではなく，この規制装置の性質にあることを見てきた。有用な形式へと複雑性を低減することの問題は，各段階で現われる。本章では，開示者はデータをごまかしたり，隠したりする理由はあるが，その主要な問題は，その複雑性のために，明確な指示を書くのは立法者にとって難しく，それを理解して従うのは開示者にとって難しい，ということを検討する。

　開示者のもっとも基本的な課題は，その義務がどのようなことを求めているかを確定することである（この開示には何が含まれるべきなのか）。もう一つの課題は，データを組み合わせることである。そのデータは常に手元にあるわけではなく，それらを集めるにはコストもかかるし，難しい判断もしなければならない。さらに，開示者は，この情報をどのように呈示するかを常に決めなければならず，これは我々がすでに見てきたように，落とし穴だらけのプロセスである。判断が複雑である時，情報を収集し，処理し，伝える開示者の能力には，実際に持っている以上のものが望まれることがある。

　最終的に，開示者は，義務に抵抗し，開示を操ることに対するインセンティブと都合のよい言い訳ができる。開示義務の命令には従いたいが，その趣旨については軽視している開示者としては，多くのとりうる選択肢がある。第 5 章で述べたリテラシーのレベルを高く設定することもできるし，第 6 章で述べた過重負荷の問題を悪用して，開示を受ける人を情報で溺れさせることもできる。第 7 章のバイアスとヒューリスティックを悪用することもできる。

開示者から見た世界

　あなたは，ヒューストンにあるホリーストーン大学の学長である。あなたの大学も，資金難で苦しみ，学生獲得競争を繰り広げ，支出の抑制と戦っている

大多数の大学の一つである。さまざまな理由で，あなたは（自分自身はもちろん）教職員と学生の安全を望んでいる。理事会もそうであるが，理事会は安全性を開示の問題として扱っている。クレリー法（第9章を思い出してほしい）によって，あなた（そして6,600の他の大学）は，3年間の犯罪統計，方針についての説明，犯罪抑止についての説明，そして性犯罪者の取り扱い手続きを含めた年次報告を発行することが求められている。そして，報告された犯罪数を記録し続け，安全を脅かす犯罪に関して警告をしなければならない。米国教育省が言うには，これは「高等教育の消費者としての学生とその家族に，正確で完全で時宜にかなったキャンパスの安全に関する情報を提供し，彼らが情報に基づいた決定をすることができるようにするものである[2]」。

　教育省は脅すように警告している。「クレリー法に従うことは，ウェブサイトに統計を入力したり，1年に1回便覧を発行するというだけの問題ではない。これに従うということは，方針についてよく説明し，すべての必要なところから情報を収集し，それを適切なカテゴリに分類し，情報を広め，最終的に記録するシステム全体を指す。学長以下，多くの人がこれにかかわる必要がある[3]」。教育省は，『キャンパスにおける安全と安心に関する報告書』の改正について300ページを超える指示書をあなたに送ってきた。聞いたところ，より資産に余裕のある学校では，これらの毎年のように変わる指示書を解釈するために職員を専従させているが，それでも「犯罪の分類にはいつも苦労している」そうである。さもありなん。犯罪統計は，収集し，分類し，分析するのが難しいことで悪名が高いのだから。教育省の指示書はあなたを混乱させるものである。加重暴行は被害者ごとに数えられるが，強盗は事件ごとにカウントされる。それに，報告義務のあるキャンパス犯罪とは何か。キャンパス内で行われたが大学とは関係のない人に損害をもたらした犯罪はどうなのか。学校から7マイル離れたところで学生に対して行われた犯罪はどうなのか。ある専門家は「報告すべき内容を教えてくれと，大学から週に5，6回かかってくる電話」に対処している。彼女は「彼らが犯罪を数え上げていく途中でいつも間違いを見つけてしまう」ので，完全に指示書に準拠したキャンパスを見たことはないという[4]。

　クレリー法に従うために割かれる資源を，あなたのキャンパスを安全にする

ために費やすことはできない。そして，あなたはこの法のインセンティブが道理に合わないことに気づく。より治安維持を行い，学生たちに犯罪を報告するように促せば促すほど，あなたの報告する統計が悪く見えるだろう。ではどのように教育省の指示に対応すれば良いだろうか。

　専門家は，多くの機関が「警察署向けに売られている『クレリーの申立て』というソフトウェアプログラムで出てきた数字を単に写して，その報告を送っているだけ」であり，「一部の大学は，その数字を操作しているのでは」と明らかに疑っている[5]。複雑な説明は，長く，専門的な開示を引き起こす（ミシガン大学の報告は，比較的安全なアナーバー校についてのもので40ページになる[6]）。いずれにせよ，これらの報告書は誰も読まないし，特に，受験を検討して実際に意思決定をする学生が読むことはないと自信を持って言えるだろう。もし読んだとしても，そこから何が読み取れるだろうか。読んだ人は，犯罪がどのように通報され，記録されるのかを知らないし，開示は総犯罪数（犯罪率ではなく）を含む報告であるので，読者に伝えるものがほとんどない（再びしつこく出てくる母数の問題である）。そして，大学ごとに指示書の解釈が異なれば，ミシガンのクレリー法に関する報告書から抜粋した表が示すように，報告を大学の安全を比較するために使うことはできない（図4参照）。

ルールに従う

　義務づけは，開示者が開示を受ける人にどのように情報を伝えるべきかを指示する。立法者は，明白な区分線のルールから裁量基準までの連続体のいずれかに義務を位置づける。明確な区分線のルールでは，義務は開示者が明らかにすべきことを明示するのに対し，反対の裁量基準では，ガイドラインが開示者の一般的な目標を示す。この連続体の両端は功罪両方を含む。大雑把に言えば，明確な区分線のルールは立法者による支配を増し，統一感を増し，事後裁定が少なくて済むのに対し，裁量基準は，どんな状況が起こり，それにどのように対処すべきか（たいてい裁判所が微調整することになる）を予測することに対する立法者の不安を和らげる。開示者にとって，連続体のうち，明確な区分線のルールに近い義務は，（数が多すぎたり複雑すぎたりしなければ）より明確ではあ

2011

Offense	On-Campus Property			Non-Campus Property			Public Property			On-Campus Residence Halls[†]		
	Reported to UM DPS	Reported to Other Police	Reported to Non-Police	Reported to UM DPS	Reported to Other Police^	Reported to Non-Police	Reported to UM DPS	Reported to Other Police^	Reported to Non-Police	Reported to UM DPS	Reported to Other Police	Reported to Non-Police
Murder/Non-negligent Manslaughter	0	0	0	0	0	0	0	0	0	0	0	0
Negligent Manslaughter	0	0	0	0	0	0	0	0	0	0	0	0
Forcible Rape	1	0	5	0	0	2	0	2	0	1	0	4
Forcible Sodomy	2	0	0	0	0	0	0	0	0	1	0	0
Sexual Assault With An Object	1	0	0	0	0	0	0	0	0	1	0	0
Forcible Fondling	4	0	1	0	2	1	0	0	0	1	0	1
Incest	0	0	0	0	0	0	0	0	0	0	0	0
Statutory Rape	0	0	0	0	0	0	0	0	0	0	0	0
Robbery	4	0	0	0	0	0	5	5	0	0	0	0
Aggravated Assault	6	0	2	0	5	0	10	7	0	0	0	2
Arson	4	0	0	0	1	0	0	0	0	1	0	2
Burglary	25	0	12	1	22	0	0	0	0	14	0	12
Motor Vehicle Theft	12	0	0	0	2	0	1	1	0	0	0	0
Liquor Law Arrest/Citations	314	0	N/A	0	0	N/A	44	0	N/A	193	0	N/A
Liquor Law Violations Referred for Disciplinary Action	0	N/A	855	0	N/A	2	0	N/A	0	0	N/A	854
Drug Law Arrests	102	0	N/A	0	0	N/A	17	7	N/A	9	0	N/A
Drug Law Violations Referred for Disciplinary Action	0	N/A	202	0	N/A	0	0	N/A	0	0	N/A	199
Weapon Law Arrests	3	0	N/A	0	0	N/A	1	0	N/A	0	0	N/A
Weapon Law Violations Referred for Disciplinary Action	0	N/A	6	0	N/A	0	0	N/A	0	0	N/A	6

2010

Offense	On-Campus Property			Non-Campus Property			Public Property			On-Campus Residence Halls[†]		
	Reported to UM DPS	Reported to Other Police	Reported to Non-Police	Reported to UM DPS	Reported to Other Police^	Reported to Non-Police	Reported to UM DPS	Reported to Other Police^	Reported to Non-Police	Reported to UM DPS	Reported to Other Police	Reported to Non-Police
Murder/Non-negligent Manslaughter	0	0	0	0	0	0	0	0	0	0	0	0
Negligent Manslaughter	0	0	0	0	0	0	0	0	0	0	0	0
Forcible Rape	2	0	0	0	1	3	0	1	0	1	0	0
Forcible Sodomy	2	0	0	0	0	0	0	0	0	2	0	0
Sexual Assault With An Object	3	0	0	0	0	0	0	0	0	1	0	0
Forcible Fondling	8	0	1	0	1	1	0	1	0	0	0	0
Incest	0	0	0	0	0	0	0	0	0	0	0	0
Statutory Rape	0	0	0	0	0	0	0	0	0	0	0	0
Robbery	7	0	0	0	0	0	0	6	0	0	0	0
Aggravated Assault	10	0	0	0	0	0	1	0	0	2	0	0
Arson	1	0	0	0	4	0	0	0	0	1	0	0
Burglary	27	0	0	2	25	0	0	0	0	15	0	0
Motor Vehicle Theft	10	0	0	3	1	0	0	12	0	0	0	0
Liquor Law Arrest/Citations	391	0	N/A	0	15	N/A	5	38	N/A	224	0	N/A
Liquor Law Violations Referred for Disciplinary Action	0	N/A	483	0	N/A	0	0	N/A	2	0	N/A	479
Drug Law Arrests	116	1	N/A	0	0	N/A	0	4	N/A	19	0	N/A
Drug Law Violations Referred for Disciplinary Action	0	N/A	208	0	N/A	0	0	N/A	0	0	N/A	206
Weapon Law Arrests	2	0	N/A	0	0	N/A	0	0	N/A	0	0	N/A
Weapon Law Violations Referred for Disciplinary Action	0	N/A	1	0	N/A	0	0	N/A	0	0	N/A	1

2009

Offense	On-Campus Property			Non-Campus Property			Public Property			On-Campus Residence Halls[†]		
	Reported to UM DPS	Reported to Other Police	Reported to Non-Police	Reported to UM DPS	Reported to Other Police	Reported to Non-Police	Reported to UM DPS	Reported to Other Police	Reported to Non-Police	Reported to UM DPS	Reported to Other Police	Reported to Non-Police
Murder/Non-negligent Manslaughter	0	0	0	0	0	0	0	0	0	0	0	0
Negligent Manslaughter	0	0	0	0	0	0	0	0	0	0	0	0
Forcible Rape	1	0	4	0	0	6	0	0	0	1	0	4
Forcible Sodomy	0	0	0	0	0	0	0	0	0	0	0	0
Sexual Assault With An Object	1	0	0	0	0	0	0	0	0	1	0	0
Forcible Fondling	5	0	0	0	0	0	0	0	0	1	0	0
Incest	0	0	0	0	0	0	0	0	0	0	0	0
Statutory Rape	0	0	0	0	0	0	0	0	0	0	0	0
Robbery	1	0	0	0	0	0	0	5	0	0	0	0
Aggravated Assault	9	0	1	0	1	0	0	8	1	4	0	1
Arson	10	0	0	0	1	0	1	2	0	4	0	0
Burglary	13	0	2	1	24	0	0	0	0	5	0	2
Motor Vehicle Theft	5	0	0	2	7	0	0	5	0	0	0	0
Liquor Law Arrest/Citations	324	0	N/A	0	6	N/A	0	35	N/A	156	0	N/A
Liquor Law Violations Referred for Disciplinary Action	0	N/A	655	0	N/A	0	0	N/A	0	0	N/A	655
Drug Law Arrests	54	0	N/A	0	2	N/A	0	8	N/A	9	0	N/A
Drug Law Violations Referred for Disciplinary Action	0	N/A	77	0	N/A	0	0	N/A	0	0	N/A	77
Weapon Law Arrests	1	0	N/A	0	0	N/A	0	0	N/A	0	0	N/A
Weapon Law Violations Referred for Disciplinary Action	0	N/A	1	0	N/A	0	0	N/A	0	0	N/A	1

† Residential Facilities: These statistics are included in the On-Campus statistics; they include only incidents which occurred in residence halls and Northwood Community Apartments.
^ Other Police reports: the 2011 statistics are from Ann Arbor Police reports. Other law enforcement agencies contacted for other Non-Campus properties included:
- Southfield Town Center, 3000 Town Center, Southfield, MI – 2 motor vehicle thefts
- Biological Station, 9133 Biological Rd, Pellston, MI – 0 crimes
- Camp Davis, 13405 S Bryan Flat Rd, Jackson, WY – 0 crimes
- CS Osborn Preserve, Sugar Island, Sault Ste. Marie, MI – 0 crimes
- Detroit Center, Woodward Ave, Detroit, MI – no report

図4　クレリー法報告書

るが，厳格である。裁量基準に近い義務は，開示者に自由が与えられているが，
義務づけられた内容の伝え方に不確かさを感じる。

　一見するとルールは魅力的である。なぜならルールは開示者に，何が求めら
れているのかを示すので，何をすべきか，何が避けられないかを開示者は知る
ことができる。しかし，ルールの明確さは幻想である可能性がある。クレリー
法は，起こりうるその一例を示した。この法では，ほとんど意味のない開示を
求めているように見える細かいルールを開示者が解釈しなければならない。こ
れは，珍しいことではない。複雑な社会問題はきわめて多くのルールとその修
正を発生させるので，たちまち混乱が巻き起こる。たとえば，貸付真実法とそ
の施行規則は，開始当初から矛盾があることが明らかになった。それは数えき
れない決定によって徐々に解釈された（公式・非公式合わせて 1,500 以上の解釈
が連邦準備制度理事会から出された）が，ますます開示者を煙に巻くものだった。
批評家は，法令遵守は「極めて難しく，おそらく不可能だ」と考えた[7]。賢明
な貸金業者は従わなかった。連邦準備制度理事会自身が作成した貸付業者向け
パンフレットも，これに従っていなかった。多くの貸金業者は，連邦準備制度
理事会のレギュレーション Z が，まじめな人にも高い知性を持った人にも読
み解くには難しすぎる難問であると気づいた[8]。シンプル化させる法令が制定
された後でさえ，貸付真実法は，裁判所が手がかりとし，開示者が従わなけれ
ばならない恐るべき量の「公式見解」を持っていた。加えて，貸付真実法は，
この領域の唯一の義務づけであったが，他の法がより多くの要件を付け加えた。

　ルールが本当にシンプルだったらどうだろうか。その一例が，これまでの章
で描いてきた，レストランは衛生状態の評価結果を掲出しなければならないと
いう要件である。市が検査をして評価結果を発行しているので，開示者は義務
を解釈する必要はない。「非常に効果的な規制枠組み」として[9]，食に関する
入院を 20% 減らすと考えられており[10]，この制度は引き合いに出されて，他
でも模倣されてきた。我々も一度はこれを，開示者にとっての明らかな成功だ
と考えた[11]。しかし，ダニエル・ホーが，最近，この評価制度を使っている 2
つの大都市（サンディエゴとニューヨーク）においてレストランの評価を詳しく
調べたところ，この評価制度は明確に健康に利益をもたらしているというわけ
ではなく，検査資源の配分を歪め，食事をする人の行動を誤らせていることを

明らかにした[12]。

このとてもシンプルなルールの一つの問題は，開示者（レストラン）は，再検査してもらうようすぐに要請することができたため，評価のインフレが進んでしまったことである。この評価得点の低かったニューヨークのレストランは，再検査を要請（そして掃除）することができ，その間は悪い評価結果を掲示する必要がなかった。再検査では，素晴らしいことに非常に多くのレストランがAランクを辛うじて獲得した。サンディエゴでは，99.9％のレストランがAを獲得した。90点以上の得点でAを獲得することができるが，703のレストランが90点で，89点だったのはたった二つのレストランであったことには注意が必要である。

しかし，この明らかにシンプルなルールのより大きな問題は，この方法では複雑性が高まるという問題は消えないということである。どちらかといえば，それらは立法者自身によって解決されなければならない。ここでの目標は，良い意思決定をすることではなく，安全なレストランにすることであろう。けれども安全性は直接測定することができない。清潔さは，それに近いものではあるが同質とは言えない。「この要因を一つの得点に集約する」方法は見つかっていない。ニューヨークの解決策は，5段階の深刻さレベルについておよそ100種のチェック項目を作り，違反によって2点から28点のポイントをつけることである。ニューヨークは，「(1) ドブネズミの痕跡または生きたドブネズミ，(2) マウスの痕跡または生きたマウス，(3) 生きたゴキブリ，(4) ハエについて，それぞれをその痕跡の量に応じて，5，6，7，8，28点に換算してそれぞれの違反を記録することができる。30個の「マウスの新鮮な糞があれば」6点になるが，31個であれば7点になる」[13]。この評価は，この細かな評価枠組みが，衛生状態を正確に測定できる場合にのみ意味を持ち，その場合のみ高度に知的に目標を達成することができる。さらに，この目標は，政府に雇われた者（検査官）が，この基準を一貫して使うことができたときのみ意味を持つであろう。しかし，彼らの採点は人によってかなり異なっていた。ある研究によると，経験を積んだ検査官の平均得点（100点満点で）は，69から92まで広がっていた。そして，ニューヨークにおいて，「評価結果は，未来の検査結果のよい予測要因には特になっていなかった」[14]。点数化は一見客観的に見える

ことで，検査官がもっている裁量権，たとえば，マウスの糞をどれくらい徹底して探すかといった裁量の部分を隠している。

　世知に長けた開示主義者は，より信頼できる情報の収集・分類方法を求めることで，この裁量の問題を緩和しようとする（セイラーとサンスティーンは，連邦のスマート開示キャンペーンの一部で，彼らが RECAP と呼ぶ方法を提案している）。（1 リットルあたりの走行距離のような）ある製品の属性や（携帯電話のコストのような）複雑な価格であっても，そのような方法で管理することができるので，より正確に点数化し，消費者によりよい価格情報を提供する工夫や技術が期待されている。しかし，レストランの評価の例が示しているように，評価の一貫性を達成するのは困難である。

裁量のある義務づけ

　不幸なことに，先ほどの連続線上の中で極端に裁量的なものには安全性は存在しない。インフォームド・コンセントを得るという医師の義務は，裁量によって誤った方向に進む可能性があるという例をここでは示そう。医師は自分たちに求められていることや不法行為責任を避ける方法を知る必要があるが，主要判例（カンタベリー対スペンス）でこれらの問いに答えようとしたときに何が起こったのか見てみよう[15]。

　スペンス医師は，強い腰痛を訴える 19 歳のカンタベリー君に，脊髄手術（椎弓切除術）が必要であると伝えた。しかしその手術後にカンタベリー君は転倒し，麻痺が残った。手術でそうなるリスクは（スペンス医師が訴訟で 4 年後に述べたところによると）1％あったが，スペンス医師はそれを説明していなかった。なにが義務であろうか。裁判所によると，開示は患者に理解可能な形でその人のその後の計画を立てさせるものでなければならない。そのため，彼は，「治療の選択肢とその害についてある程度知っている」必要がある（法的基準で定義されている部分を傍点にした）。「完全な開示」は非現実的であり，そのため，医師は「患者に患者自身の最大の利益のために知るべきこと」を伝えなければならない。つまり，彼は，「知的な選択をするのに十分な情報」が必要なのである。

「十分」とはどういうことなのか。「適切な開示」とはどういうことなのか。もしくは「非合理に不適切」ではない開示とはどういうことなのか。開示は「良い医療行為によって」評価される。それは「患者のニーズによって」評価され，「そのニーズとは，判断のために重要な」ものである。そのためには，「意思決定に影響する可能性のあるすべてのリスクは明らかにされるべきである」のだろうか。医師は「合理的な人が意味を見出すことができる可能性の高い」情報を提供するべきである[16]。理解可能性，合理性，具体性，有意味性，患者のニーズ，良質な医療のための原則，適切性，不適切性の基準によって，「有意味なものと無意味なもの」を分ける明確な境界線は存在しない。そのため，答えは「合理性の原則の範囲内になければならない」。

　このまだるっこしい文章を適用してみよう。あなたは医師である。薬の副作用には以下のものが含まれる。

　　胃酸の過剰分泌，胃腸痛，嘔吐，胸やけ，胃けいれん，気管支けいれん，胃潰瘍，腸潰瘍，肝炎，胃腸内出血，皮膚炎，皮膚の紅化，そう痒，じんましん，発疹，喘鳴，呼吸困難，生死にかかわるアレルギー反応，巨大なじんましん，胃や腸の壁の破裂，溶血性貧血，皮膚の大きな斑点，血小板の減少，白血球の減少，食欲不振[17]

　あなたは「重要な」リスクの「適切な」開示を行うことを望む。つまりその患者の決定に影響する「可能性のある」すべてのリスクを「明らかにする」ことを望むだろう。どの副反応をあなたは説明に加えるだろうか。すべてだろうか。起こる可能性の最も高いものにするか。もっとも深刻なものにするか。どの項目があなたの基準に合うだろうか。この薬が実はアスピリンであることを知ればあなたの答えは変わるだろうか。アスピリンのような抗炎症薬が毎年数千人を死に至らしめているということをあなたが知っていても，それは変わらないだろうか[18]。

　これらすべては，義務の曖昧さを極めて問題視するものである。これまで，特定の処置のリスクを記述することについてだけ話してきたが，カンタベリー君は，「治療の選択肢とその害」を開示することも求めている。では，何を含

めるべきなのか。疾患と処置の記述は「どうしても不完全になり，患者も一般
の人々も，個人的な経験やステレオタイプによって，そのよく分からない部分
を埋めがちである」ことを忘れてはならない[19]。

　十分な開示をしなかったという理由で開示者を非難したい誘惑に駆られるこ
とがある。開示者が開示したくない理由をもっていそうなときには，特にそう
であろう。しかし，同じ解釈の問題は，規制者が解釈を行っているときにも起
こる。人間を対象にしているすべての研究者は，施設内治験審査委員会と呼ば
れる評価組織から実験を実施する許可を得なければならない。この評価は，開
示についてが主であり，施設内治験審査委員会は，どのような開示が必要とさ
れるかを決定する大きな裁量権を持っている。その結果，複数施設で（共同で）
研究を行うにあたって，同じ申請書を複数の施設の施設内治験審査委員会が審
査する際，何をどのように開示すべきかについて，意見が大きく割れることに
なる。同じ同意書が44の施設内治験審査委員会に送られたとき，その90％以
上が書き換えを要求したが，「施設によって修正が必要とされたところは大幅
に異なっていた[20]」。グリーンが行った43ヶ所を対象とした研究では，各施設
内治験審査委員会が同一の文書を評価し，大部分が書き換えを要求した。しか
し，それぞれが求めた修正は非常に大きく異なり，この研究を実施した研究者
もその修正になんらかのパターンを見出すことはできなかった。「彼らは，あ
る文章や段落の削除や追加，言い回し，時制，言葉の選択に関してさまざまな
要求を行っていた[21]」。ある研究が辛辣に結論づけているように，複数の施設
内治験審査委員会が同じ書式を評価したときに，その書式の扱いはばらばらで
あり，彼らが「不適切な調査を承認し，適切な調査を抑制する」と言ったこと
以外，「なんら共通パターンを見出せないようなふるまいをしていた[22]」。

　これまで，連続体の中の，極端に明白な区分線のあるルールよりのものと，
極端に裁量よりのものの両方の問題について記述してきた。これらの問題が起
こる理由は，馴染みのあるものである。これまでの章では，義務づけによって
対処しようとしている問題の複雑性や，開示を受ける人がその複雑性を理解す
る上での困難について扱ってきた。立法者と開示者は，開示を受ける人に対し
て複雑な情報を提示する際に，これらと同じ問題に遭遇する。ある者（立法者
であれ，開示者であれ，その両方であれ）は，複雑性を分析しなければならず，

さまざまなものが入り交じったデータの蓄積の仕方，フィルタリングの仕方，並び替えの仕方，平均，重みづけ，順序づけの仕方，そしてそれらのまとめ方について決めなければならない。この作業をする人は誰であれ，問題は同じである。データの複雑性は残されており，開示を受けた人は混乱する。しかし，複雑性がシンプルにされたとき（レストランの評価の規制枠組みのように），正確性が犠牲になる。ルールと裁量の問題に幸福な解決策は存在しない。規制者は，この連続体の中のどこかにその位置を選ぶことができるが，一つの利点に歩み寄ろうとすると，もう一つの利点からは遠ざかることになる。

開示を伝える

　開示者が本当に理解し，本当に義務づけられたことを行うという甘く楽観的な前提をおいたとしても，開示の質に影響を与える要因は多くあるだろう。開示者は仲介者を通して情報の収集，呈示，開示をする難しさに直面する。そして，開示を操作し開示に抵抗するための良い理由と悪い理由の両方を持っている。

情報を収集する

　どのデータを開示するかが分かるなら，開示者はそのありかを突き止め，それを収集するはずである。しかし，誤りが生じることは少なくない。第1に，情報はしばしば入手不能であったり，とらえどころがなかったり，散在していたり，分かっていなかったり，扱えないくらい多い量だったりする。イリノイ州の私立の職業訓練学校は，学生の卒業率，資格取得率，就職率，卒業生の年収といった各種記録を開示しなければならない[23]。どれくらいの学校が（思い通りにいかない卒業生から）このような情報を所有したり，入手したりできるのだろうか。多くの職業では，情報の長いリストを掲出しなければならない。購入選択権付賃貸に関する法は17項目あり，中古車に関する法は30項目以上である。

　情報というものは随時確認され更新されなければならない。開示者は，変化を見つけ，開示を訂正し，過去に開示を受けた人と連絡を取ることを試みなけ

ればならない。ある分野では，開示をされた人に対してしばしば詳細な情報の更新をする必要がある。たとえば，一部の開示主義者は，研究参加に対する同意は以下のものに重大な変化が起こったときには失効すると考えている。(a) 研究の目的，リスク，ベネフィットの可能性，要件，選択肢などの研究自体の性質，(b) 参加者個人の個人的および医療的状況，(c) 参加者個人の嗜好や関心[24]。

呈示の問題

　何を開示するかが開示者に分かるなら，それを収集して，処理し，そして今や提示するだろう。しかしどうやって？　この問題は立法者と研究者には容易なことだと思われてきた。しかしそれは間違いである。

　第 1 に，複雑性は（ここでも）ジレンマを作り出す。義務づけは，多くの領域（医療，消費者金融，製品警告表示）でリスクを警告する。問題なのはあなたが記述する内容の複雑性だけではなく，言葉のあいまいさにもある。「人によって，与えられた用語を非常に異なった意味で解釈する」し，同じ人でも同じ用語を文脈によって異なった意味で解釈する[25]。医療場面での研究は，明確な用語であってもさまざまな解釈がなされることを見出している。「『確実に（certain）』とは 100 人中 100 人を意味する」に同意したのは参加者のたった 5分の 4 であり，「『決して〜ない（never）』とは 100 人中 0 人のことを意味する」に同意したのはたった 3 分の 2 であった[26]。ある研究は，「可能性がある（likely）」の医師の解釈は「25％から 75％」にわたること，他の研究は，医療の文脈に限って提示した場合でさえ「非常に可能性が高い（very likely）」は「30％から 90％」にわたることを報告している[27]。

　数は逃れどころがない。たとえば，リスクは，率や割合で示されることがある。遺伝カウンセラー（情報のない人に対してリスクを説明する専門家）は，「女性は率よりも割合を理解する」と考えているが，その「科学的証拠はない」。しかし，ある研究では，割合のみでリスクを正しく判断した女性（41 人）に比べ，率のみでリスクを正しく判断した女性（151 人）は 3 倍以上と多数」であり，また「多くの女性（129 人）がどちらの形式でも理解できなかった」[28]。この問題に対応しようと，EU とイギリスの機関に勤める二人の立法者が，数字を言

葉に置き換えることを提案している。しかし，EUの提案した用語は「患者，医師，一般人によるリスクの過大視を多く引き起こしている」。「高頻度（common）」は「副反応が1-10％の人に起こること」を意味するが，患者は，この言葉は45％程度を意味すると考え，医師は，この言葉は25％程度を意味すると考えていた[29]。

　アイデアとコンセプトの呈示は容易ではない。ミランダ警告はわかりやすいように見える。警察官は逮捕された被疑者に対していくつかの権利を伝える。しかしどうやってそれをするのか。二つの調査では，「638の管轄において，945の異なるミランダ警告が得られ」，「122の未成年用の英語の警告と121の成人用のスペイン語の警告が得られた」という。これらは21語から408語にまでわたり，平均は96語であった。読解レベルは大きく異なった。5分の1は6年生の読解レベル以下で書かれており，多くは6-8年生レベル，そして2％は「少なくともなんらかの大学教育レベルを必要とした[30]」。

　開示者は，人を取り巻く状況は，立法者が考えるよりも複雑だと知っている。悪い知らせを伝える開示者はマイルドな表現で情報を伝えてしまうが，それはおそらく仕方のないことだ。すなわち「マイルドではあるが現実には即していないポジティブな信念が，慢性的あるいは末期の患者に良い結果をもたらしうる」，そして「現実に即していない楽観的な見方が，QOLを改善することが示されている[31]」。そのため，癌患者は，その楽観的な医師以上に自分たちの診断に対してより楽観的であり，これは一部には，医師が，診断について議論することを避け，診断に関する情報の提供を控え，過度に楽観的であるためであった[32]。

　その結果，義務づけられた開示情報から多くの詳細情報が失われることになる。（患者に商品を使うことでケアをよりよく行う必要性を教え，そして忘れずにその商品を買わせようとする）消費者向けの医療は，医療保険によって提供されているケアの質と条件が異なり，また，その返済規則やコスト，そして自己負担額が異なることに対応しなければならない。医療保険のプランは頻繁に，時には年ごとに変わるので，呈示している情報を最新のものにするために開示者に要求しなければならない。医療費負担適正化法は，先に述べたように，容易に利用可能なベネフィットとコストの概要を提案した。しかし，検証してみると

「参加者の大多数」に問題が生じた。その書式で作業をすると，たとえば共同
保険や支払上限額，年間上限額といったコスト分担の推定に必要な概念が，今
まで以上に混乱するようになり，これによって「情報の受け取り手を混乱させ
るだけではなく，受け取り手の最善の利益に実際には合わないプランを選択す
るように誘導してしまう可能性があった[33]」。

　医療において，開示者は，解釈の余地のある義務を解釈し，すべてを伝える
ことが開示義務に求められている（慎重さが要求されている）と，合理的に推定
する。医療保険の携行性と責任に関する法律は，医療の提供者に，患者の健康
情報を使う可能性について説明するよう義務づけている。これは，詳細で徹底
的な開示になる。

　　　我々は，健康情報交換システム（HIEs）を通して他の医療の提供者，医
　　療保険そして医療情報センターがあなたの個人的な健康情報を電子的に利
　　用できるようにする場合があります。健康情報交換システムへの参加はま
　　た，我々があなたにケアを提供するために，あなたに関する情報を我々に
　　提供します。この文章の末尾に挙げられた担当者に連絡することで，この
　　ようなシステムへの参加をオプトアウトすることができます[34]。

　個人情報保護に関する対応は十分記述されているであろうか。ミシガンの記
述は比較的よくできており，一般の人の言葉で，馴染みのある語調で，オプト
アウト（申し出ればキャンセルされる）についての説明が繰り返され，多くの例
が示されている。法律的な用語の多用よりもこのような言葉のほうが，問題は
少ない。
　デジタルのデータベースの増大に伴い，個人情報の取り扱いが問題になって
きたが，ほとんどの人はどのように情報が収集され，分析され，保管され，販
売されるのかについて知らない。数年間の議論の後，連邦取引委員会は，「短
く有効な開示」も含めて「携帯電話サービスを提供する企業に対し，個人情報
保護の改善に向けて動くように」要請した。これは，企業実務に「透明性」を
高めさせ，データのブローカーがデータをどのように収集し，利用しているの
か，そして消費者はそれにどう対抗できるかを記したウェブサイトの構築を検

討するように「強いるものであった[35)]」。しかし，連邦取引委員会の専門家で
さえ開示者に対してどのようにそれを行うかについて説明することはできなか
った。

機関を通して開示する

　もう一つの呈示に関する問題は，仲介者の問題である。弁護士が開示を書く
としても，開示の配布を行う人は開示についてほとんど何も知らない。開示は
ときに退屈で，対象者は置いてけぼりにされる。一部の仲介者が，ロボットの
ように疲労という立ちを全身で示しながら情報を伝え，人々に読まずにサイン
することを求め，そして細かな文字だからと開示を検討するのを断念させる。
そして，一部の医者は，患者に選択肢を苦労して説明するよりも，（看護師や
技師や社会福祉士のような）下の人から提供された書式を用いる。さらに，これ
らの書式は，（免責事項や仲裁条項のような）医師でさえ説明することができな
い，医療とは無関係な内容を含んでいる場合がある。
　そのため，疲れたレンタカー会社は，あなたがサインあるいはイニシャルを
記入する欄を指し示し，疲れた客室乗務員が安全に関する説明を繰り返し，そ
して疲れた不動産権原会社の仲介者は，あなたの書類の束をすばやく進めてい
く。自分の住宅ローンを借り換えていた著者のうちの一人は，（101 ページに及
び 53 個もサインが必要なのに，40 分もかからなかった有能な仲介者に感謝して）「借
り手の有形純利益の証明」について尋ねるためにその仕事の手を止めた。サイ
ン欄の上には以下の脅し文句が記載されていた。**「借り手に対する重要注意事
項：この文書を注意深く読んで完全に理解するまでサインしてはならない。以
下の欄にあなたがサインするということは，以上の二つを行ったことを意味す
る」**。「ああ」と仲介者は言って，忙しそうに「これは，貸し手があなたにサイ
ンしてほしいと思っているというただの情報」であると続ける。そのため，法
学部教授は安心してサインした。この書式には「私は，合意とこの住宅ローン
の借換取引が私にとって利益をもたらすことの証明として，この借り手の有形
純利益の証明を貸し手が用いることを理解しています」と書かれていた。仲介
者はこれが債務者に繰り返し借り換えを促して手数料を稼ぐローンフリッピン
グ詐欺に関する警告であることをどうして知りえるだろうか。

開示への抵抗と操作

　熱心な開示者でも開示を受ける人に伝えるのをためらう問題に遭遇することはあるが，開示者の中には，義務づけに抵抗したいと望む人もいるかもしれない。警察は「ミランダ警告を逸脱して」被疑者を取り調べるかもしれない[36]。金融業者やレンタカー業者は，その保険が重複していることを言わないかもしれない[37]。そして，貸付時の開示要件は，「現在の開示規制を免れ，実際の契約条項をあいまいにし続ける契約条項案を作るインセンティブを貸し手に作り出す」かもしれない[38]。

　それでも，政策は悪意ある非開示者についてのステレオタイプによって動機づけられてはならない。多くの開示者は悪ではない。多くの開示者は正しく振る舞う理由があり，そして多くの開示者は義務づけに従う。その上で，まじめな開示者は，それなりの理由で開示に抵抗を示すかもしれない。開示は時に，その仕事における多くの命令，インセンティブ，圧力の一つに過ぎない。開示者は開示をそれだけで機能させようとするが，開示はその意図とは無関係であり，矛盾することになるかもしれない。たとえば，医師と病院は開示要件の海を泳いでいる。しかし，彼らは疾患を治癒し，その苦しみを和らげることに特に集中しており，使える時間をほぼそのことに費やしている（典型的な医師はガイドラインが規定している予防的ケアだけを提供することはできず，「10 の一般的な慢性疾患を包括的に高い質で管理するには，かかりつけ医が患者のケアにかけることのできる総時間以上の時間を必要とする」[39]）。

　開示者は，義務づけを重荷として捉えているだけではなく，無用で有害なものとしてさえ捉えているかもしれない（ホリーストーン大学の学長がおそらくそうであったように）。開示は読まれず，無視されることを彼らは知っている。彼らはそれらがどんなに正確であろうとも，人は一部の情報に過剰に重みづけすることに気づいている。たとえば，医師は，副反応のリスクを大げさに捉える患者の傾向が，治療時の指示に従うことを妨害すると恐れる。また，医師は，日常的な服薬遵守率ががっかりするほど低いことを知っている。フランスにおける研究では，「リウマチ専門医のたった 44％がその患者に起こりうる深刻な副反応について毎回説明し，命にかかわる副反応について説明していたのはたった 7％だった」ことが示された。しかし，患者は，リウマチ専門医の

88％から薬を「毎回」あるいは「ほとんど常に」服用しないことが引き起こす結末について説明されていた。この調査の研究者は，医師は「副反応についての懸念が服薬遵守の低下を引き起こす可能性がある」と心配していると結論づけた[40]。

　義務づけに抵抗するのは容易である。無視することもできる。ヨーロッパの法律では，「すべての副反応を含め，商品の特徴の概要に関して医療関係者が得たすべての情報を，患者に理解可能な形式で」患者に提供することが求められる。近年の研究では，このリーフレットの40％が「いろいろな副反応の生起確率について何の指標も示していない」ことがわかった[41]。

　それ以外に，開示者は開示を飾りつけることができる。彼らは言葉を着飾らせる。医療保険が医師にどれくらい支払うかを明らかにする必要があるとき，「ほぼなし」という表記によって，この医師への支払い制度が医師の判断を歪めるかもしれない。医師は，たとえば，良いケアに対しての報酬であるなど，インセンティブをしばしば肯定的な言葉で表現した[42]。医師に影響を与える可能性のある要因は非常に多く，医師に対して報酬を与える方法も非常に多いので，保健維持機構は不透明にならざるを得ない。「文字通り10万通りの支払い方があり，これらの制度は非常に個人的であり，医療保険は常にその方法を変更している[43]」。

　それ以外に，開示者は細かな文字で不愉快さを示すこともできる。実際，開示を不適切にする場合があり，証券取引法は「埋没した事実原則」を発展させた（たとえば，重役の利益相反に関する記述が200ページの文書の付録にこっそり入れられている場合には違反になる[44]）。しかし，訴訟は難しく，証券取引法以外では，埋没した事実への注目は少ない。

　最後に，開示者は開示を過剰に行い，過重負荷の問題を悪用することができる[45]（これはオーバーシャドウという名前があるほど一般的である）。たとえば，消費者と債権回収者の関係において，非常に強力な消費者の権利に関する4段落の記述を見逃すよう，非常に多くの書式や言葉で消費者を圧倒することは簡単である。ある債権者は，16ページの文書の中の8ページ目に開示を置く[46]。主要な銀行さえ，借り越しに関する重要な開示を60ページの中の24ページ目に，10ポイントで書かれた同意書として隠す[47]。議会はこれに法で応じ，「30

日以内に行われる何らかの徴収活動や接触については，消費者が異議を唱える権利や本来の債権者の名前と住所を請求する権利を埋没させたり，それを妨げたりしてはならない」[48) としている。

事例：利益相反の開示を行う

　不慣れで複雑な選択について効果的に説明するのが難しいことを論じてきた。ここでは，開示者が心からこれに取り組んだ時に何が起こるかについての一例を提供しよう。研究や研究者による開示に許可を与える倫理委員会を管轄する規制者は，利益相反の開示は「大したことではない」と考えている。このような開示はたいてい義務づけられる。「自己奉仕バイアスが，弁護士や医師，監査人，投資銀行家，証券アナリスト，科学者，政策研究者，専門家証人，裁判官，そしてもちろん株式ブローカーといったほぼすべての領域の専門職に当然影響する[49)」。開示主義者は，確固とした信念をもっていて，激烈でさえある。前述したように，ある利益相反の委員会の座長は，学術的な医療センターの未来は，利益相反の監視「権」の行使にかかっていると述べた[50)。では，それを正しく書こう。

　開示を受ける人に向けて我々は書いているので，その人達がより良い意思決定をするために知る必要のあることは何かを問うべきだろう。ある研究で，その人たちのごく一部は，「このような金銭的インセンティブの情報は調査に参加するかどうかの判断形成に影響を与えるだろうと考え」，そして「架空の臨床研究」への参加に関する二つの大規模研究において，「ほとんどの参加者は金銭的インセンティブの情報の開示を，自分が研究に参加するかどうかの重要性が最も少ない要因として評価した」[51)。「その情報は大した問題ではない，あるいは負担になるだけなので」彼らはたいていその情報を欲しいとも思わなかった[52)。カンタベリーの合理的な人の基準を用いれば，利益相反の開示は不必要だと考えられるが，我々に課された義務づけではそれは要件になっている。では，始めよう。

　第 1 に，合意文書のどこにこの開示を置くべきであろうか。ある調査で，一部の治験責任医師，施設内治験審査委員会，利益相反委員会は，「同意過程の

できるだけ初期」に置きたいと考えており，「同意文書の冒頭近く」でもよい
と考えていた。他の人はそれを強調することを望むと同時に，それは「金銭的
インセンティブの情報の開示が」その書類の「他の要素以上に重要」というこ
とを示唆することになるのではないかと危惧している[53]。そのため，他の事
項の優先順位を決めるまで，この開示の置くべき場所は定められない。

　次に，どのように利益相反について書けばよいだろうか。以前に述べたある
研究では「確実に重要な情報を伝えるために異様な長さになった」。「インセン
ティブに関する情報は郵便で開示された後，それぞれの対象者の理解が電話で
検証され，繰り返しと簡単なクイズで強化された」。しかし，その研究によっ
て「インセンティブに関する知識をきわめて高めたにも関わらず」，大部分の
人は，自分たちが尋ねられた質問の半分も答えることができなかった。そのた
め，「インセンティブに限った知識のみを伝えようとここで試みられた大掛か
りで（おそろしく）非実用的な方法でさえも」，役に立たなかったのである[54]。

　では，「インセンティブに限った知識」で十分だろうか。インセンティブに
は，「成果報酬，許可証，選択肢の『付与』，商業的スタートアップのための元
手，有限責任組合員やその他のベンチャー投資への参入権，特許権使用料の支
払い，特別な助成金」の獲得などが含まれる。インセンティブは，「同じイン
センティブを持っている他の治験責任医師の数，そのインセンティブの実際の
計算方法，その治験責任医師の他の資金源と比較した時の取得金額，インセン
ティブが適用された期間，そして，その施設全体がそのインセンティブを共有
するかどうかのような全体の文脈によって強度と影響はさまざまである」[55]。
ある研究が，「多くの人にとって，臨床試験における金銭的インセンティブの
影響」を理解することは「難しい」と報告し，一部のフォーカスグループのメ
ンバーが「2時間議論した後でさえも」一部の利害について「よく分からない
ままだった」と報告したことは驚くに値しない[56]。

　では，他の人が陥る問題を我々は無事に通過したとしよう。開示を受ける人
の一部は，研究者が製薬会社の顧問であったり，薬の特許を持っていたり，あ
るいは会社の株を持っていても何の問題も感じず，「米国国立衛生研究所で長年
研究についての経験を積んできた」教育ある人も含めて一部の人は，このよう
な利害は，研究者が優れた仕事をするよう刺激される「ポジティブなサイン」

だと考えることを見てきた[57]。これらの人々は「治験責任医師に対する金銭的インセンティブは予想されるものであり，研究プロセスの不可欠な部分であって当然のものである」と捉えていた[58]。彼らのそのような信念を尊重すべきだろうか。あるいは彼らがその過ちを理解するまで開示し続けるべきだろうか。

　しかし「もそっとこっちへ寄れ，スターバック。もそっと深いところへおりなきゃいかん」[59]。人々がある利益相反の存在を理解したとしよう。その人たちはどうするだろうか。利益相反があっても不正ではない。それはおそらく，不正へのインセンティブをもっているということである。開示を受ける人は，開示者がどれくらい誘惑に負けるかを知る必要がある。研究者はどれくらい買収されるだろうか。どれくらいインセンティブは誘惑的か。それはどれくらい研究者のすることにバイアスをかけるか。利益相反に関するこの現実の問題は「誰から見ても明らかな買収」ではなく「無意図的で無意識的」な行動である[60]。もし開示を受けた人がこれを理解していなければ，我々の開示によって助けられる人はほとんどいないだろう。そのため，我々は彼らにこれを伝えた方がいいのである。

　ここで，我々は無謀にも想定してみよう。研究参加者は，開示を読んで理解し，実際のインセンティブとその利益相反に関する心理的メカニズムについて理解したとしよう。彼らは，それがどのように影響するかについて理解するだろうか。たとえば，自分の担当医が誘惑に負けるということを「想像できる人はほとんどいない」だろう。あなたにその危険を十分分からせるべき（分からせることができる）だろうか。人々は「『誠実さ』を評価する自分の能力を過大視する傾向にある[61]」と彼らに言うべきだろうか。この自信と，開示者を怒らせることへの恐怖があるために，開示を受ける人は，利益相反を深刻に受け取ることを避ける傾向にある[62]。利益相反を開示することは，信頼を増すことになるのか。「ある研究によると，未来の利得に関して好ましくない金銭インセンティブの開示を提供すると」，開示を受けた人は，「少なくとも短期的には，よりその人を信用するようになる[63]」。そして，別の研究では利益相反に関する開示を受けた人は，その開示後，「嫌味不安」によって，医師に対して横柄に接していると見えないように，よりアドバイスを聞くようになった[64]。

　我々の開示のポイントは，開示によって，人々がよりよい意思決定を行う手

助けになるというものである。しかし，人々は利益相反に対してどのように反応するものなのであろうか。研究者が言うすべてのことが数％割り引いて考えられるのだろうか。ある情報は偽だと拒否するのに，別の情報は真実だと受け取るのだろうか。もっと調査するのだろうか。開示を受ける人に「モラルライセンシング」（自分の利益相反を開示せざるを得ないときにアドバイスを大げさにする傾向）を見つける実験の知見について警告をすべきだろうか。

　本章のエピグラフで，研究参加者保護局の局長は，利益相反の開示は「容易に実現することができる」と言っている。それは，ある利益相反「に関する一段落を同意文書に加えるのに，それほど手間はかからない」からであるという。我々は，この仕事を始めるために数ページを割いてきた。開示は「容易に実現することができる」ことではないし，他の多くの開示についても同様である。

結　論

　開示義務は，情報を提供することで，開示を受ける人の意思決定を改善すると考えられている。この情報の有用性は，その情報がどのように作られて呈示されるかに依存する。これまで見てきたように，このどちらのプロセスでも，義務づけが必要となるような選択肢は複雑であることが多いという古くからの問題を避けることはできない。立法者は，この複雑性を選り分け，開示を受ける人が知る必要のある情報を見つけて，そしてその後，効果的に開示者が説明できるように義務づけを書き上げなければならない。

　複雑な状況を制御する法律は，明白なルールから裁量基準までの連続体の中に位置づけることができる。ルールでは立法者が開示者をより強く管理するように見えるが，立法者は対象の複雑性を簡単に理解することも，あるルールに存在する問題に前もって気づくことも，状況がどのように変わるかを予見することもできない。その結果，ルールは，貸付真実法やクレリー法の経験が示しているように，過度に込み入った，解釈の難しいものになりがちである。熱心な開示者はどうすれば良いか分からず，悪意をもった開示者はこの開示を利用することが容易である。他方，インフォームド・コンセントに関して論じたように，裁量もまた全く同じ効果を持つ。そのジレンマが理解できないので，立

法者は，この連続体の間で揺れ動くことになる。貸付真実法のルールが失敗に終われば，一部の開示主義者は，住宅ローンの「主要な条件」について開示が「効果的に伝えられているか」を決める裁量を裁判所や専門家に与える[65]。住宅販売の開示についての裁量基準が開示者を適切に導いていないならば，州は裁量のかわりにルールを用いる。

　そのため，立法者は開示者を導こうと苦労し，開示者はその指示を理解しようと苦労する。そして，一度立法者の指示を理解できたと開示者が感じたら，彼らはそれを応用しなくてはならない。それは，情報を収集するだけではなく，効果的に伝えるということを意味するだろう。利益相反の開示に関して書いたように，開示者は多くの難しい選択に直面する。最終的には，開示を受けた人が複雑な情報を与えられるのであれば，誰かがその複雑性を減らして使いやすい様式にしなければならない。その作業には，立法者と開示者の両方が挫折を覚えるような判断が含まれているのである。

第**11**章　少なくとも害はないのだろうか

> 開示には大したお金もかからない。少なくとも害はない。
> ロバート・ヒルマンとモウリーン・オルーク　報道官
> アメリカ法律協会　ソフトウェア契約法の諸原則
> 「ソフトウェアライセンスにおける開示の弁護」

　ヒルマンとオルークは，開示義務についての一般的で結論的な考えである無害説を説明している。ブライヤー裁判官は，「少なくとも，多すぎる情報（あるいは間違った情報）が要求されてきたので[1]」開示は効果的でないことが多いが，それでも一般向けであると考えている。無害仮説は，有力な証拠なしに進んでいく。この背後にあるのは，情報は多ければ多いほどいいという呪文と，開示の負担は取るに足らないためわずかなごく一部のベネフィットでも元が取れるという大雑把な判断の両方であろう。

　開示義務は，そのコストがベネフィットを上回るのであれば無害ではない。本章では，開示義務がコストを伴い，時にはそれが大きなものになることを論じる。開示義務も害を与えることがある。その害は，保護を最も必要とするまさにその人が主に負担することになる。この害は非意図的であり，気づかれないが，それは紛れもなく害であり，色々な形で現われる。たとえば，義務が他の規制を無力化することがある。立法者がよりよい規制を施行するのを妨げることがある。判断を歪めることがある。市場を歪めることがある。不公正を拡大することがある。そして，重要場合には，価値ある事業を摘み取る場合がある。

　義務づけは，開示者と開示を受ける人の双方にさまざまな直接的なコストを課す。たとえば，開示者は，定義が難しい情報を集めるのにその資源を割く。開示者は，読まれることのない長い文章を起案させるために担当者（たいてい弁護士）にお金を支払う。一部の開示者は，開示を受ける数千の人に向けて，

毎年あるいはそれ以上の頻度で開示を郵送しなくてはならない。多くの取引は，開示の儀式のために少なからず長い時間をかけることになる。医師と病院は，医療保険の携行性と責任に関する法律，患者自己決定法，治療の同意や研究の同意といった数多くの様式に署名を求め，それを保管しなければならない。貸し手は，開示に関するルールを解釈し，開示を呈示し，サインを集め，それらを保管しなければならない。そのうえ，我々全員が，開示を処理するために長大な時間を費やし，時にはそれらを読むことにもなるだろう。それぞれに費やす時間は短いのでほとんど気づかれないが，それは蓄積される。「コストがない」とは思えない。

規制を悪くする

　開示義務は，他の規制を無力化したり，もっと良いが議論が巻き起こる規制を立法者に作らせるプレッシャーを弱めたりする場合がある。こうして，悪貨は良貨を駆逐する。

他の規制を理解する

　開示義務は他の形式の規制を無力化することがあることにあまり注意が向けられていないので，ここではいくつか例をあげよう。第1に，開示は，傷ついた消費者を保護する裁判所の力を低減させることがある。製造業者はときに，安全な商品を作ることで法的責任を負うことのないようにするか，その製品のリスクについて利用者に警告することで法的責任を負うことのないようにするかという二つの選択肢の中で選択することがある。第2次不法行為リステイトメントによれば，「適切な警告を与えれば，買い手によってそれが読まれ，注意されると売り手は合理的に推定することができる」と考えられ，その警告に注意が向けられてさえいれば安全な商品は，欠陥品でも不合理に危険でもない[2]。

　消費者は自分の身を自分で守るべきであるが，不法行為法は，たとえその商品が（44個の警告のついた有名なアルミ製梯子のように）無数の警告で包まれていたとしても，細かな文字や，添付文書，説明マニュアルを我々が読むことを

想定している[3]。たとえば，製造業者は，安全装置なしに芝刈り機を売ること
ができ，その説明書に危険についての警告があれば，たとえ利用者が足の指を
失ったとしてもその責任を免れることができる。弁護士がわずかなコストでセー
フハーバー[4] を提供できるときになぜ技術者がお金をかけて予防装置を付
けるのだろうか。そのため，安全な製品を作り，事故が起こったときには補償
するようインセンティブをおくことで人々を保護する製造物責任法は，開示に
よって無力化される[5]。

　第2に，開示は，消費者法の規制による保護も失わせる。ローンフリッピン
グを考えてみよう。これは本書の読者で経験のある人は少ないだろうが，多く
の裕福ではないアメリカ人が遭遇する問題である。ローンフリッピングとは，
借り手が何度もローンの借り換えをし，そのたびにクロージング手数料を支払
い，不必要な割引きポイントを買い，低い利率のローンを高い利率のローンに
乗り換えたり，あるいは，無担保ローンを自分たちの家を担保にしたローンに
乗り換えたりさえもするものである。ヴァーナ・エメリー[6] は銀行から 2,000
ドルを借り，利息として 1,300 ドルを加えて 3 年かけて返済すると約束した
（利率は 36％）。このローンは，家財道具を担保にしていた。数ヶ月後，銀行の
支店長が彼女に以下の手紙を書いた。

　　親愛なるヴァーナ様：
　　　あなたにさらなる資金を提供いたします。
　　　あなたの車は調整が必要ではないですか。ご旅行に行く予定はありませ
　　んか。あるいは未払いの請求書の支払いをしてしまいませんか。あなたが
　　ご要望・ご入り用であればご融資できます。
　　　あなたは特別なお客様です。あなたとの取引に感謝して，750 ドルをお
　　取り置きしています。以下のクーポンを当行にお持ちください。確認がと
　　れ次第，その場であなたに小切手をお渡しいたします。あるいは前もって
　　お電話くだされば，小切手をご用意してお待ちいたします。

　ヴァーナはクーポンをもって店にやってきた。店は準備していた。しかし，
追加の融資を受ける代わりに，ヴァーナはこれまでのローンを借り換えるよう

に誘導された。ヴァーナは銀行から 2,400 ドルを渡され，そのうち 2,000 ドルは前の融資の支払いに充てられ，200 ドルは新しい融資のクロージング手数料であり，200 ドルがヴァーナに「さらなる資金」として与えられた。彼女は，古いローンの時より 1,200 ドル多く払うことに同意したことになっていた。彼女が詐欺で訴えた時，銀行は，貸付真実法の開示義務に沿って融資が行われたことを示した。すなわち，ヴァーナの年百分率，総支払額，利息，そして手数料を読み上げたということであった。彼女は，銀行はもっとましな融資が可能であることを伝えなかったと言った。しかし，銀行は貸付真実法に従っていたため，裁判所は，この訴えを却下した。

　これが，ほとんどのアメリカの裁判所で行われていることである。しかし，ヴァーナの事件の上訴審において，裁判官リチャード・ポズナーは，この銀行による貸付真実法の運用は，ヴァーナの主張を無効にするものではないと判じた。ヴァーナのような「労働者階級の借り手」は，ローンフリッピングの際に「比較した上でのコストを判断するのに計算が必要であること」を理解していない。彼らは「貸付真実法の開示条項を十分に理解して読まない」し，「お金のために無駄に多く払う」ことに陥る。ポズナーは以下のように書いている。

　　　彼女は彼らにとって「親愛なるヴァーナ」ではない。彼女は，特別な客だからこの手紙を受け取るよう選ばれたわけではなく，おそらく彼女がお金でだまされやすい顧客層に属していたからである。さらなる資金提供の申し出の目的は，彼女との取引への感謝ではなく，もっとはぎ取るためである。「小切手をご用意してお待ちいたします」というのはその通りである。いくつかの書式にサインすると，現在のローンよりも高い利率で 3 年間でたった 1,200 ドル払うだけで，200 ドルを今手に入れることができる。

　彼が尋ねたのは，もし「ヴァーナが視覚障害であったなら，あるいは知的障害をもっていたら，貸付真実法の開示形式を彼女の目の前に示すことが詐欺に対する抗弁になると誰が主張するだろうか」ということである。

　そう。消費者法ならそう主張するだろう。貸付真実法の保護の内容は，一審の裁判官が思い起こさせたものである。すべてのヴァーナの主張を無効化する

のは，銀行が「連邦の貸付真実法とイリノイ州の消費者割賦払い融資法に完全に従っている」という「単純で，反論の余地のない事実」であった[7]。貸付真実法を制定することで，議会は，「借り手がお金について抜け目ない人であっても，世の中を知らないだまされやすい人であっても，借り手にとって適切と考えられるあらゆる保護」を提供した。このように，技術的に正確な開示によって，卑劣な行為が正しい行為として認められることになる。

　ヒルマンが警告しているように，開示は，不道徳な契約を抑制するためのルールを無力化することもある[8]。契約は，その内容が不公正であり取引が悪質なものであったならば，不道徳である。悪質さは通常，不公正で同意しかねる条項が隠されていたことを示すことで証明される。しかし，もしあなたが**すべて大文字**で書かれた**目を引く開示**を受け取り，それにサインしていたらどうやって不意打ちだと主張することができるだろうか。無意味な形式によって，不道徳な契約が保護されることになる。そのため，裁判所は，（「**仲裁**」と大文字で書かれ，長い書式の「最初の方」に出てくるので）消費者にとって「不意打ち」にはならないように十分明示的に（「最初に読んで下さい」という冊子の細かな文字の森のなかで）開示が為されていると言う理由で，携帯電話の契約において一方的で不公正な仲裁条項を盛り込むことを支持した。他の裁判所もこれに同意している[9]。同様に，会社の役員が利益相反の開示をしていれば，有害な助言を受けたことに対する救済は制約され，インサイダー取引の開示をしていれば，証券詐欺を主張する訴訟は妨害される可能性がある[10]。

　開示義務は，一般の人が自分自身を守る能力も無力化することがある。自発的開示がなされれば，それは配慮や知識，経験，思いやりを示すものとして受け取られることがある。自発的に情報を提供する医師や銀行家は信用でき，頼ることができるようにみえるが，義務づけは，開示する（自発的に情報を提供する良い）人と，隠す（強制されないとやらない悪い）人との区別を見えなくしてしまう。開示義務は，乗っ取られることもある。報道関係者の中には，警察がミランダ警告を，警察は自分たちの味方だと被疑者をだますために使っていると信じている人もいる。ウィリスは，開示が住宅ローンに「建前としての法令遵守」を与え，消費者を無防備にしていると指摘している[11]。ウェブサイトのプライバシーポリシーは，個人情報保護を約束するものではなく，データ

収集の計画を告知しているだけであり，けれどもまさにその開示の存在が，た
とえそれがどれだけ長文で不明瞭であったとしても，消費者の個人情報に対す
る心配をなだめ，その企業に対する信頼を確立している[12]。利益相反の開示
によって開示者に対する開示を受けた人の信頼が高まる（そして，開示者が助
言するとその効果が強くなった）という実験結果を思い出してほしい。

良い規制を締め出す

　トラブルの物語に悩まされた立法者は，政策のレパートリーをもっている。
彼らは，不公正な業務を罰し，倫理的に問題のある貸し手の不法行為に責任を
負わせ，虚偽表示を禁ずることを規制当局に命じ，民事あるいは刑事で不法行
為を罰し，貸し手にライセンスを発行することなどを通してヴァーナ・エメリ
ーを保護することができた。しかし，正しい政策手段を発見するのは難しく，
罰を伴う規制は常に，ロビー活動団体を活性化させる。そのため，立法者は，
緊急性が感じられ，政策合意が可能であり，資金の見通しが立った瞬間を捉え
なければならない。義務づけは（第9章で書いたように），ほとんど誰に対して
も魅力的に見え，ほぼ誰にも害を与えないので，実際，立法者は義務づけによ
って苦労することはない。ときには企業でさえも，より厳しい規制よりは開示
の方を好む。

　クレリー法によるキャンパス犯罪の開示は，その一例を表している。この法
律によって犯罪データの収集と報告のために割かれるリソースは，学校をより
安全にするために使うこともできたかもしれない。ある犯罪学者は，この義務
づけを「象徴的政治」と呼び，安全性はブルーライトテレホン[13]とセキュリ
ティカメラの設置によって高めた方がよいだろうと述べている。「彼が言うに
は，これは，大きな投資で小さな見返りの，複雑な年次報告書を中心としたシ
ステムの調整に過ぎない」。彼は「基本的に使えない統計の束を作り出すこと」
はやめてしまいたいと考えている[14]。同様に，レストランの衛生評価の開示に
関するホーの注意深い研究は，規制当局のリソースが「法令遵守の検査（一般
的にレストランを悪く得点づけする）から再検査へ（一般的にレストランを良く得
点づけする）」とシフトしたことを提言している[15]。

　契約法の開示を巡る戦いは，開示義務とよりよい規制の間の緊張関係をも描

き出す。契約の条項は，ときにシュリンクラップ[16]のパッケージの中に入っている。1996年に裁判官フランク・イースターブロックは，ある条項を好まない消費者がその商品を返品できるのなら，その条項によって消費者は制約を受けるという判決に多くの裁判所は従っている，という意見を書いている[17]。このルールのもと，消費者は一つの権利，すなわち商品を返品するという権利を獲得した[18]。しかし，この意見は，購入者はその条項を事前に読めるはずだと信じる開示主義者を強く刺激した。結果的に，アメリカ法律協会の「ソフトウェア契約法の諸原則」は，「推奨される方法」として，契約前に「規約を読むことの推奨」と「読む機会の増加」（この原則は法ではないが影響力がある）を提言した。これは，標準的な書式の読者の数を増加させ，より「意味があり」「堅固な」同意を促すだろう[19]。そのため，消費者は，契約を撤回する権利を失い，もう一つ別の開示を得ることになった。

　消費者金融保護局は，ヴァーナ・エミリーのような人をどのように保護するのだろうか。あのような欺瞞的なマーケティングを禁ずることによってだろうか。より厳しい罰則を設けることによってだろうか。ローンフリッピングに制限を設けることによってだろうか。ライセンスを剥奪することによってだろうか。サブプライム市場によく見られるリスクの高いローンを禁ずることによってだろうか。あるいは，有益な改革の実現という大きなことを目指しながら，最終的に情報開示という取るに足らないようなものを産み出すだけだろうか。新しい消費者金融保護局は「劇的に」開示を改善するだろうという米国財務省長官のガイトナーの発表は，この歴史に合っている。彼の部下たちは，「消費者が望まない，あるいは利用できない融資に対して単に開示を単純化するだけでは，消費者を悪質な者から保護することは期待できない」と警告した。彼らは，「他の保護を伴わない」開示義務は「悪質な貸付者を保護するという意図しない効果を持ちうる」と警告している[20]。しかし，（第9章でみたように）ガイトナーは，開示主義の教義を繰り返し続けた。

意思決定を悪くする

　開示は一般に，意思決定を改善できないだけではなく，それを悪くすること

もある。第1に，情報は多ければ多いほど良いという呪文は，真実以上に人を魅了する。情報が多くても，それが誤っていたり，誤解を招くように不完全だったり，重要でなかったり，決定の一部の要素を過小あるいは過大に強調するものであれば，良くはない。開示は，人々が，正しい量の正しい情報を正しいタイミングで，正しい方法で，正しく強調されている状態で取得し，それを正しい方法で解釈し，使用する時のみ成功する。しかし，繰り返すまでもなく，これは立法者と開示者，そして開示を受ける人に多くを求めすぎているものである。

　第2に，人々を情報に溺れさせることは，その人の決定を改善する方法としてはまずい方法である。たとえば，「クラウディングアウト」効果を考えてみよう。クラスウェルが書いているように，開示は「消費者が他の情報に向ける注意を減らし，場合によってはより悪い意思決定に導く」かもしれない[21]。たとえば，クラスウェルは，売買委託手数料の開示は，消費者にその融資のコストを過大に推定させる可能性があると提案している。同様に，年金制度利用者は，開示の海に飲み込まれ，確定拠出年金，401(k) 加入，株式の分散投資，配当，給与の年金としての受け取り権についてのデータの波に押し寄せられる。そして開示主義者の中には，ファンド管理者への支払額など，より詳細な情報の開示を主張する者もいる。これは過重負荷の問題を引き起こすが，投資家自身にとっても，メリットよりも，管理者への支払額に重きを置かせることに繋がるかもしれない。要するに，問題のごく一部に光を当てることは，その他の部分を暗い状態のままにすることになるかもしれない。

　義務づけは時に，他の情報を提供されにくくする。たとえば，医療に関する有用性の低い開示が，必要ではあるが義務づけられていない情報を追い出すことがある。義務づけは，患者に事前の指示，プライバシーポリシー，各治療の選択肢のリスクとベネフィット，副反応，安全性，コスト，利益相反，そして時には保険について説明するよう提供者に強いる。この説明の後，慢性疾患に対する対応など，文字通り命にかかわる情報を受け入れる余裕はどれくらい聞く人に残っているだろうか。人々は処方箋に沿って調合し，正しい時に正しい分量を摂取し，勝手に中断しないよう忍耐強く教えられ，しつこく指示される（薬を処方された人の半分がこれらを言われたとおりに行わない）。そのため，傲慢

な義務づけが，重要ではあるが骨の折れる説明を締め出すことになる。

　開示は人々を過信させることがある。たとえば，ある研究では，大学の職員が一人または小集団で数時間の資産運用についての訓練を受けた。情報を考慮し，課題を調整する能力は，特に元々知識を持たなかった人の中では，わずかに高まった。しかし，能力が向上しても，意思決定は向上しなかった。人々は，自分の資産を保険統計表上の死亡年齢のはるか前に使い切りうるミスを犯した。しかし，参加者は，その訓練が意思決定を向上させたと考えた。そのため，「訓練は利点よりも害が多いかもしれない。個人は，実は資産運用能力が高くない可能性に反論する確たる証拠なしに，自分の資産運用能力が高いと自信をもつかもしれない[22]」。

市場を悪くする

　開示義務は，情報を改善することで市場が改善されると想定しているが，開示義務は市場を損なうこともある。たとえば義務づけは，開示者のリソースを報告しなければならないことに向けさせ，報告の必要のないことからはそらせるように働く場合がある。2002 年にメディケア・メディケイド・サービスセンターは，190 以上の側面を報告するように定めていたそれまでの非効率的な開示方針を刷新し，老人ホームの質イニシアチブを開始した。新しい成績表はたった 10 の側面（たとえば「床ずれを起こしている入居者率」）で開始され，15 まで増加した。患者が成績表を活用すること，測定された側面に関して老人ホームに改善が見られたことを示す証拠が出てきている。しかし，無作為の検査によって（その研究独自の老人ホームの質に関する尺度に基づく）多くの欠陥事例の報告が増えている。そのため，老人ホームは，ある側面においては良くなり，別の側面については悪くなっており，改善以上の改悪が見られる[23]。

　開示が全体としての顧客の満足を報告するとき，戦略を練る余地はない。人々は，このような評価がより有用だと感じ，それに頼るようになる。これは，eBay での 10 ドルの USB メモリの購入から医療保険の選択に至るまで，さまざまな取引において見られることである。4 千万人のメディケア加入者についての研究は，よりよい成績表を呈示した医療保険へ人々が大きく動くことを示

した。加入者は，その保険の詳細についてのデータの内容に反応しておらず，満足度評価に耳を傾けていた[24]。

　数年前，イースターブルックとフィッシェルは，開示のコストは企業の大きさに関わらず同じなので，開示義務は大きな企業に利益をもたらすと主張した[25]。たとえば，一部の州の職業訓練学校は，小さい学校にはほとんど対応できないほど投資が必要な開示義務を課されている。開示者が直接競い合わなければ，開示は，大きく，豊かで世知に長けた企業に有利に働き，小さく，資産に乏しく，素朴な企業には不利に働く。たとえば，将来の研究の対象者に対する開示を規制する施設内治験審査委員会の制度は大きくなりすぎて，複数の場所で同時に行われる研究の資金の15％は，この規制に対する対処のために用いられている。資金をたくさん持っている研究者はこれを払うことができるが，そうでない研究者にはできない。長期的なプロジェクトは，開示に関して施設内治験審査委員会の許可を得るのに数ヶ月使うことができるかもしれないが，短期のプロジェクトが即座に承認を得ることができなければ，それらのプロジェクトは縮小するか放棄しなければならないだろう。

　開示義務は，無節操な貸し手に制約を与えるには弱すぎるが，時にそれは強力すぎることもあると我々は論じた。ジョン・ダルトンとアーノルド・ロワリーは，ディーラーを通じて融資を受けたお金で車を買った[26]。彼らは，ディーラーが陸運局に送った4ドルのライセンス料と権原証書費用を支払ったが，ディーラーは，それらの費用を開示文書の中で項目だてしていなかった。ダルトンとロワリーはそれぞれ，開示がなされていないという理由で貸付真実法に基づく法廷賠償2,000ドルを求めて訴訟を起こした。裁判所は，この「たかり」について不平を言いつつ，原告の請求に沿った判決を下した（ロワリーは少なくとも他に二つの貸付者を同様に訴えている）。さらによくあることに，債務者は，貸付者に対する防御として開示違反を見つけ出す。延滞している債務者はたいてい，細かな開示条件の遵守のうっかりミスを見つけ出すことができる。違反の証明は簡単で，自動的に法廷賠償と弁護士費用を惹起するので，貸付者は，貸付金を回収することができず，その顧客に賠償金さえ支払わなければならない可能性がある。ある報道関係者はこれを「開示防衛ゲーム」と呼んだ[27]。そして，時に，住宅の購入者も（価格が下がったという理由で）住宅の購入を取

り消すために，開示の細かな技術的なところを使う[28]。

　このような戦略は貸付者と市場に害を与える。この戦略は良い貸付者と悪い貸付者を区別せず，正当な消費者の主張と浅はかな消費者の主張の区別もない。またこの戦略は，融資文書のちょっとした瑕疵を発見できた人が賞を受け取ることのできるパズルコンテストに変えるものである[29]。これらすべては貸付をより割高にし，真面目な貸付者に対し恥知らずへの支援をしいるものである。

不公正を増大させる

　開示主義者は，開示義務は，人の品位を尊重し，弱点を保護するという。しかし，開示義務は，もっとも援助の必要な人をあまり助けず，あまり援助の必要のない人をもっとも助ける傾向にある。

裕福な人を助ける

　貧しい人や教育を受けていない人は一般的に，豊かな人や教育を受けている人に比べて選択肢の数もその質も乏しい。そのような人たちは，難しい決定をし，経済的に苦しい中で生活し，悪い人によりだまし取られる。彼らはより高い利率を払い，いかがわしい貸し手や販売者と取り引きの他に頼れるものがないために，そのような環境にさらに頼るしかない。彼らは，質が悪くリスクの高い商品しか買うことができない。質の悪い医療保険に加入し，よりリスクを抱え，保険の保障範囲も狭い。そして専門家に相談することはほとんどなく，質の高い専門家に至っては特に縁がない。

　そして，彼らはもっとも規制を必要としているが，情報と専門性にも欠けているので，開示を利用する能力も弱くなってしまう。文書を読むのが得意ではなく数字もうまく活用できないので，大事なことを踏まえることができない。しかし，読むものと数字こそが開示が提供するものである。彼らは問題を理解する基礎と，問題を解釈するために必要な領域のリテラシーを欠いているので，情報を誤解する。しかし，開示は一般的に，開示を受ける人は基本的な理解力と読解力を持っていると想定している。

　そのため，裕福でなく教育も受けていない人は，強い相手方と戦うのにより

多くの援助を必要とするが，彼らが開示義務から得る援助はもっとも援助になりにくい種類のものである。これは，論理的な推論のみならず，実証的証拠からも支持されている。裕福でない消費者は，一部の啓蒙的キャンペーンによって援助を受けることが少ない。低所得の親は，自分の子どもが特に害にさらされていても，子どもが害に遭うことをあきらめやすく，安全のための警告の影響を受けにくい[30]。資産運用に関する教育は，貧しい人よりも豊かな人を手助けすることになる。より年配でより裕福な買い物客ほど，開示を読むのが容易であるので開示から利益を得やすい。中古車の販売時に開示されている情報（その車の事故と修理歴，走行距離の読み取りや契約要件の保証）は，貧しい人を助けるとは思えない。貧しい人は悪い車により多くのお金を払い続けることになる[31]。この問題は，栄養表示，病院の成績表，インフォームド・コンセント，予防接種，虫歯予防，銃の取り扱い，シートベルトにも同様に影響を与える。

　医療に関する開示もまた同じ問題の影響を受ける。第5章で論じたように，普通の人は，多くの同意書を読むことができない。前立腺癌について学ぶ10のもっとも良い情報源（この領域に詳しい人によって作られたと思われる）についての研究は，それが患者が意思決定する上で十分な情報を与えるものではないにもかかわらず，一つの情報源を除いて，平均的な成人には理解困難であった[32]。別の研究では，優れた病院の医療保険の携行性と責任に関する法律の各書式が検討された。読みやすさに関する三つの尺度で検討したところ，それらのほぼすべては，不適切に難しい言葉が使われていた[33]。

　さらに，どの開示を義務づけるかという選択は，リスク，健康，個人情報保護，資産運用，環境，説明責任に対する上中流階級の関心に影響を受けているように見える。多くの教育的開示（退職後のための貯蓄，インターネットにおける個人情報保護，医療保険の選択，消費者契約における仲裁義務，大学の選択，レストランの得意客，栄養）は，特に中流やエリートの関心に対応するものである。

　アナトール・フランスは，法は「荘厳な平等性をもって，橋の下で眠ったり，道で物乞いしたり，パンを盗んだりすれば，貧しい者と同様に豊かな人も罰する」と書いている。ここで法が義務づけているものは，すべての人に提供されているが，貧しい人はそれを使うことが少ない。開示は，誰にでも配られるクルミであるが，歯のある人だけしか噛むことができないのである。開示のため

の客寄せ，つまりこの義務が制定されるプロセスの原因となった，困難やトラブルの物語の登場人物たちは，ほとんど何も得ない。

貧しい人から取る

　豊かな人が開示からより多くの利益を得るのだとしたら，豊かな人はもっと負担を負うべきである。しかし，開示の負担は，その利益を享受しにくい人に過分に負わされていることが少なくない。たとえば，病院の成績表は，豊かな人には有利に働くが，貧しい人には不利に働く。より健康な患者ほど評価の高い病院に行き，重い病気の患者は，評価の低い病院で処置を受けることになる。そのため，ドラノーヴらは，病院の成績表は，「健康な患者にはわずかな健康上のベネフィットがあり，重い患者には大きな負の健康上の問題」をもたらすと結論づけている。全体として，人々の健康は悪化する[34]。より豊かなクレジットカード利用者は，無料のカードと飛行機のマイルを手に入れることができ，さらにほぼ手数料なしで利率も低く押さえることができる。貧しいカード利用者は，より高い負債残高を継続し，より高い利率や手数料，その他の諸経費を払い，そしてほとんど恩恵を受けることができない。開示はベネフィットを拡大する。教育を受けた豊かな利用者は，そうでない利用者に比べて，シューマー・ボックスや毎月の請求書において開示される情報を読み，理解し，利用することができる。

　契約の定型文も同様に機能する。たとえば，ケーブルテレビ会社コムキャストの住宅向けサービスの契約には，仲裁義務に関する規定と契約者はそれをオプトアウトできるという開示が含まれている[35]。このオプトアウトをすると訴訟，おそらくは集団訴訟に持ち込むことができるが，それは世知に長けた人しか知らない。オプトアウトは，訴訟を起こしやすくし，この企業により多くの法的責任が生じる可能性を高める。これらのベネフィットは，オプトアウトしない人には手に入らない（その理由は集団訴訟という対処法の履行率が低く，これは貧しい人の集団にはベネフィットをもたらしにくいからである）。オプトアウトによって法的責任の費用が高くなるのであれば，コムキャストはすべての顧客の支払いに，このサービスのコストを上乗せするだろう。

最悪，致命的

　最後に，開示義務は，苦しみを和らげたり，病を治したり，幸福を増進したり，死を防いだりする努力を妨害することがある。この主な例は，施設内治験審査委員会が管理する情報開示体制である。施設内治験審査委員会はすべての開示，および研究者が臨床試験や社会科学の研究の参加者に渡す同意文書のすべての文言を規制し承認しているので，これは開示義務の頂点かもしれない。ここでは，開示を作成し，評価し，調整する多くの医師をはじめとした高価な人々を使うこのシステムの大きな管理コスト（ただしほとんど気づかれない）はさておこう。ここでは，調査をより高価にし，遅延させ，抑制する害について論じようと思う。

　実質的に何のリスクもない二つの調査プロジェクトについて考えてみよう。一つは「8 地点での物質濫用の観察研究」であり，「主な機関の施設内治験審査委員会が承認した後」の評価コストは，調査予算の 17％であった。この主たる理由は，施設内治験審査委員会が「同意取得手続きと患者への調査票の形式について頻繁に不同意を示したからである」。しかし，15,000 ページの変更が行われた後でもこの研究の主たる手続きは決して変えられることはなかった[36]。結果的に，腹壁ヘルニアの修復に関する郵送調査と医療記録調査では，30 ヶ月の調査予算のおよそ 13％と，その 1 年目の予算の 4 分の 1 が施設内治験審査委員会に費やされた。

　たとえば，開示の必要性は，参加者の募集を困難にすることで調査を遅滞させることがある。特筆すべき例は，心臓麻痺の治療に関する国際研究である。この研究は，抗凝結剤が入院中の心臓疾患患者の死亡率を低減することを示した。一月あたり約 2 万人のアメリカ人の患者がこの治療の望ましい対象となるが，現在抗凝結剤の投与を受けているのはおよそ 75％である。これは死亡率を 5.6％減少させ，毎月 800 人以上の命を救っている計算になる。同意取得に関する制度に従うため，アメリカの研究者は，他国の研究者以上に，込み入った開示をしなければならなかった（1,750 語）。これは，この研究のアメリカでの実施を 8 ヶ月遅らせ，つまりこの遅れのためにアメリカだけでおよそ 6,400 人の

命が失われたことになる[37]。

　開示の要件は，研究の実施そのものを妨げることもある。たとえば，超低体重児のへその緒の結紮（固定）の正しいタイミングは誰にもわからないので，医師はその裁量で決めなければならない。結紮のタイミングは，1ポンド以下の体重の人にとっては生死を分かつものになる場合がある。しかし，施設内治験審査委員会が要求する同意書はこの緊急分娩の際において非現実的であり，そのため，著名な研究者たちは，患者を無作為に抽出し，その結果を追跡することをあきらめた。このような研究が行われていないため，患者が無作為に治療されたのと同じくらい任意に治療が続くが，これでは学んだことを生かすことはできないだろう。

　最終的に，開示自体は，研究対象者の治療を致命的に遅延させる場合がある。そのため，頭部外傷に関するある研究では，開示を行わなかった病院は，開示を行った病院に比べて72分早く患者の処置を行った。この研究者は，（1時間の）より短い遅れであっても「試験的治療から利益を得る患者の割合は63％から49％に」低下すると推計しており，この数字は「避けられる死であり，おそらく避けられる死亡率」を意味する。そのため，「研究に参加する患者の利益の保護からは程遠く，書面によるインフォームド・コンセントが必要であることとその結果としての治療開始の遅れは致命的なものになり得る」[38]。

　非倫理的な研究のリスクが大きく，民事・刑事・行政上の処罰や専門家としての処罰だけではその抑制が困難であったとしても，インフォームド・コンセントがこれらのリスクをどれくらい減らすことができるだろうか。開示義務全般について述べてきたことすべてと，特に研究の同意書の長さと複雑性を踏まえると，寛大な答えは「よくて，ごくわずか」であろう[39]。だれも施設内治験審査委員会の費用対効果の分析を行っていないが，そのベネフィットが相当あったとしても，この開示の枠組みは，無害とはいいがたい。

結　論

　本書の大部分では開示義務の効果がないことを分析してきた。開示はたいてい無視され，読まれず，誤解されていると論じてきた。言い換えれば，開示に

よる利益はごくわずかであるという多くの証拠を提示してきた。この章は，開示義務のコストについて目を向けた。（開示は「大したお金がかからず，少なくとも無害である」という）無害仮説から始めた。開示義務の運用と使用の直接的コストはさまざまであるが，多くの領域で大きいと主張した。そして，開示義務が一般的に，コストは高いがより良い規制が生まれるのを抑制し，より良い規制を無力化し，より有用な情報を締め出し，ご都合主義を増やし，非競争的にし，不均衡にし，命と健康を守ることのできる事業を損なうことがあると述べてきた。無害仮説は立ち去らねばならない。つまり，規制評価の基準となる費用対効果の分析が行われなければならない。

　開示義務のコストは，社会的に成功している人よりも貧しい人を助けない傾向があるというのは不幸な皮肉である。開示へと変わる前の制度の多くが，貧困者を重視したものである。そのため，開示によって無力になった消費者保護法は非常に多い。傷つきやすい人は，開示義務が誘導しうる悪い意思決定からの害を受けやすい。施設内治験審査委員会の開示枠組みが最も妨害する調査は，病人や弱者を助ける可能性の高いものである。しかし，この状況を変えるには，立法に最も影響を持つ人々を納得させる必要がある。そして，病人や弱者こそが開示を利用し，ベネフィットを受けるのに最も適した人であり，開示が最も意味を持つ人々である。

第12章　結論：開示主義を越えて

同じことを何度も何度も繰り返しているのに，これまで
と違う結果を期待する，これを狂気という。

伝アルバート・アインシュタイン

　始まりと同じ形で本書を終えようと思う。開示義務があらゆるところで用い
られており，その多くが失敗しており，抜本的な改善も望めず，害を起こしう
るのであれば，今回こそはこれまでと違って有効であるということを説得力を
持って示せない限り，立法者は開示義務を使うのをやめ，有識者はそれを称揚
するのをやめ，利益団体はそれを支持するのをやめるべきである。開示はどん
な時でも使い物にならないという訳ではない。情報が力を持ちうることはある。
開示義務が助けになることも時にはあるだろう。しかし開示義務は非常に非現
実的な期待をもって無差別に使用されており，そのような不幸はおそらく禁止
されるべきである。そうすることで世界の無意味な規制が大幅に緩和され，議
会，行政機関，裁判所の立法者が，実際の問題に合わせた解決策を探すことに
役立つかもしれない。

　この本を書きながら，多くの仲間や，有識者，学生，裁判官，規制当局とこ
の問題について話し合ってきた。ほとんどの場合，開示がその目的を達成でき
ていないという我々の証拠や主張に彼らが驚くことはほとんどなかった。しか
し，彼らはすぐに，じゃあ開示義務に代わるものは何なのかと尋ねてきた。こ
れは間違った，少なくとも悪い問いである。これは，開示義務が置き換えが必
要な何かを行っていたことを前提としている。我々の主張は，開示義務をなく
したところで何かを失う人はほとんどいないほど開示義務が果たしてきたこと
はわずかであるということである。

　本書は，うまくいっていない規制方法を使わないよう，立法者を説得するた
めに書かれたものである。これは，本を執筆する目的として十分なものであろ

う。規制がうまく働いておらず，それが良いことよりも悪いことをもたらすことが多いのであれば，他に良い代替案がなかったとしてもそれを使うのはやめるべきである。開示を受けた人が開示から何のベネフィットも受けていないのなら，その規則を義務づけて管理するのにコストを払うのは，規制の誤りである。2千年もの間，瀉血は医師の万能薬であった。それが治療にならないこと（そればかりか悪化させること）が明らかになったとき，これまで瀉血が処方されてきた病気の多くを治療する方法はなかった。しかし，それは，だったら瀉血を続ければ良いということにはならない。これは，開示義務でも同じことだ。

　我々が代わりに何をすべきかというのは，他の理由でも誤った問いである。病気を治すために置き換えできる別の万能薬を探すべきだというのは，当然のことのように見える（そして多くの場合は実際にそうする）。万能薬が機能しないというのは，医療でも公共政策でも同様である。開示の誤りの一つはまさに，開示にできないことまでするように開示に期待されてきたことにある。そしてその大きなコストの一つが，効果的な規制について立法者が考えないようにすることを手助けしてきたことにある。我々は，その作業が政治的に困難であり，不可能な場合すらあると考えている。しかし，それはピントの外れた政策を続けることの正当化にはならないだろう。

　しかし，開示に断続的にさらされ続けて生きることで，開示は必要なものであり，ないと寂しいと人々が思ってしまうのも驚くことではない。しかし，開示はほとんど使われていないので，なくなっても寂しく思うことはほとんどないだろう。そのことは，クリス・コンシューマーのたとえから学ぶことができる。これはオンラインの個人情報保護に関する開示についての研究のたとえ話であり，だれも個人情報保護についての開示を読んでおらず，読もうとすると毎年何週間もかかることを示している。また，iTunes のスクロール，つまり我々が毎日のように「はい」をクリックするが，まじめに考えたことのないタイプの文書からわかることである。

　もちろん，開示義務は重要な目的のために用いられることもある。たとえば，世慣れしていない人が騙されて，常識から見て不適正な条件で，自分には支払うことのできない住宅ローンに加入させられるというのはとんでもないことである。しかし，どれだけ立派な開示があったとしても，それは起こり（そして

サブプライムローンの危機は実際に起こり），その開示が義務づけられた時どれだけ誠実な議論がなされていたとしても，それは繰り返し改善され，拡張され，そして担当官庁がその専門性と努力をどれだけ注いで監督したとしても，変わらないだろう。

　開示義務が控えめな役割に適度に後退したら，人々は自分たちの選択についてどのように学ぶことができるだろうか。ここでのニュースは良いものである。知識は我々の前にばらまかれている。その利用可能性と有用性は（多くの開示主義者には申し訳ないが）義務づけにはよらない。これだけ多くの情報がこのような使いやすい形で容易に利用できることはこれまでになく，それは，政府がそのように要請したことによるものではない。本章では，有用な情報がどこにあるのかについてレビューし，良く機能させるために義務づけが必要ないことを示す。

義務づけなしの情報：仲介者の役割

　人々が疲れ知らずに開示を読み込んで，情報に基づいて熱心に意思決定を行うという非現実的な世界をあきらめ，その代わりに，人々が実際にどのように選択をするのかと問うとき，我々は，人々にはデータよりも意見を求める傾向があることがわかるだろう。開示が情報を知らせることを想定しているような，不慣れで複雑な意思決定に直面すると，人々は学ぶことを望まず，集計表を見ようとせず，スクロールもしたくないと思うだろう。彼らが求めているのはアドバイスなのである。

　アドバイスは（通常），開示よりもシンプルで短いというだけではない。それは開示とは違う種類の援助を提供するものである。成功するアドバイスは，基本的な考え方や事実を教えるものではない。それは「あなたがどれくらい満足することになるか」という現実的な問いに答えるものである。多くの市場は，レーティング，ランキング，点数化，格づけ，ラベル，警告，レビューという形で，自発的にアドバイスを提供している。eBay のような会社は，数万の入札者に正体不明の売り手へ支払いをさせるために，入札者がその商品を見る前に（もちろん商品を受け取る前に），売り手のレーティング（何％の買い手が満足した

か）を示す。人々は，商品のレビューを見るためには CNet.com や Amazon に
頼り，売り手の推薦文を読むために Yelp に頼り，ホテルの点数を見るために
Expedia を頼り，映画のレーティングを知るために Netflix に頼り，地元のサ
ービスの評価を知るために Angie's List を参照する。同様に，Zagat はレスト
ランを格づけし，（最高の例ではないかもしれないが）US News は大学を格づけ
し，AM Best は保険会社を格づけし，Consumer Reports と保険業界は車を格
づけし，AAA は観光地を格づけし，NRA は政治家を格づけする。非営利団体
は，安全ではないデータ，健康ではない食品，面白くない映画といった問題を
特定して人々に警告するために賞を授与する。専門家は，依頼人やその他の人
たちに，無料または有料で，ときには簡単な「おすすめ」の形で，アドバイス
を提供する。要するに，無数の活動が，消費者や専門家によって評価されてい
る。さらにその評価に対する評価すら存在し，そのため，そのアドバイスは，
素晴らしいソフトウェアがなくても，改善され，個人向けに洗練される。

　このアドバイスの多くは，政府の命令なしに生まれている。しかし，開示主
義者は，これらの仲介者が情報を獲得し，読み，抜粋し，再び組み合わせて情
報を生成するのに開示義務が必要だと主張する。この憶測は，たとえば，有価
証券についての開示を正当化するために一般的に喚起される。ブローカーはア
ナリストを雇い，彼らは，会社の開示された資産情報を読み，それらを評価し，
投資家に株式を推奨する。開示義務がなければ，仲介者は何もできないのだろ
うか。

　我々は，これが開示主義者の前提と矛盾するとしても，この主張を真剣に受
け取る（なぜ世知に長けた仲介人に単純化された開示がなされるのか。なぜ開示は，
仲介人に直接ではなく，開示の対象者に対してなされるのか）。コンサルタント，
アグリゲーター[1]，目の肥えた消費者，の 3 種の仲介者は，開示義務なしにす
べてを行うことができるだろう。

コンサルタント

　人々はコンサルタントを必要とする。医師は，医療処置についての情報を収
集してそれを患者のために解釈する。株式ブローカーとアナリストは，投資ア
ドバイスを提供する。不動産売買業者，保険業者，弁護士，会計士，銀行員，

ウェブサイトすら，人々にそれぞれの専門について助言する。コンサルタントは，自分たちが分析する情報のために義務づけに依存しているのだろうか。

　コンサルタントという主題に関する第1の問題は，しばしばそこにコンサルタントが存在しないことである。立法者は時に，人々が自分一人で判断するために開示を義務づける。多くの人は，その開示を翻訳する人を得ることなしに，不動産取引のクロージングに到達する。消費者は，クレジットカード，銀行，店舗，薬局，あるいは，製造業者から，手紙やメールを通じて文書を得て，（仮に情報があったとしても）自分一人でそれを解釈しなければならない。「あなたの個人情報に関する重要な注意事項」を開く利用者は，独力で対応しなければならない。実際，多くの開示は，人々にアドバイザーに相談するようにと伝えている。ミランダ警告は人々に，専門家の助言を受ける権利を思い出させる。そうでない開示も，医師に診てもらうように，あるいは，「どのような法的選択肢あるいは民事手続の選択肢が可能であるか」を検討するよう弁護士に相談するようにと伝えている。

　コンサルタントという主題の第2の問題は，コンサルタントが信用できない場合があることである。実際，彼らは時に，依頼人の利益と矛盾する自らの利害関係を開示しなければならないことがある。サーベンス・オクスリー法の第4編は，利益相反とみなされるものの開示について書いている。2010年の医療制度改革によって，医療者や製薬会社の利益相反について開示を求めるサンシャイン条項が多く含まれることになった。同様に，保険会社，金融ブローカー，不動産業者，弁護士は，利益相反について詳細な開示を行わなければならない。このような開示が課されたのは，これらは助言を与える者を不誠実にする理由になると開示主義者が考えたからである。人々に情報を与える仲介者を通した開示の代わりに，仲介者による開示，あるいは仲介者についての開示を我々は手に入れることができる。

　コンサルタントという主題の第3の問題は，コンサルタントが仲介者でなく，開示者であることがしばしばあることである。住宅ローンやクレジットカードに関する開示を読む消費者は，それを解釈するのに，そのブローカー，不動産取引のクロージング担当者，ローンの提供者に頼るだろう。しかし，彼らは，開示者の代理人であったり，開示者自身であったりする。彼らは，細かな文字

の契約書の中の落とし穴を評価して借り手に警告し，良いアドバイスを提供するためのインセンティブ，忍耐強さ，そして信頼性に欠くことがある。ベッドシーツほどの契約書を受け取った消費者は，車のセールスマンに相談するかもしれないが，それが安全であることはほとんどないであろう。あなたの医師は，時には信頼できるだろうが，医師は利益相反を開示すべきだと開示主義は考えており，医師たちが公開する情報を規制する。

情報のアグリゲーター

　情報のアグリゲーター（収集人）は，情報を収集し，値段の比較，レーティング，ラベリング，推奨，保証のような使いやすい形式へと変換する。彼らは時に，開示義務化された情報を収集する。Creditcards.com は，クレジットカードの開示に記載されている金利や手数料やその他諸々に関する情報を比較する。TRUSTe のようなサービスは，オンラインのプライバシーポリシーを評価する（そして表彰する）。また，WebMD.com のようなウェブサイトは，医薬品や治療法についての情報を収集する。

　情報のアグリゲーターは，開示者をモニターしている。実際の検査や法令遵守の検証を行うところがあり，集団訴訟を行うところもある。報道機関は，問題を調査し，社会に発信する。小売店は，情報のアグリゲーターになり得る。スーパーマーケットは，食品製造業や輸入業者からの情報を分析して，信頼できる業者からの商品を選び，分野に分けて商品を陳列し，栄養面について，そしてその食品がオーガニック食品か，輸入食品か，その地域で栽培されたものか，手作りか，グルテンフリーかについて紹介することができる。

　情報のアグリゲーターは，すこぶる有用であるが，開示義務を必要とはしていない。彼らは，開示されていない情報についても用いることがある。格付機関は，保険会社の手助けなしに保険会社について評価する。商品の評価者は，開示された保証内容に基づいてそのレーティングを行っているのではない。オンラインのプライバシーポリシーの評価者は，個人情報についての宣言を読むだけではない。アグリゲーターが必要としているのは，実際の性能，実際の使用，そして，消費者の体験についての情報である。彼らは，商品を検証し，リスクの発生する率についてのデータを集め，消費者の満足度や不満を測定する。

要するに，彼らは，実際の知識の集積を行う。この情報は，一般的に，開示からではなく，大規模調査と個別研究，フィードバックと観察，専門性と判断から得られるものである。消費者は，ビジネスが実際どのように行われているかを知る必要があり，それは開示からはほとんど分からないことである。実際，多くの開示は，集積されにくい。中には，個別に作られたものや（ローンの借り手固有の情報など），（第10章で述べたように）点数化の対象に馴染まないものもある。

　開示が必要な情報を含んでいた場合，仲介者は，開示義務がなくともほとんどの場合それを手に入れることができるだろう。彼らの大きな存在感が，企業に情報を吐かせることもある。製薬会社は，病院や保険維持機構のような仲介者に，その商品についての情報を快く提供している。Walmartは，出荷してくる企業が環境と労働環境に関する基準を守っているかについての情報を求めている。そして，どの自動車メーカーが，消費者レポートのデータの提供を拒否するだろうか（それがその企業自身で得たものであったとしても）。

　最終的に，情報がまず消費者に行き，そこからアグリゲーターに漏れ伝わり，その後，アグリゲーターによる点数という形で消費者に戻ることが必要だと考えるのは，要領が悪く，非効率的である。なぜアグリゲーターに，教育を受けていない人向けに書かれた情報のかけらを集めさせるのか。いくつかの開示形態は，直接的に仲介者に情報を伝えることを求めている。病院は，医療保険会社に看護の質に関する開示を（成績表の義務づけを通して）行っており，雇用者は，労働組合に安全性の開示を行っている。また，企業は，政府機関に環境に関する開示を行っている。そして，見てきたように，投資家への有価証券に関する多くの開示が，専門的なアナリストによって読まれて評価され，結果的に，その価格に反映される。これらの当事者に対する開示のほとんどは，一般の人々を迂回する。医療機関の典型的な成績表や金融商品の目論見書を読んでみるといい。それは万人のためのものではない。情報を求める世知に長けた仲介者に対する開示義務は，現在のシステムよりもはるかに洗練されていると思われる。

目の肥えた読者

目の肥えた読者は，自分で利用するために開示を学習し，理解し，合理的な選択を行う。彼らは，読めない細かな文字に印をつけ，酷い取引を嘲り，お金を払う価値があるものを知る。彼らはまず自分たちが利益を得るが，開示者により良い条項を提供するよう働きかけることで，間接的に他の人を手助けする。すなわち，彼らは，市場に規律を課す。あらゆる人々（世知に長けた人も苦手な人も等しく）は，同じ開示，規定，価格を受けるので，よりよい対応が可能な世知に長けた人は，他の人のためにもそれを得る。レストランは，レビュアーや食通の厳しい舌を恐れるかもしれないが，いつその人たちが現われるのか知ることができないので，舌の肥えた人のための食事を全員に提供しなければならない。同様に，多くのビジネスは，目利きが逃げないようにデザインされた商品をすべての人に届けることになる。

これは，文献で多く取り上げられる真面目な理論である[2]。開示主義者は，開示義務はこれと同じように機能するという。目の肥えた読者は開示を注意深く読んで，それが望ましいものでなければ拒否し，その結果，当該企業は改善しない限り倒産するので，開示を読まない人も，安全のうちに取引を承諾することができる。

この理論は，一部の市場では機能しているが，いわゆる細かな文字の契約書には適用できず，開示一般に適用するには無理があると言えるかもしれない。第1に，この理論が証明しようとする範囲が広すぎる。ごく一部の読者が，多くの人の利益のために条件を改善するよう会社を説得するのなら，なぜ開示義務が必要なのか。知識のある読者はいずれにしても情報を求めるのではないか。コンピュータ会社が，顧客が満足する商品をデザインし，その素晴らしい特徴を喜んで開示する。その世知に長けた顧客がモニター，メモリー，ソフトウェア，返品規定について気をつけていたならば，そのすべてに関する情報は，開示されることになるだろう（そして宣伝すらされることになる）。消費者が，細かな文字に埋もれたものに注意を向け始めたら（紛争時の仲裁，救済手段，保証，法の選択など），それらも開示されることになるだろう。

目の肥えた読者仮説に関する二つ目の問題は，売り手に影響を及ぼす細かな文字の読み手が十分にはいないという点である。買い手は，法に関する詳細情

報ではなく，商品の属性に関心を持っている。人が重さを気にせずにノートパ
ソコンを買うことはないが，細かな文字で書かれている怪しい一文に気づいて
悩む人はいない。第4章で述べたように，目の肥えた読者は，たいてい読ま・な・
・い・。そのため，影響を及ぼすには読者があまりに少なすぎることになる。

　さらに，目の肥えた読者が良い取引ができたとき，彼らが残りの人の代理人
になることはない。世知に長けた人は，素朴な人とは距離を取ることがままあ
る。彼らは，それぞれの商品を購入する際に異なった市場で買物をする。どれ
だけの目の肥えた読者が，2008年以前のサブプライムや，変動金利，負の返
済などを理解したいと思うだろうか。どれだけの目の肥えた読者が，割高なお
試し金利を求めるだろうか。そして多くのビジネスは，顧客によって異なる経
路（通常かプレミアムか，標準かエリートか，自宅用か商用か）を持っている。最
終的に，目の肥えた消費者はしばしば問題が起こるまで待ち，不満を言い，素
朴な人には手に入れられない良いものを手に入れる。

　複数の経路を持たない市場においても，目の肥えた読者は，合理性において
典型的であった場合のみ，よい代理人になり得る。しかし，時間と知識とスキ
ルと不屈の精神をもって開示をコツコツと読み切る人は，偏執病であるとは言
わないまでも，たいてい変人である。このような読者が求めるものは変わった
ものであるかもしれない。彼らは，やたら訴訟好きかもしれない。彼らは，悪
い経験のみに反応しているかもしれない。しかし，定型文の仲裁条項について
注意しているクレジットカード利用者の価格や品質に対する特徴や関心，態度
は，典型的な利用者のそれらとは異なるだろう。

　つまり，目の肥えた読者は，開示者が情報を読む人と読まない人を区別でき
ず，なおかつ目の肥えた読者の求める良い取引をすべての人に提供しなければ
ならないような市場でのみ，開示義務に有利に作用する。しかし開示は，イン
フォームド・コンセントのような医療場面やミランダ警告の場面，そして，商
品に対する警告の場面など，人によって異なる情報を用いたり，好んだりする
領域においても義務づけられることが多い。

　要するに，あらゆる種類の情報の仲介者（コンサルタント，アグリゲーター，
目の肥えた顧客）は，人々が不慣れで複雑な意思決定をする際に必要なアドバ
イスを与えるという点において，開示義務以上のことを達成すると我々は考え

ている。そして，幸運なことに，仲介者は開示義務なしでもそれを実現する。彼らは，開示義務を補うものではなく，開示義務の多くを代替するものである。彼らが提供するサービス，彼らが用いる情報，彼らが与えるアドバイスは，開示義務の有無に依存しない。

万能薬なき世界

　昔の葛根湯のような万能薬としての開示義務が存在しない世界が，どのようなものであるかを我々は探し求めている。情報は回り続け，時により価値のある形になるだろう。しかし，これは万能薬のない世界である。このような世界では，政治的な合意を得るのは簡単ではなく，規制するにもお金がかかり，優先順位をつけざるを得ない。これは，効果的な開示という魔法を発見したときに開示主義者が避けようとしてきた世界である。しかし，これは我々の結論から導き出される世界である。

　規制政策についての現代の本で，立法者は万能薬を使うのをやめるべきだと主張するのは奇妙なことのように見えるだろう。消費者，患者，被用者，インターネットユーザーの保護について系統的に考えることで，さまざまな問題を解決することができる。しかし，開示は，そのような新しいデザインの鍵にはなり得ない。一部の優れた有識者は，開示が新しいデザインの鍵になりえないということに同意し，開示義務の代替となるものを提供すると公言している。しかし，調べてみると，これらの代替案は開示が形を変えてきたものにすぎない。代表例をあげると，セイラーとサンスティーンは，万能薬というわけではないが，選択肢のアーキテクチャが住宅ローン，退職後のための貯蓄，医療保険，個人情報保護といった多くの重要な場面で多くの顧客を保護すると信じる流派を代表している[3]。その中心となるのはデフォルトである。政府は，何もしないでおくと人々が自動的に受け取ることになるが，オプトアウト（やめるという積極的選択）をすることもできるという条件を定める。ソフトウェアのデフォルトと同様に，あなたが違う条件を望むなら，少ないコストで簡単に変更することができると彼らは想定している。理想的には，デフォルトは，今風にいうとプレーンバニラ，つまり，ほとんどの人にとって良い価値をもつシン

プルなプランである。セイラーとサンスティーンは，デフォルトをナッジ，つまり人々の選択を制約することなく，人々が選択を簡単に退け，人々の行動を変化させる装置と呼んでいる。彼らは，この装置がパターナリズムであることを認めているが，このデフォルトを拒否することもできることからリバタリアンであるとも考えている。

　バー，ムッライナタンとシャフィール（それぞれミシガン大学法学教授，ハーバード大学経済学教授，プリンストン大学心理学教授）は，プレーンバニラのデフォルトは，規制的に良く機能するデフォルトであるべきだと考えている。ニューヨークタイムズの「誰にでもぴったりなたった一つの解決策」という砕けたタイトルの論説において，彼らは，人々が良くない選択を選び，トレードオフの評価を誤り，そしてうまいマーケティングに騙されると言っている。彼らは，「開示自体は手助けにならないが，そこにはもう一つの選択肢がある」と述べ，デフォルトを挙げている。たとえば，住宅ローンのデフォルトは，30年固定金利ローンといったようになるだろう[4]。

　デフォルトが消費者保護や，その他の広い領域において良い効果をもたらしうることは疑いがない[5]。著者の一人は何年も前にすでにそう公言していた。デフォルトは，一部の取引を改善するだろう。たとえば，401(k) への自動加入は，被用者のほとんどがこのプランをオプトアウトせず，デフォルトに留まり続けるが故に，加入率を増加させ，退職後のための貯蓄を有意に増大させることができると考えられている。これは，あらゆる点で素晴らしいことであった。人々は，悪い決定（年金をもたない）をしてきたが，現在は良い決定ができている。雇用者は，年金という大きな特権を手放した被用者を多く抱えてきたが，その数は現在では少なくなっている。

　しかしデフォルトプランは，デフォルトから人々を誘い出して沼地へと誘い込む人が誰もいない場合にしか機能しない。デフォルトが年金において機能するのは，雇用者が被用者に加入してほしいと考えているからである。しかし，消費者が特に弱い立場にある領域も含めた多くの領域で，多くの企業は，人々をデフォルトから誘い出して利益を得，また簡単に誘い出す方法を探している。消費者をこの誘惑から守るものは何だろうか。それは開示である。

　プランのオプトアウトが多くの人にとって魅力的なのは，それがリバタリア

ン風に見えるからである。選択の自由は，デフォルトという形式の基礎である（それが，選択肢のアーキテクチャと言われる理由である）。その自由はどのように保証されるだろうか。バーらは，彼らの「誰にでもぴったりなたった一つの解決策」がこのことに依存しているということを理解している。デフォルトプランからのオプトアウトは，「意味のある開示」が先行した場合にのみ妥当なものとなるだろう。これらは，「典型的な借り手が陥る住宅ローンのリスクと主要な条件を効果的に伝える」「正直で理解可能な開示」でなければならないであろう。したがって，軽率なオプトアウトをさせようとする試みに対する防衛として，「人々は合理的な開示の欠如を取り上げることができるのではないだろうか」。

　これは聞き覚えがあるだろうか。バーらが，デフォルトを開示義務の代替と呼んでいたことを思いだしてほしい。彼らは，「開示自体は手助けになりにくい」として「他の選択肢」を提案していた。しかし，その選択肢は，ここで見てきたように，姿を変えた我らが友人，すなわち意味のある開示に依存している。では，「主要な条件を効果的に伝える」とは具体的にどうするのだろうか。貸付真実法の開示義務の二つの世代ができなかったことを，これはどのように成し遂げるのだろうか。

　万能薬の世界では，事前の意味のある開示が失敗するかもしれないが，意味のある開示に伴うオプトアウトはうまく機能するだろう。しかし，実際の世界では，デフォルトプランは，単なる開示主義以上のものである。貸し手は，どの常套手段が開示を「合理的」で「正直」で「理解可能」なものに見せるかを素早く理解し，顧客をプレーンバニラ商品からより収益率の高い商品へと誘導するためにそれを使うだろう。しかし，開示によって人々がプランの選択肢の中から意味のある選択をするようにならないのなら，その選択肢の一つが事前にデフォルトで指定されていたとしても，開示はうまく機能しないだろう。オプトアウトの「説明を受け承諾しました」の状態にするために書式の束といくつかの署名だけが必要である以上，ずるがしこい貸し手は今と同じようなだましの手段（創世記にあるヤコブの逸話のような）を使って，人々を悪い選択肢に引きずり込むだろう。

　デフォルトは，一部の分野においては新しいものであるが，契約法において

は，長く残念な歴史がある。たとえば，商品販売のための契約は統一商事法典に基づいて，商品が信頼できる公正な価値をもったものであるということを消費者に保証する，商品性の一般的な保証を伴い，消費者に適切な救済策を提供しなければならない。この保証はデフォルトである。当事者は，「明瞭な」開示を踏まえて合意した場合には，この保証をその契約の中で変えたり，削除したりすることができる。実際，バーらは，情報を踏まえたオプトアウトルールの例はとてもうまくいくので，すべての消費者法がこれに従うべきだと考えている[6]。しかし，現実は残念なものである。実際的に，すべての売買契約は，先の保証を否定する定型文を持っており，商品は「**無保証**」と（これもやはりすべて大文字で）書かれて売られることが必要であるにすぎない。消費者のための善意のプレーンバニラスキーマは，開示によって打ち負かされる。同じことは，ほぼあらゆる消費者のためのデフォルトルールについて言える。それはとどめることができない。消費者は裁判所に苦情を申し立てる権利を（デフォルトで）有するが，消費者は調停に「同意します」をクリックする。消費者は様々な損害，個人情報に関する権利や自分たちが作ったウェブコンテンツに対する権利を（デフォルトで）有するが，慎重に開示されたオプトアウトにサインすることで日常的にそれらを放棄している。

　立法者は，最近，法外な借り越し課徴金から人々を守るために，デフォルトを採用した。銀行は借り越し保護（たとえば，借り越しする顧客に多額の費用を請求する）をデフォルトにすることはできない。人々はそれを選択しなくてはならない。利用者の一人が定期的な支払いのために自分の銀行のウェブサイトにログインすると，自分の口座にアクセスするために同意が必要な電子開示が表示される。この開示のページにおいて利用者は，情報を踏まえて同意することの重要さを説く目立つ表示と開示へのリンクを目にするだろう。彼はクリックして 28 ページ 505 段落以上の 23,000 語の開示をダウンロードする。借り越しに関する規定は，オプトインの場合にせよ，オプトアウトの場合にせよ，その前に読むように立法者が人々に求める他の多くの断片と同様に，その文書の一部として埋めこまれている（オプトアウトに関する開示をより有意味に行うようにという政府の義務づけに従うために，それぞれのページに分かれてはいるが）。その人物は，その文言にあまり同意できなかったが，自分の口座にアクセスす

るために「同意します」をクリックした。彼は，プレーンバニラ，すなわち借り越しを行わないというデフォルトをオプトアウトしたのだろうか。

　銀行は，借り越し課徴金から大量にお金を得ている[7]。それを失う側に立つと，銀行は，借り越しを行わないというデフォルトから人々，特に常習的な借り越し超過者（その人たちは顧客の中でも豊かでない人が多いだろう）を誘い出そうとしている。そのため，開示義務の代替を目指して行われた政策は（しかし，個人の選択を維持するために開示に頼っている），「その目的の達成を見事なまでに失敗しているように見える[8]」。

　時に，パターナリズムかリバタリアニズムかという選択をすることを避けることができず，オプトアウトを許さない実質的な規制が必要となる。このような規制はすでに一般的である。高金利での貸付を規制する法がまさにそれにあたる。ある種の住宅ローンが法律的に一般的に認められなくなったり，一定額以下の住宅ローンが禁じられたりするということを想像するのは難しくない。立法者の中には，住宅の頭金が小さいことに賛成するものもいる。多くの領域で，契約条件は実際に義務づけられており，そしてそうあるべきである。目的に照らして相応しい制約が義務づけられれば，多くの人は，より良い状態になり，誤ったアドバイスや開示によって誘導される選択から守られる。しかし，中にはその選択肢によって恩恵を受ける人がいるので，このような保護にはコストがかかる。このようなトレードオフを解決する，あるいはパターナリズム的な政策のガイドラインを提案することさえ，本書の範囲を超えるものである。しかし，このトレードオフは評価される必要があり，開示義務という痛みを伴わない万能薬を使って逃れてはならない。

　もっともらしいトレードオフを見つけるのは，難しいことではない。開示義務の中心的領域の多くにおいて，より多くのパターナリズム的な規制は望ましいかもしれない。サブプライム市場における消費者金融や銀行は，まさに該当するものと言えるだろう。ドッドフランク法は，規制機関に開示されていない金融活動を規制する権限を与え，米国証券取引委員会と米国消費者金融保護局には，これに挑戦する初期の兆候が認められる。一部の州では，取引の種類ごと（一般負債，少額ローン，分割払いローン，担保ローン，農業ローン，持ち家担保ローン）に利率上限が課されている。立法者は，頑張り方と市場の失敗に対

する対応の仕方を知っている。

　規制のスペクトラムのもう一方の極に，契約法の「読む機会が提供されていれば良い」のような，開示は義務づけられているが規制は必要ないというケースがある。この購入前に定型文を読む権利（最近の制度改革で強化された権利の一つ）は放棄することができ，ほんの一部の変人が注意するだけになるだろう。学者は，定型文が我々の権利を「剥奪する」ものとして機能するといったように，規範の「縮小」や民主的な性質の「縮小」について精力的に書き立てているが[9]，GoogleやFacebookを使い，電車や飛行機の座席を予約し，ソフトウェアや音楽の使用を許可し，iPhoneやiPadを購入する何百万もの人々は，自分の権利が縮小していると感じていないし，気づいてさえもいないだろう。

　多くのトレードオフについて，合理的な人の中でも様々な意見が出るかもしれない。ある人は，ミランダ警告は警察の強制を覆い隠す隠れ蓑だと思い，捜査に対するより強い規制を求める。ある人は，医師は利益相反について開示をするだけではなく，そもそも利益相反に該当する行為を禁止するべきだと考える。一部の人は，研究を規制する優れた手段がすでに実施されている中で，施設内治験審査委員会は研究参加者を保護していないし医療研究の妨害をしていると考える。そして，魅力的な議論は，個人情報に関して起きている。ウェブサイトの個人データの収集によって人々は被害を受けているのだろうか，それとも利益を得ているのだろうか。そして，これらの活動の害を減らしながら，利益を保護するにはどのような規制がありうるだろうか。

　16世紀，アメリカ大陸に到着したスペイン人は，村人たちの「敵意と無知」というもてなしの洗礼を受けた。よって，el Requerimiento，つまり「スペインの要求」という400語が，スペイン語を解さない聴衆に向けて読み上げられた。「我々は以下のことをあなた方に依頼し，要求する。我々があなた方に言ったことを検討すること，それを理解し検討するのに必要な時間を取ること，教会を世界の支配者であり，上位の存在として認めること。しかし，あなた方が上記のことを果たさなかった場合，あなた方に対して戦争を開始し，あなた方を奴隷にする」。

　開示義務は，何世紀にもわたり，我々と共にあった。聞き手が知りたいと思

っている以上のことを，聞き手が理解しない言葉で伝えるということが，法的
な効力を持つべきではない。幸せなことに，今では開示の目的は殺戮や奴隷化
の言い訳ではない。逆に開示の目的は素晴らしいものである。開示義務の現代
史は，抑えがたい希望の歴史であり，規制の使用の範囲やその支持者の情熱が
おそらく桁違いな規制形式の繁栄の歴史である。しかし，開示に祝福された現
代の聴衆は，el Requerimiento を読み上げられた聴衆と同じくらいそれを理解
しておらず，満足もしていない。もうたくさんだ！

参考文献・注

第1章

1. ［訳注］ライン川にある地名であり，岩の多い場所なので声が木霊になって返ってくることで有名である。ハイネの詩では，漁師を誘惑して破滅に導く水の精として描かれた。

2. Lauren E. Willis, *Decisionmaking and the Limits of Disclosure: The Problem of Predatory Lending: Price*, 65 Md. L. Rev. 707, 712 (2006).

3. National Research Council, *Protecting Participants and Facilitating Social and Behavioral Sciences Research* (National Academies Press, 2003), 2-3.

4. Clifford Winston, *The Efficacy of Information Policy: A Review of Archon Fung, Mary Graham, and David Weil's Full Disclosure: The Perils and Promise of Transparency*, 46 J. Econ. Lit. 704, 713-14 (2008).

5. ［訳注］アメリカの不動産売買取引の最後における手続きの一種。

6. Federal Reserve Board, *The Federal Reserve Board Consumer Handbook on Adjustable Rate Mortgages*, 4 (2006).

7. "eBay User Agreement," eBay, アクセス日 2013年1月11日, pages.ebay.com/help/policies/user-agreement.html?_trksid=m40.

8. ［訳注］利率に手数料を加味して実質利率を計算しなおしたもの。

9. ［訳注］宣伝に使われる成功例。

10. Sheena Iyengar, *The Art of Choosing* (Twelve, 2010), 192.

11. ［訳注］製品の外に付けられた契約書で，製品を開封すると同意と見なされる。

第2章

1. ［訳注］アメリカ連邦政府抵当金庫のこと。

2. ［訳注］サブプライム住宅ローン危機。

3. ［訳注］毎回の返済を少なくし，最終払いで残額を一括返済する方法。

4. Oren Bar-Gill, *Seduction by Contract* (Oxford, 2012).

5. ［訳注］融資元が設ける専用口座のこと。商取引の際に第三者を仲介させ取引の安全を担保する第三者預託。

6. ［訳注］貸し手が前もって請求する項目。

7. Federal Reserve Bank of Boston, *True or False? Know Before You Go to Get a Mort-*

gage（Federal Reserve Bank of Boston）, 15, http://www.bostonfed.org/consumer/know beforeyougo/mortgage/mortgage.pdf.

8. ［訳注］癌の悪性度を判断する際，悪性度を判断するのに用いられる評価指標。

9. ［訳注］市民への負担となるペーパーワークを削減し，連邦政府の情報収集の効率と管理を向上させることを目的としていた。

10. ［訳注］文書中の空欄にでたらめに単語を入れて不思議な文章を作って遊ぶゲーム。

11. Pew Charitable Trusts, *Checking Account Risks at a Glance*, アクセス日 2013 年 1 月 11 日, www.pewtrusts.org/our_work_report_detail.aspx?id=85899359140.

12. ［訳注］ホメロスの『イーリアス』に収録されている叙事詩的なカタログ。

13. ［訳注］米国におけるクレジットカードのコストをまとめたもの。

14. Minnesota Department of Commerce, *Auto Insurance: What You Need to Know*, アクセス日 2013 年 1 月 11 日, http://mn.gov/commerce/insurance/images /auto-insurance-brochure.pdf.

15. Alexi Madrigal, *Reading the Privacy Policies You Encounter in a Year Would Take 76 Work Days, Atlantic*, March 5, 2012, アクセス日 2013 年 4 月 9 日, http://www.theatlantic.com/technology/archive/2012/03/reading-the-privacy-policies-you-encounter-in-a-year-would-take-76-work-days/253851/.

16. ［訳注］弁護士選任権や黙秘権の告知。

17. ［訳注］1986 年安全飲料水及び有害物質施行法。

18. ［訳注］薬品パッケージにおいて囲んで強調された警告。

19. ［訳注］アメリカ合衆国連邦政府が州政府と共同で行っている医療扶助事業のこと。

20. Michael O. Leavitt, *Building a Value-Based Health Care System*, Department of Health and Human Services, アクセス日 2013 年 1 月 11 日, www.hhs.gov/secretary/prologueseries/buildingvaluehc.pdf.

21. ALI Principles of the Law of Software Contracts 2.02（c）（3）（2010）.

22. ［訳注］給料日払いの借り入れ。

第 3 章

1. 15 U.S.C.A. § 1601（a）（2004）.

2. Federal Reserve Board, *The Federal Reserve Board Consumer Handbook on Adjustable Rate Mortgages*（2006）, 4.

3. Ezekiel J. Emanuel and Linda L. Emanuel, *Four Models of the Physician-Patient Relationship*, 267 J. Amer. Med. Assoc. 2221, 2223（1992）（emphasis in original）,（quoting the President's Commission for the Study of Ethical Problems in Medicine and Biomedical and Behavioral Research, *Making Health Care Decisions*（U.S. Gov't Printing Office, 1982））.

4. Charles W. Lidz, *Informed Consent: A Critical Part of Modern Medical Research*, 342 Amer. J. Med. Sci. 275（2011）.

5. John Hancock Financial Services, *Insight into Participant Investment Knowledge & Behavior*, アクセス日 2013 年 1 月 11 日, http://www.jhancockstructures.com/gsfp/survey 2002.pdf.

6. FTC Telemarketing Rule, 16 CFR 310.3(a)(1)(2000).

7. White House, *Consumer Data Privacy in a Networked World: A Framework for Protecting Privacy and Promoting Innovation in the Global Digital Economy* (2012), アクセス日 2013 年 1 月 11 日, http://www.whitehouse.gov/sites/default/files/privacy-final.pdf.

8. Department of Education, *The Handbook on Campus Safety and Security Reporting* (Washington, D.C., 2011).

9. Philip Keitel, *Federal Regulation of the Prepaid Card Industry: Costs, Benefits, and Changing Industry Dynamics*, Conference Summary (Federal Reserve Bank of Philadelphia, 2010), 25.

10. Alan Meisel, A *"Dignitary Tort" as a Bridge between the Idea of Informed Consent and the Law of Informed Consent*, 16 L. Med. & Health Care 210 (1988).

11. Margaret Jane Radin, *Boilerplate: The Fine Print, Vanishing Rights, and the Rule of Law* (Princeton University Press, 2013), 15.

12. *ALI Principles of the Law of Software Contracts*, 137 (Robert Hillman and Maureen O'Rourke, Reporters, 2010).

13. Daniel Schwarcz, *Transparency Opaque: Understanding the Lack of Transparency in Insurance Consumer Protection*, 61 UCLA L. Rev. (forthcoming, 2014).

14. Department of the Treasury, Internal Revenue Service, Privacy Act Notice, Notice No. 609 (Rev. Sept. 2009).

15. *In Re International Harvester Co.*, 104 F.T.C. 949 (1984).

16. Donna Shalala, *Protecting Research Subjects— What Must Be Done*, 343 N. Engl. J. Med. 808, 808 (2000).

17. Cass R. Sunstein, *Empirically Informed Regulation*, 78 U. Chi. L. Rev. 1349, 1369 (2011).

18. Thomas A. Durkin and Gregory Elliehausen, "Disclosure as a Consumer Protection," in *The Impact of Public Policy on Consumers*, ed. Thomas A. Durkin and Michael E. Staten (Kluwer, 2002), 109, 127, 130.

19. Mary Graham, *Democracy by Disclosure: The Rise of Technopopulism* (Brookings, 2002), 139.

20. 前掲, 77.

21. Institute of Medicine, *Responsible Research: A Systems Approach to Protecting Research Participants* (National Academies Press, 2003), viii.

22. Mary Dixon-Woods et al., *Beyond "Misunderstanding": Written Information and Decisions About Taking Part in a Genetic Epidemiology Study*, 65 Soc. Sci. & Med. 2212, 2213 (2007).

23. Steven H. Woolf et al., *Promoting Informed Choice: Transforming Health Care to Dispense Knowledge for Decision Making*, 143 Ann. of Int. Med. 293, 295–96 (2005).

24. Marshall B. Kapp, *Patient Autonomy in the Age of Consumer-Driven Health Care: Informed Consent and Informed Choice*, 2 J. Health & Biomedical L. 1, 10 (2006).

25. Gail Geller et al., *"Decoding" Informed Consent: Insights from Women Regarding Breast Cancer Susceptibility Testing*, 27 Hastings Center Rep. 28 (1997).

26. 義務化の背景にある考え方については以下を参照のこと。Frank Anechiarico and James B. Jacobs, *The Pursuit of Absolute Integrity: How Corruption Control Makes Government Ineffective* (University of Chicago Press, 1996).

27. Kevin P. Weinfurt et al., *Disclosing Conflicts of Interest in Clinical Research: Views of Institutional Review Boards, Conflict of Interest Committees, and Investigators*, 34 J. Law. Med. Ethics 581 (2006).

28. Archon Fong et al., *Full Disclosure: The Perils and Promise of Transparency* (Cambridge University Press, 2008).

29. Daniel E. Ho, *Fudging the Nudge: Information Disclosure and Restaurant Grading*, 122 Yale L.J. 574 (2012).

30. Mary Graham, *Democracy by Disclosure: The Rise of Technopopulism* (Brookings, 2002), 82–83.

31. Ibid., 96–97.

32. Lauren E. Willis, *Decisionmaking and the Limits of Disclosure: The Problem of Predatory Lending: Price*, 65 Md. L. Rev. 707 (2006); Lauren E. Willis, *Against Financial-Literacy Education*, 94 Iowa L. Rev. 197 (2008).

33. Edward L. Rubin, *Legislative Methodology: Some Lessons from the Truth-in-Lending Act*, 80 Geo. L.J. 233 (1991).

34. U.S. Department of Housing & Urban Development & U.S. Department of Treasury, *Recommendation to Curb Predatory Home Mortgage Lending* 67 (2000).

35. たとえば、以下を参照のこと。Florencia Marotta-Wurgler, *Will Increased Disclosure Help? Evaluating the Recommendations of the ALI's "Principles of the Law of Software Contracts,"* 78 U. Chi. L. Rev. 165 (2011).

36. Barrie R. Cassileth et al., *Informed Consent— Why Are Its Goals Imperfectly Realized?*, 302 N. Engl. J. Med. 896 (1980).

37. Charles W. Lidz, *Informed Consent: A Critical Part of Modern Medical Research*, 342 Amer. J. Med. Sci. 273 (2011).

38. National Research Council, *Protecting Participants and Facilitating Social and Behavioral Sciences Research* (National Academy of Sciences, 2003), 2.

39. Margaret L. Schwarze et al., *Exploring Patient Preferences for Infrainguinal Bypass Operation*, 202 J. Amer. Coll. Surgeons 445, 449 (2006).

40. Angela Fagerlin et al., *An Informed Decision? Breast Cancer Patients and Their Knowledge About Treatment*, 64 Patient Education & Counseling 303, 309 (2006).

41. ［訳注］医療費抑制を目的とした民間機関。

42. Mark A. Hall et al., *How Disclosing HMO Physician Incentives Affects Trust*, 21 Health Affairs 197, 203, 205 (2002).

43. David A. Herz et al., *Informed Consent: Is It a Myth?*, 30 Neurosurgery 453 (1992).

44. Joan H. Krause, *Reconceptualizing Informed Consent in an Era of Health Care Cost Containment*, 85 Iowa L. Rev. 261, 379–83 (1999).

45. Ann Butler Nattinger et al., *The Effect of Legislative Requirements on the Use of Breast-*

Conserving Surgery, 335 N. Engl. J. Med. 1035, 1039（1996）.

46. Steven Joffe et al., *Quality of Informed Consent in Cancer Clinical Trials: A Cross-Sectional Survey*, 358 Lancet 1772, 1774-75（2001）.

47. FTC Report, *Protecting Consumer Privacy in an Era of Rapid Change*,（U.S. Federal Trade Commission, March 2012）, 72.

48. Kesten C. Green and J. Scott Armstrong, *Evidence on the Effects of Mandatory Disclaimers in Advertising*, 31 J. of Pub. Pol'y & Marketing 293（2012）.

49. Richard A. Leo, *Questioning the Relevance of Miranda in the Twenty-First Century*, 99 Mich. L. Rev. 1000, 1012-13, quoting Patrick Malone, *You Have the Right to Remain Silent: Miranda After Twenty Years*, 55 American Scholar 367, 368（1986）.

50. William J. Stuntz, *Miranda's Mistake*, 99 Mich. L. Rev. 975, 976（2001）

51. James J. Choi et al., *Why Does the Law of One Price Fail? An Experiment on Index Mutual Funds*, 23 Rev. Fin. Stud. 1405（2010）.

52. 前掲。

53. Daylian M. Cain, George Loewenstein, and Don A. Moore, *The Dirt on Coming Clean: Perverse Effects of Disclosing Conflicts of Interest*, 34 J. Legal Stud. 1, 22（2005）.

54. 前掲, 18.

55. 前掲, 6. 以下も参照のこと。Sunita Sah, George Loewenstein, and Daylian M. Cain, *The Burden of Disclosure: Increased Compliance with Distrusted Advice*, 104 J. Personality and Social Psychology 289（2013）.

56. 12 U.S.C. § 2601(a)（1974）.（"It is the purpose of this chapter to effect certain changes in the settlement process for residential real estate that will result:（a）In more effective advance disclosure to home buyers and sellers of settlement costs."）

57. 15 USC § 1601 et seq.（1980）.

58. Pub. L. 96-221, Depository Institutions Deregulation and Monetary Control Act of 1980, Senate Report No. 96073（Apr. 24, 1979）.

59. *RESPA Roundup Archive*, visited January 11, 2013, http://portal.hud.gov/hud portal/HUD?src=/program_offices/housing/rmra/res/resroundup.

60. 73 Fed. Reg. 14030（2008）.

61. 米国消費者金融保護局による不動産決済手続き法（レギュレーション X）および貸付真実法（レギュレーション Z）に基づく統合された住宅ローンの開示, Proposed Rule by BUREAU OF CONSUMER FINANCIAL PROTECTION, 12 CFR Parts 1024 and 1026 [Docket No. CFPB-2012-0028], 3.

62. 貸付真実法の改善に関する初期の議論については以下を参照のこと。William N. Eskridge, Jr., *One Hundred Years of Ineptitude: The Need for Mortgage Consonant with the Economics and Psychological Dynamics of the Home Sale and Loan Transaction*, 70 Va. L. Rev. 1083（1984）.

63. Thomas A. Durkin and Gregory Elliehausen, *Truth in Lending: Theory, History, and a Way Forward*（Oxford University Press, 2011）, x.

64. Samuel Issacharoff, *Disclosure, Agents, and Consumer Protection*, 167 J. Institutional

and Theoretical Econ. 56 (2011).

65. Jeff Sovern, "Help for the Perplexed Homebuyer," *New York Times*, July 19, 2012.

66. Michael S. Barr, Sendhil Mullainathan, and Eldar Shafir, "A One-Size-Fits-All Solution?", *New York Times*, December 26, 2007.

67. http://www.healthcarereportcard.illinois.gov/, アクセス日 2013 年 6 月 30 日.

68. David Dranove et al., *Is More Information Better? The Effect of "Report Cards" on Health Care Providers*, 111 J. Pol. Econ. 555, 556 (2003).

69. Leemore Dafny and David Dranove, *Do Report Cards Tell Consumers Anything They Don't Already Know? The Case of Medicare HMOs*, 39 Rand J. Econ. 790 (2008).

70. David Dranove and Ginger Zhe Jin, *Quality Disclosure and Certification: Theory and Practice*, J. Econ. Lit., 48, no. 4: 935–63 (2010).

71. Quoted in Durkin and Elliehausen, *Truth in Lending*.

72. Cathy Charles, Amiram Gafni, and Tim Whelan, *Shared Decision-Making in the Medical Encounter: What Does It Mean? (Or It Takes At Least Two to Tango)*, 44 Soc. Sci. & Med. 681, 689 (1997).

73. たとえば，以下を参照のこと。Daniel Schwarcz, *Reevaluating Standardized Insurance Policies*, 78 U. Chi. L. Rev. 1263, 1337 (2011); Oren Bar-Gill, *Seduction by Contract* (Oxford University Press, 2012); Jonathan H. Adler, "Labeling the Little Things," in *The Nanotechnology Challenge*, ed. David Dana (Cambridge University Press, 2011); Richard A. Epstein, *How Conflict of Interests Rules Endanger Medical Progress and Cures* (Manhattan Institute, 2010).

74. Robert A. Hillman, *Online Boilerplate: Would Mandatory Website Disclosure of E-Standard Terms Backfire?*, 104 Mich. L. Rev. 837, 849–50 (2006).

第 4 章

1. Will C. van Den Hoonaard, *The Seduction of Ethics: Transforming the Social Sciences* (University of Toronto Press 2011), 118.

2. *Castellana v. Conyers Toyota*, 407 S.E.2d 64 (Ga. 1991).

3. Sheena Iyengar, *The Art of Choosing* (Twelve, 2010) (quoting Nikolas Rose), 84. 医療倫理における「義務的な自律性」の分析については以下を参照のこと。Carl E. Schneider, *The Practice of Autonomy: Patients, Doctors, and Medical Decisions* (Oxford University Press, 1998).

4. Barry Schwartz, *The Paradox of Choice: Why More is Less* (HarperCollins, 2004); Edward C. Rosenthal, *The Era of Choice: The Ability to Choose and Its Transformation of Contemporary Life* (MIT Press, 2005). を参照のこと。

5. Jack Ende et al., *Measuring Patients' Desire for Autonomy: Decision Making and Information-Seeking Preferences Among Medical Patients*, 4 J. Gen. Int. Med. 26–27 (1989).

6. William M. Strull, Bernard Lo, and Gerald Charles, *Do Patients Want to Participate in Medical Decision Making?*, 252 J. Amer. Med. Assoc. 2990 (1984).

7. William Martin, *My Prostate and Me: Dealing with Prostate Cancer* (Cadell and Davies,

1994), 54.

8. Laurence D. Brown, *Management by Objection? Public Policies to Protect Choice in Health Plans*, 56 Med. Care Res. and Rev. 146, 151 (1999).

9. James J. Choi et al., "*Defined Contribution Pensions: Plan Rules, Participant Choices, and the Path of Least Resistance*," in *Tax Policy and the Economy* 16, ed. James Poterba (NBER, 2002), 32.

10. George A. Akerlof and Robert J. Shiller, *Animal Spirits: How Human Psychology Drives the Economy and Why It Matters for Global Capitalism* (Princeton University Press, 2009), 122.

11. 前掲, 117.

12. Marlynn L. May and Daniel B. Stengel, *Who Sues Their Doctors? How Patients Handle Medical Grievances*, 24 Law & Soc'y Rev. 105, 116 (1990).

13. Carl E. Schneider, *The Practice of Autonomy: Patients, Doctors, and Medical Decisions* (Oxford University Press, 1998), 42.

14. Paul Fronstin and Sara R. Collins, *Early Experience With High-Deductible and Consumer-Driven Health Plans: Findings From the EBRI/Commonwealth Fund Consumerism in Health Care Survey*, 228 EBRI Issue Brief 1, 21 (2005).

15. Lisa M. Schwartz et al., *How Do Elderly Patients Decide Where to Go for Major Surgery?*, 331 BMJ 821 (2005).

16. John Beshears et al., "How Does Simplified Disclosure Affect Individuals' Mutual Fund Choice?" in *Explorations in the Economics of Aging*, ed. David A. Wise (University of Chicago Press, 2011), 75.

17. Sumit Agarwal et al., *The Age of Reason: Financial Decisions Over the Lifecycle* (Federal Reserve Bank of Chicago, WP 2007-05), 41, アクセス日 2013 年 1 月 12 日, http://www.hss.caltech.edu/~mshum/ec106/agarwal.pdf.

18. Larry Kirsch, *Do Product Disclosures Inform and Safeguard Insurance Policyholders?*, 20 J. Ins. Reg. 271, 273-74 (2002).

19. Jinkook Lee and Jeanne M. Hogarth, *Consumer Information Search for Home Mortgages: Who, What, How Much, and What Else?*, 9 Fin. Serv. Rev. 277, 285 (2000).

20. Schneider, *Practice of Autonomy*.

21. Musa Mayer, *Examining Myself: One Woman's Story of Breast Cancer Treatment and Recovery* (Faber and Faber, 1993).

22. Mary Alice Geier, *Cancer: What's It Doing in My Life?* (Hope Publishing, 1985), 18.

23. Penny F. Pierce, *Deciding on Breast Cancer Treatment: A Description of Decision Behavior*, 42 Nursing Res. 20 (1993).

24. Angela Fagerlin et al., *An Informed Decision? Breast Cancer Patients and Their Knowledge about Treatment*, 64 Patient Education & Counseling 303 (2006).

25. Schneider, *Practice of Autonomy*.

26. Louie Nassaney with Glenn Kolb, *I Am Not a Victim: One Man's Triumph over Fear & AIDS* (Hay House, 1990), 29.

27. Rachelle Breslow, *Who Said So?: How Our Thoughts and Beliefs Affect Our Physiology* (Celestial Arts, 1991), 15.

28. Anatole Broyard, *Intoxicated By My Illness: And Other Writings on Life and Death* (Fawcett Columbine, 1992), 39-40.

29. Michael Korda, *Man to Man: Surviving Prostate Cancer* (Random House, 1996), 101.

30. Martin, *My Prostate and Me*, 114.

31. Francis Bacon, *Aphorisms*, Bk. I, 46.

32. Richard Nisbett and Lee Ross, *Human Inference: Strategies and Shortcomings of Social Judgment* (Prentice-Hall, 1980), 41-42.

33. ［訳注］確定拠出年金の一種。

34. James Choi, David Laibson, and Brigitte C. Madrian, *Are Empowerment and Education Enough? Underdiversification in 401(k) Plans*, Brookings Papers on Economic Activity 2 (2005) 151, 192-93.

35. Yannis Bakos, Florencia Marotta-Wurgler, and David R. Trossen, *Does Anyone Read the Fine Print? Consumer Attention to Standard Form Contracts*, 43 J. Legal Stud. (forthcoming, 2014).

36. Florencia Marotta-Wurgler, *Will Increased Disclosure Help? Evaluating the Recommendations of the ALI's "Principles of the Law of Software Contracts,"* 78 U. Chi. L. Rev. 165 (2011).

37. Investment Company Institute, *Understanding Investor Preferences for Mutual Fund Information* (2006), 22.

38. Matthew A. Edwards, *Empirical and Behavioral Critiques of Mandatory Disclosure: Socio-Economics and the Quest for Truth in Lending*, 14 Cornell J. L. & Pub. Pol'y 199, 229 (2005).

39. Thomas A. Durkin and Gregory Elliehausen, *Disclosure as a Consumer Protection, in The Impact of Public Policy on Consumer Credit*, ed. Thomas A. Durkin and Michael E. Staten (Kluwer, 2002), 109, 129.

40. Michael Lewis, *The Big Short* (W.W. Norton, 2010).

41. Larry Kirsch, *Do Product Disclosures Inform and Safeguard Insurance Policyholders?*, 20 J. Ins. Reg. 271, 273-74 (2002).

42. E. Schneider and A. Epstein, *Use of Public Performance Reports: A Survey of Patients Undergoing Cardiac Surgery*, 279 J. Amer. Med. Assoc. 1638, 1638 (1998); M. N. Marshall et al., *The Public Release of Performance Data: What Do We Expect to Gain? A Review of the Evidence*, 283 J. Amer. Med. Assoc. 1866, 1866 (2000).

43. Arnold M. Epstein, *Rolling Down the Runway: The Challenges Ahead for Quality Report Cards*, 279 J. Amer. Med. Assoc. 1691, 1691-92 (1998).

44. ［訳注］保険による支出抑制を目的とした民間団体。

45. Judith H. Hibbard et al., *Can Medicare Beneficiaries Make Informed Choices?*, 17 Health Affairs 181, 186 (1998).

46. James S. Lubalin and Lauren Harris-Kojetin, *What Do Consumers Want and Need to*

Know in Making Health Care Choices? 56 (suppl.) Med. Care Res. Rev. 67, 91 (1999).

47. Jean M. Abraham et al., *The Effect of Quality Information on Consumer Health Plan Switching: Evidence from the Buyers Health Care Action Group*, 25 J. Health Econ. 762, 775 (2006).

48. Thomas Wilke et al., *Does Package Design Matter for Patients? The Association Between Package Design and Patients' Drug Knowledge*, 25 Pharmaceutical Med. 307, 308 (2011).

49. "Judge Posner Admits He Didn't Read Boilerplate for Home Equity Loan," *ABA Journal* (June 23, 2010), アクセス日 2013 年 1 月 13 日, www.abajournal.com/news/article/judge_posner_admits_he_didnt_read_boilerplate_for_home_equity_loan/

50. Thomas Gilovich, *How We Know What Isn't So: The Fallibility of Human Reason in Everyday Life* (Free Press, 1991), 30.

51. Edwin J. Elton, Martin J. Gruber, and Jeffrey A. Busse, *Are Investors Rational? Choices among Index Funds*, 59 J. Fin. 261, 262 (2004).

52. [訳注] 第 3 章参照。

53. Barry Schwartz, *The Costs of Living: How Market Freedom Erodes the Best Things in Life* (Xlibris, 2001), 29.

54. Daniel Kahneman, *Thinking, Fast and Slow* (Farrar, Straus and Giroux, 2011) 41-42.

55. James J. White, *Contracting Under Amended 2-207*, 2004 Wis. L. Rev. 723, 741 (2004).

56. "Google Terms of Service," アクセス日 2013 年 1 月 13 日, http://www.google.com/accounts/TOS?hl=en.

57. Margaret Jane Radin, *Boilerplate: The Fine Print, Vanishing Rights, and the Rule of Law* (Princeton University Press, 2013), 23, 210.

58. Florencia Marotta-Wurgler, *Are "Pay Now, Terms Later" Contracts Worse for Buyers? Evidence from Software License Agreements*, 38 J. Legal Stud. 309 (2009).

59. Angela A. Hung, Aileen Heinberg, and Anne K. Yoong, *Do Risk Disclosures Affect Investment Choice?* 7 (Working Paper WR-788 Labor and Population, 2010), アクセス日 2013 年 1 月 13 日, http://papers.ssrn.com/sol3/papers.cfm?abstract_id=1688038.

60. 前掲。

61. Lauren E. Willis, *Against Financial-Literacy Education*, 94 Iowa L. Rev. 197, 202 (2008).

62. *Canterbury v. Spence*, 464 F.2d 772, 780 (D.C. Cir. 1972).

63. 同様の議論については以下を参照のこと。Barry Schwartz, *The Paradox of Choice: Why More is Less* (HarperCollins, 2004); Edward C. Rosenthal, *The Era of Choice: The Ability to Choose and Its Transformation of Contemporary Life* (MIT Press, 2005).

64. Kirsch, *Product Disclosures*, (2002), 273-74.

65. アニメ番組『サウスパーク』はエピソードの 1 つでこの開示を嘲笑した。以下を参照のこと。http://osxdaily.com/2011/04/28/south-park-human-centipad/, アクセス日 2013 年 1 月 23 日。

66. Omri Ben-Shahar, *One Way Contracts: Consumer Protection without Law*, 6 European Rev. Contract Law 221 (2010).

67. Eugene Bardach and Robert A. Kagan, *Going By The Book: The Problem of Regulato-*

ry Unreasonableness（Transaction, 2002）, 206.
68. Samuel P. Jacobs, "Stern Lessons for Terrorism Expert: Kennedy School Researcher Tangles with Harvard Ethics Board," *Harvard Crimson*, March 23, 2007, アクセス日 2013 年 1 月 23 日, http://www.thecrimson.com/printerfriendly.aspx?ref=517924.
69. Andrea Akkad et al., Patients' *Perceptions of Written Consent: Questionnaire Study*, 333 BMJ 1, 2（2006）.
70. Peter Neary et al., *What a Signature Adds to the Consent Process*, 22 Surg. Endoscopy 2698（2008）.
71. Katherine M. Harris, *How Do Patients Choose Physicians? Evidence from a National Survey of Enrollees in Employment-Related Health Plans*, 38 HSR: Health Services Res. 711, 716（2003）.

第 5 章

1. Committee on Health Literacy, Board on Neuroscience and Behavioral Health, *Health Literacy: A Prescription to End Confusion*（National Academies Press, 2004）, 61-66.
2. National Center for Education Statistics, *Literacy in Everyday Life: Results from the 2003 National Assessment of Adult Literacy*（U.S. Dept. of Education, 2007）, 4.
3. Ad Hoc Committee on Health Literacy for the Council on Scientific Affairs, American Medical Association, *Health Literacy: Report of the Council on Scientific Affairs*, 281 J. Amer. Med. Assoc. 552（1999）.
4. Irwin S. Kirsch et al., *Adult Literacy in America: A First Look at the Findings of the National Adult Literacy Survey*（U.S. Dept. of Education, 2002）, 82-83.
5. S. Michael Sharp, *Consent Documents for Oncology Trials: Does Anybody Read These Things?*, 27 Amer. J. Clin. Oncology 570, 570（2004）.
6. Stuart A. Grossman et al., *Are Informed Consent Forms That Describe Clinical Oncology Research Protocols Readable by Most Patients and Their Families?*, 12 J. Clin. Oncology 2211, 2212（1994）.
7. Sharp, *Consent Documents*.
8. Grossman et al., *Informed Consent Forms*.
9. Michael K. Paasche-Orlow, Holly A. Taylor, and Frederick L. Brancati, *Readability Standards For Informed-Consent Forms as Compared With Actual Readability*, 348 N. Engl. J. Med. 721, 725（2003）.
10. Mark Hochhauser, *Lost in the Fine Print: Readability of Financial Privacy Notices*（July 2001）, アクセス日 2013 年 1 月 23 日, http://www.privacyrights.org/ar/GLB-Reading.htm.
11. Peter Breese et al., *The Health Insurance Portability and Accountability Act and the Informed Consent Process*, 141 Ann. Int. Med. 897, 897（2004）.
12. Peter Breese and William Burman, *Readability of Notice of Privacy Forms Used by Major Health Care Institutions*, 293 J. Amer. Med. Assoc. 1593, 1593（2005）.
13. Alan M. White and Cathy Lesser Mansfield, *Literacy and Contract*, 13 Stan. L. & Pol'y Rev. 233, 239（2002）.

14. Ronald J. Mann, *"Contracting" For Credit*, 104 Mich. L. Rev. 899, 907 (2006).

15. James M. Lacko and Janis K. Pappalardo, *The Failure and Promise of Mandated Consumer Mortgage Disclosures: Evidence from Qualitative Interviews and a Controlled Experiment with Mortgage Borrowers*, 100 Amer. Econ. Rev.: Papers and Proceedings 516, 516 (2010).

16. John C. Reid et al., *Why People Don't Learn From Diabetes Literature: Influence of Text and Reader Characteristics*, 25 Patient Educ. and Counseling 31, 32 (1995).

17. *Gerhardt v. Continental Insurance Cos.* 48 N.J. 291, 225 A.2d 328 (1966). These statements are quoted in Peter Tiersma, *Legal Language* (University of Chicago Press, 1999), 220.

18. "Despite the crisis, banks still carry huge risk," *CBS News*, February 7, 2013, quoting Paul Singer, head of Elliott Associates hedge fund.

19. Lisa M. Schwartz et al., *The Role of Numeracy in Understanding the Benefit of Screening Mammography*, 127 Ann. Int. Med. 966 (1997).

20. Isaac M. Lipkus, Greg Samsa, and Barbara K. Rimer, *General Performance on a Numeracy Scale Among Highly Educated Samples*, 21 Med. Decision Making 37, 39 (2001).

21. National Center for Education Statistics, *Literacy in Everyday Life: Results from the 2003 National Assessment of Adult Literacy* (U.S. Dept. of Education, 2007), 4.

22. Justin D. Baer et al., *The Literacy of America's College Students* (American Institutes for Research, 2006), 5.

23. Judith H. Hibbard et al., *Consumer Competencies and the Use of Comparative Quality Information: It Isn't Just About Literacy*, 64 Med. Care Res. & Rev. 379, 388 (2007).

24. Schwartz et al., *Role of Numeracy*.

25. Susan Block-Lieb and Edward J. Janger, *The Myth of the Rational Borrower: Rationality, Behavioralism, and the Misguided "Reform" of Bankruptcy Law*, 84 Tex. L. Rev. 1481, 1538 (2006).

26. Karin Braunsberger, Laurie Lucas, and Dave Roach, *The Effectiveness of CreditCard Regulation for Vulnerable Consumers*, 18 J. Services Marketing 358, 364 (2004).

27. Paul K. J. Han et al., *Conceptual Problems in Laypersons' Understanding of Individualized Cancer Risk: A Qualitative Study*, 12 Health Expectations 4 (2009).

28. Daniel Kahneman, *Thinking Fast and Slow* (Farrar, Straus & Giroux, 2011), 329.

29. Gary Klein, *Sources of Power: How People Make Decisions* (MIT Press, 1998), 24.

30. Elizabeth J. Mulligan and Reid Hastie, *Explanations Determine the Impact of Information on Financial Investment Judgments*, 18 J. Behavioral Decision Making 145, 146 (2005).

31. Donald A. Schön, *The Reflective Practitioner: How Professionals Think in Action* (Basic Books, 1983), 60.

32. Daniel E. Ho, *Fudging the Nudge: Information Disclosure and Restaurant Grading*, 122 Yale L.J. 574, 592 (2012).

33. Klein, *Sources of Power*, 157.

34. Stephen A. Marglin, "Towards the Decolonization of the Mind," in *Dominating Knowl-*

edge, ed. Frédérique Appfel Marglin and Stephen A. Marglin（Oxford University Press 1990）, 1, 24. を参照のこと。

35. Donald A. Schön, *The Reflective Practitioner: How Professionals Think in Action*（Basic Books, 1983）, viii.

36. Gillian Rose, *Love's Work: A Reckoning with Life*（Schocken, 1997）, 102–3.

37. Schön, *Reflective Practitioner*, 60.

38. Larry Kirsch, *Do Product Disclosures Inform and Safeguard Insurance Policyholders?*, 20 J. Ins. Reg. 271, 283（2002）.

39. Carl E. Schneider and Michael H. Farrell, "Information, Decisions, and the Limits of Informed Consent," in *Law and Medicine*, ed. Michael Freeman and Andrew D. E. Lewis（Oxford, 2000）.

40. Nancy D. Berkman et al., *Low Health Literacy and Health Outcomes: An Updated Systematic Review*, 155 Ann. Int. Med. 97, 97（2011）.

41. Thomas Gilovich, *How We Know What Isn't So: The Fallibility of Human Reason in Everyday Life*（Free Press, 1991）, 125.

42. Susan J. Diem, John D. Lantos, and James A. Tulsky, *Cardiopulmonary Resuscitation on Television: Miracles and Misinformation*, 334 N. Engl. J. Med. 1578, 1578（1996）. を参照のこと。

43. Gilovich, *How We Know*, 133.

44. Han et al., *Conceptual Problems*.

45. William M. Sage, *Accountability Through Information: What the Health Care Industry Can Learn from Securities Regulation*（Milbank Memorial Fund, 2000）, 22.

46. ［訳注］ただしグリーン（Green）らの元論文では 36 人。

47. Kesten Green and J. Scott Armstrong, *Evidence on the Effects of Mandatory Disclaimers in Advertising*, 31 J. Public Pol'y & Marketing, 293（2012）.

48. Truth in Lending, 73 Fed. Reg. 1676（Jan. 9, 2008）（codified at 12 C.F.R. pt. 226）.

49. Haiyang Chen and Ronald P. Volpe, *An Analysis of Personal Financial Literacy Among College Students*, 7 Fin. Serv. Rev. 107, 108, 122（1998）.

50. ［訳注］いわゆる「団信」。

51. Debra Pogrund Stark and Jessica M. Choplin, *A Cognitive and Social Psychological Analysis of Disclosure Laws and Call for Mortgage Counseling to Prevent Predatory Lending*, 16 Psychol. Pub. Pol'y and L. 85, 98（2010）.

52. James M. Lacko and Janis K. Pappalardo, *Improving Consumer Mortgage Disclosures*, Staff Report（Federal Trade Commission Bureau of Economics, 2007）, 29.

53. Angela Littwin, *Beyond Usury: A Study of Credit Card Use and Preference among Low-Income Consumers*, 86 Tex. L. Rev. 451, 497（2008）.

54. Henry T. C. Hu, *Illiteracy and Intervention: Wholesale Derivatives, Retail Mutual Funds, and the Matter of Asset Class*, 84 Geo. L.J. 2319, 2371（1996）.

55. Chen and Volpe, *Personal Financial Literacy*, 108.

56. Donna M. MacFarland, Carolyn D. Marconi, and Stephen P. Utkus, *"Money Attitudes"*

and Retirement Plan Design: One Size Does Not Fit All, in Pension Design and Structure: New Lessons from Behavioral Finance, ed. Olivia S. Mitchell & Stephen P. Utkus（Oxford University Press, 2004）, 98.

57. Mary Graham, *Democracy by Disclosure: The Rise of Technopopulism*（Brookings Institution Press, 2002）, 94.

58. Ben S. Bernanke, Chairman, Fed. Reserve Bd., Address at the Federal Reserve System's Biennial Community Affairs Research Conference（Apr. 17, 2009）, online at http://www.federalreserve.gov/newsevents/ speech/bernanke20090417a.htm, アクセス日 2013 年 1 月 23 日.

59. Hu, *Illiteracy and Intervention*, 2371.

60. Committee on Health Literacy, Board on Neuroscience and Behavioral Health, *Health Literacy: A Prescription to End Confusion*（National Academies Press, 2004）, 143.

61. Eric J. Gouvin, *Truth in Savings and the Failure of Legislative Methodology*, 62 U. Cin. L. Rev. 1281, 1314（1994）.

62. MacFarland, Marconi, and Utkus, *"Money Attitudes,"* 98.

63. Willis, *Against Financial-Literacy Education*.

第 6 章

1. ［訳注］テレビ番組の録画再生装置。
2. ［訳注］動力伝達装置・駆動装置。
3. ［訳注］自動車の欠陥に関する消費者保護法。
4. ［訳注］ニューヨークタイムズ紙のウェブ版。
5. ［訳注］車輪の軸受け。
6. ［訳注］入金額以上の小切手の振り出し等。
7. ［訳注］ED 治療薬。
8. ［訳注］持続勃起症。
9. ［訳注］穀物の外皮，ふすま。
10. Barry Schwartz, *Self-Determination: The Tyranny of Freedom*, 55 Amer. Psychologist 79, 81（2000）.
11. Lauren E. Willis, *Against Financial-Literacy Education*, 94 Iowa L. Rev. 197, 228（2008）.
12. Aleecia M. McDonald and Lorrie F. Cranor, *The Cost of Reading Privacy Policies*, 4 I/S: A Journal of Law and Policy for the Information Society 543, 563–65（2008）.
13. Mary Graham, *Democracy by Disclosure: The Rise of Technopopulism*（Brookings, 2002）, 95.
14. David de Meza, Bernd Irlenbusch, and Diane Reyniers, *Disclosure, Trust and Persuasion in Insurance Markets*, IZA Discussion Paper No. 5060（2010）, 1.
15. Tom Vanderbilt, "Little. Yellow. Dangerous. 'Children at Play' Signs Imperil Our Kids," *Slate* May 18, 2011, アクセス日 2013 年 1 月 23 日, http://www.slate.com/id/2293460/.
16. Larry Kirsch, *Do Product Disclosures Inform and Safeguard Insurance Policyholders?*, 20 J. Ins. Reg. 271, 278（2002）.

17. Naresh K. Malhotra, *Information Load and Consumer Decision Making*, 8 J. of Consumer Res. 419, 419 (1982).

18. Douglas A. Hershey et al., *Challenges of Training Pre-Retirees to Make Sound Financial Planning Decisions*, 24 Educational Gerontology 447, 449 (1998).

19. Lynn Quincy, *Making Health Insurance Cost-Sharing Clear to Consumers: Challenges in Implementing Health Reform's Insurance Disclosure Requirements*, Commonwealth Fund pub. 1480, vol. 2 (2011).

20. Richard Rogers, *A Little Knowledge is a Dangerous Thing . . . Emerging Miranda Research and Professional Roles for Psychologists*, 63 Amer. Psychologist 778-79 (2008).

21. Judith H. Hibbard, Paul Slovic, and Jacquelyn J. Jewett, *Informing Consumer Decisions in Health Care: Implications from Decision-Making Research*, 75 Milbank Q. 395, 397 (1997).

22. Willis, *Against Financial-Literacy Education*, 229 n134.

23. Ronald J. Mann, *"Contracting" For Credit*, 104 Mich. L. Rev. 899, 908 (2006).

24. Dan Ariely, *Predictably Irrational: The Hidden Forces That Shape Our Decisions* (Harper Collins, 2008), 110.

25. Mann, *"Contracting" For Credit*, 908.

26. 以下を参照のこと。Kevin Larson, "The Science of Word Recognition, or How I Learned to Stop Worrying and Love the Bouma" (2004), アクセス日 2013 年 1 月 14 日，www.microsoft.com/typography/ctfonts/wordrecognition.aspx.

27. Sheena S. Iyengar and Mark R. Lepper, *When Choice is Demotivating: Can One Desire Too Much of a Good Thing?*, 79 J. Personality & Soc. Psychology 995, 996 (2000).

28. Sheena S. Iyengar, Wei Jiang, and Gur Huberman, "How Much Choice is Too Much? Contributions to 401(k) Retirement Plans," in *Pension Design and Structure: New Lessons from Behavioral Finance*, ed. Olivia S. Mitchell and Stephen P. Utkus (Oxford University Press, 2004), 85.

29. Willis, *Against Financial-Literacy Education*, 229.

30. Sheena Iyengar, *The Art of Choosing* (Twelve, 2010), 195-96.

31. Yaniv Hanoch and Thomas Rice, *Can Limiting Choice Increase Social Welfare? The Elderly and Health Insurance*, 84 Milbank Q. 37 (2006).

32. Angela Hung, Aileen Heinberg, and Joanne Yoong, *Do Risk Disclosures Affect Investment Choice?* (RAND Labor and Population Working Paper No. WR-788, Sept 2010), 4, アクセス日 2013 年 1 月 14 日，http://papers.ssrn.com/sol3/papers.cfm?abstract_id=1688038.

33. Elisabeth H. Sandberg et al., *Clinicians Consistently Exceed a Typical Person's Short-Term Memory During Preoperative Teaching*, 53 Survey of Anesthesiology 131, 131 (2009).

34. William M. Sage, *Accountability Through Information: What the Health Care Industry Can Learn from Securities Regulation* (Milbank Memorial Fund, 2000), 34-35.

35. Willis, *Against Financial-Literacy Education*, 224.

36. Kirsch, *Product Disclosures*, 278.

37. [訳注] 複数の該当サイト候補ではなく，単一のおすすめのサイトが即座に提示される

オプション。

第7章

1. たとえば以下を参照のこと。Robert B. Cialdini, *Influence: The Psychology of Persuasion* (rev. ed., Harper 2006); Daniel Kahneman, *Thinking Fast and Slow* (Farrar, Straus and Giroux, 2011); Dan Ariely, *Predictably Irrational: The Hidden Forces That Shape Our Decisions* (HarperCollins, 2008).

2. Richard H. Thaler and Cass R. Sunstein, *Nudge: Improving Decisions about Health, Wealth, and Happiness* (Penguin, 2009); Cass R. Sunstein, *Empirically Informed Regulation*, 78 U. Chi. L. Rev. 1349 (2011).

3. Oren Bar-Gill, *Seduction by Plastic* (Oxford University Press, 2012), 107.

4. John Ameriks, Andrew Caplin, and John Leahy, *The Absent-Minded Consumer*, (National Bureau of Economic Research Working Paper 10216, Jan 2004), 23.

5. Henry T. C. Hu, *Illiteracy and Intervention: Wholesale Derivatives, Retail Mutual Funds, and the Matter of Asset Class*, 84 Geo. L.J. 2319, 2367 (1996).

6. John Hancock Financial Services, *Insight into Participant Investment Knowledge & Behavior, 8th Defined Contribution Plan Survey* (2002), 5.

7. Dan Ariely, *Predictably Irrational: The Hidden Forces That Shape Our Decisions* (Harper Collins, 2008), 129.

8. Bar-Gill, *Seduction by Plastic*, 215-40; Stefano Della Vigna and Ulrike Malmendier, *Paying Not to Go to the Gym*, 96 Amer. Econ. Rev. 694 (2006).

9. Omri Ben-Shahar, *How Bad Are Mandatory Arbitration Terms?*, 41 Mich. J. L. Reform 777 (2008); Omri Ben-Shahar, "Arbitration and Access to Courts: An Economic Analysis," in *Regulatory Competition in Contract Law and Dispute Resolution*, ed. H. Eidenmuller (Hart, 2013), 449.

10. Gary Klein, *Streetlights and Shadows: Searching for the Keys to Adaptive Decision Making* (MIT Press, 2009), 208, 212.

11. 前掲, 223.

12. Joel Tsevat et al., *The Will to Live among HIV-Infected Patients*, 131 Ann. Int. Med. 194 (1999); Peter A. Ubel, George Loewenstein, and Christopher Jepson, *Whose Quality of Life? A Commentary Exploring Discrepancies Between Health State Evaluations of Patients and the General Public*, 12 Quality of Life Res. 599 (2003).

13. Ariely, *Predictably Irrational*, 319.

14. Barbara J. McNeil et al., *On the Elicitation of Preferences for Alternative Therapies*, 306 N. Engl. J. Med. 1259, 1261 (1982).

15. Renée R. Anspach, *Deciding Who Lives: Fateful Choices in the Intensive-Care Nursery* (University of California Press, 1993), 101.

16. Herbert A. Simon, *The Failure of Armchair Economics*, 29 Challenge 18, 21 (1986).

17. Daniel Kahneman, *Thinking Fast and Slow* (Farrar, Straus and Giroux, 2011), 87-88.

18. Elizabeth J. Mulligan and Reid Hastie, *Explanations Determine the Impact of Informa-*

tion on Financial Investment Judgments, 17 J. Behavioral Decision Making 145, 146 (2005).

19. Thomas Gilovich, *How We Know What Isn't So: The Fallibility of Human Reason in Everyday Life* (Free Press, 1991), 76.

20. John C. Reid et al., *Why People Don't Learn From Diabetes Literature: Influence of Text and Reader Characteristics*, 25 Patient Education & Counseling 31, 35 (1995).

21. Lauren E. Willis, *Against Financial-Literacy Education*, 94 Iowa L. Rev. 197, 235-36 (2008).

22. Kahneman, *Thinking Fast and Slow*, 20-21. See also Steven A. Sloman, *The Empirical Case for Two Systems of Reasoning*, 119 Psychological Bull. 3 (1996).

23. Kahneman, *Thinking Fast and Slow*, 45.

24. George A. Akerlof and Robert J. Shiller, *Animal Spirits: How Human Psychology Drives the Economy and Why It Matters for Global Capitalism* (Princeton University Press, 2009), 123.

25. Bar-Gill, *Seduction by Plastic*, 21-22.

26. Baruch Fischhoff et al., *How Safe is Safe Enough? A Psychometric Study of Attitudes Toward Technological Risks and Benefits*, 9 Pol'y Sci. 127 (1978); A. Alhakmi and P. Slovic, *A Psychological Study of the Inverse Relationships Between Perceived Risk and Perceived Benefit*, 14 Risk Analysis 1085 (1994).

27. Angela A. Hung, Aileen Heinberg, and Anne K. Yoong, *Do Risk Disclosures Affect Investment Choice?* (Working Paper WR-788 Labor and Population, 2010), 7, アクセス日 2013 年 1 月 13 日, http://papers.ssrn.com/sol3/papers.cfm?abstract_id=1688038.

28. Angela Fagerlin, Brian J. Zikmund-Fisher, and Peter A. Ubel, *"If I'm Better Than Average, Then I'm OK?": Comparative Information Influences Beliefs About Risk and Benefits*, 69 Patient Educ. & Counseling 140, 143 (2007).

29. Gilovich, *How We Know*, 2.

30. Richard A. Epstein, *The Neoclassical Economics of Consumer Contracts*, 92 Minn. L. Rev. 803, 808 (2008).

31. Cass R. Sunstein, *Empirically Informed Regulation*, 78 U. Chi. L. Rev. 1349 (2011).

32. 前掲, 1365-66.

33. Thomas Cooley et al., "Consumer Finance Protection," in *Regulating Wall Street: The Dodd-Frank Act and the New Architecture of Global Finance*, ed. Viral V. Acharya et al. (John Wiley and Sons, 2011), 73, 82.

34. Oren Bar-Gill, *Seduction by Contract* (Oxford, 2012).

35. Marianne Bertrand and Adair Morse, *Information Disclosure, Cognitive Biases, and Payday Borrowing*, 66 J. Fin. 1865, 1866 (2011).

36. Kahneman, *Thinking Fast and Slow*, 417.

37. Debra Pogrund Stark and Jessica M. Choplin, *A Cognitive and Social Psychological Analysis of Disclosure Laws and Call for Mortgage Counseling to Prevent Predatory Lending*, 16 Psychology, Public Pol'y, & Law 85, 89 (2010).

38. Jinkook Lee and Jeanne M. Hogarth, *Relationships Among Information Search Activi-*

ties When Shopping for a Credit Card, 34 J. Consumer Affairs 330, 333（2000）.

39. David de Meza, Bernd Irlenbusch, and Diane J. Reyniers, *Disclosure, Trust and Persuasion in Insurance Markets*, IZA Discussion Paper No. 5060（2010）, 2.

40. Ronald Mann, *Nudging from Debt: The Role of Behavioral Economics in Regulation*,（Lydian Journal 2011）, アクセス日 2013 年 1 月 14 日, http://www.pymnts.com/journal-bak/201/nudging-from-debt-the-role-of-behavioral-economics-in-regulation/.

41. Emir Kamenica, Sendhil Mullainathan, and Richard Thaler, *Behavioral Economics and Consumer Regulation*, 101 Amer. Econ. Rev.: Papers and Proceedings 417, 421-22（2011）.

42. Jeff Sovern, *Preventing Future Economic Crises Through Consumer Protection Law or How the Truth in Lending Act Failed the Subprime Borrowers*, 71 Ohio St. L.J. 761, 782-83（2010）.

43. 以下を参照のこと。Debra Pogrund Stark and Jessica M. Choplin, *A Cognitive and Social Psychological Analysis of Disclosure Laws and Call for Mortgage Counseling to Prevent Predatory Lending*, 16 Psychology, Public Pol'y, & Law 85, 101（2010）; Ill. Dep't Fin. and Prof 'l Regulation, Findings from the HB 4050 Predatory Lending Database Pilot Program 1, 3-4（2007）, アクセス日 2013 年 1 月 14 日, http://nlihc.org/library/sirr/IL-2007.

44. Stark and Choplin, *Cognitive and Social Psychological Analysis*, 125.

45. Daylian M. Cain, George Loewenstein, and Don A. Moore, *The Dirt on Coming Clean: Perverse Effects of Disclosing Conflicts of Interest*, 34 J. Legal Stud. 1, 22（2005）; Sunita Sah, George Loewenstein, and Daylian M. Cain, *The Burden of Disclosure: Increased Compliance with Distrusted Advice*, 104 J. Personality & Social Psychology 289（2013）.

46. Bertrand and Morse, *Information Disclosure*, 1889-91.

47. Adair Morse, *Payday Lenders: Heroes or Villains?*, 102 J. Fin. Econ. 28, 42（2011）.

48. Victor Saliterman and Barry G. Sheckley, "Adult Learning Principles and Pension Participant Behavior," in *Pension Design and Structure: New Lessons from Behavioral Finance*, ed. Olivia S. Mitchell and Stephen P. Utkus（Oxford University Press, 2004）, 221.

第 8 章

1. Cass R. Sunstein, *Empirically Informed Regulation*, 78 U. Chi. L. Rev. 1349, 1369（2011）.

2. SEC Release No. 33-8861（December 14, 2007）.

3. Daniel Schwarcz, *Transparency Opaque: Understanding the Lack of Transparency in Insurance Consumer Protection*, 61 UCLA L. Rev.（forthcoming, 2014）; Lynn Quincy, *Make Insurance Understandable*, Politico.com（Nov 3, 2011）, アクセス日 2013 年 1 月 13 日, http://www.politico.com/news/stories/1111/67548.html.

4. Plain Writing Act § 3, Pub. L. No. 111-274, 124 Stat. 2861.

5. Dodd-Frank Act § 1021, Pub. L. No. 111-203, 124 Stat. 1979, codified at 12 U.S.C. § 5511.

6. Jerry Menikoff with Edward P. Richards, *What the Doctor Didn't Say: The Hidden Truth about Medical Research*（Oxford University Press, 2006）, 228.

7. Sunstein, *Empirically Informed Regulation*, 1366.

8. 前掲, 1369.

9. Michael S. Barr, Sendhil Mullainathan, and Eldar Shafir, *Behaviorally Informed Financial Services Regulation*, (New America Foundation, 2008), 9; Michael S. Barr, Sendhil Mullainathan, and Eldar Shafir, "A One Size Fits All Solution," *New York Times* (December 26, 2007), www.nytimes.com/2007/12/26/opinion/26barr.html?page.

10. http://www.consumerfinance.gov/knowbeforeyouowe/, アクセス日 2013 年 1 月 14 日.

11. 貸付真実法の発展の初期の議論については以下を参照。William N. Eskridge, Jr., *One Hundred Years of Ineptitude: The Need for Mortgage Consonant with the Economics and Psychological Dynamics of the Home Sale and Loan Transaction*, 70 Va. L. Rev. 1083 (1984).

12. Department of Treasury, *Financial Regulatory Reform: A New Foundation* (2009), 64.

13. Barr, Mullainathan, and Shafir, *Behaviorally Informed*, 7.

14. Margaret Jane Radin, *Boilerplate: The Fine Print, Vanishing Rights, and the Rule of Law* (Princeton University Press, 2012.)

15. ［訳注］紋切り型の文章。

16. James J. White and Robert Summers, *Uniform Commercial Code, 5th ed.*, 1: 599-852 (West Group, 2006).

17. Ian Ayres and Alan Schwartz, *The No Reading Problem in Consumer Contract Law*, Stan. L. Rev. (forthcoming, 2013).

18. White House, *Consumer Data Privacy in a Networked World: A Framework for Protecting Privacy and Promoting Innovation in the Global Digital Economy* (2012), アクセス日 2013 年 1 月 14 日, http://www.whitehouse.gov/sites/default/files/privacy-final.pdf.

19. Institute of Medicine, *Responsible Research: A Systems Approach to Protecting Research Participants* (National Academies Press, 2003), viii.

20. Mary Dixon-Woods et al., *Beyond "Misunderstanding": Written Information and Decisions About Taking Part in a Genetic Epidemiology Study*, 65 Soc. Sci. & Med. 2212, 2213 (2007).

21. Alan M. White and Cathy Lesser Mansfield, *Literacy and Contract*, 13 Stan. L. & Pol'y Rev. 233, 239 (2002).

22. 前掲., 242.

23. Richard Rogers, *A Little Knowledge is a Dangerous Thing . . . Emerging Miranda Research and Professional Roles for Psychologists*, 63 Amer. Psychologist 776, 779 (2008).

24. White and Mansfield, *Literacy and Contract*, 238-39 (2002).

25. Robert J. Levine, IRB 8 (January 1982) (letter).

26. http://en.wikipedia.org/wiki/Mastocytosis, アクセス日 2013 年 1 月 14 日.

27. http://en.wikipedia.org/wiki/Mast cell, アクセス日 2013 年 1 月 14 日.

28. "eBay User Agreement," eBay, April 23, 2013, pages.ebay.com/help/policies/user-agreement.html?_trksid=m40.

29. Securities and Exchange Commission, *Enhanced Disclosure and New Prospectus Delivery Option for Registered Open-End Management Investment Companies*, 17 CFR Parts 230, 232, 239, and 274 (Release Nos. 33-8861; December 14, 2007).

30. John Beshears et al., "How Does Simplified Disclosure Affect Individuals' Mutual Fund Choice?," in *Explorations in the Economics of Aging*, ed. David A. Wise（University of Chicago Press, 2011）, 75.

31. Ibid.

32. *Know Before You Owe: Evolution of the Integrated TILA-RESPA Disclosures*,（2012）, xxvi, アクセス日 2013 年 1 月 14 日, http://files.consumerfinance.gov/f/201207_cfpb_report_tila-respa-testing.pdf.

33. Lynn Quincy, *Making Health Insurance Cost-Sharing Clear to Consumers: Challenges in Implementing Health Reform's Insurance Disclosure Requirements*, Consumers Union Issue Brief（February 2011）.

34. 前掲。

35. Schwarcz, *Transparency Opaque*, 5

36. See Eskridge, *One Hundred Years of Ineptitude*, 1166（1984）; Elizabeth Renuart and Diane E. Thompson, *The Truth, The Whole Truth, and Nothing But the Truth: Fulfilling the Promise of Truth in Lending*, 25 Yale J. on Reg. 181, 219–20 n223（2008）; Oren Bar-Gill, *The Law, Economics, and Psychology of Subprime Mortgage Contracts*, 94 Cornell L. Rev. 1073, 1078（2009）.

37. たとえば以下を参照のこと。Jeff Sovern, *Preventing Future Economic Crises through Consumer Protection Law or How the Truth in Lending Act Failed the Subprime Borrowers*, 71 Ohio St. L. J. 761（2010）; James M. Lacko and Janis K. Pappalardo, *Improving Consumer Mortgage Disclosures: An Empirical Assessment of Current and Prototype Disclosure Forms*（Federal Trade Commission, Bureau of Economics Staff Report, 2007）; 以下も参照のこと。*Design and Testing of Effective Truth in Lending Disclosures: Findings from Experimental Study*, アクセス日 2013 年 1 月 14 日, http://www.federalreserve.gov/newsevents/press/bcreg/bcreg20081218a8.pdf.

38. Andrew Martin, "Prepaid, but not Prepared for Debit Card Fees," *New York Times*（Oct 5, 2009）, アクセス日 2013 年 1 月 14 日, http://www.nytimes.com/2009/10/06/your-money/06prepay.html?hp.

39. Julia Marlowe and Martina Rojo, *Consumer Problems with Prepaid Telephone Cards*, 51 Consumer Ints. Ann. 126, 131（2005）.

40. Attorney General Pam Bondi News Release, アクセス日 2013 年 1 月 14 日, http://www.myfloridalegal.com/newsrel.nsf/newsreleases/7AD2F1581F3BB2A485257895004D18D5.

41. スマート開示は以下の本で発展された「RECAP（価格の記録・評価・比較)」という考えをもとにしている。Richard H. Thaler and Cass R. Sunstein, *Nudge: Improving Decisions about Health, Wealth, and Happiness*（Penguin, 2009）.

42. Cass Sunstein, *Informing Consumers through Smart Disclosure*, White House Office of Management and Budget Blog, March 30, 2012, アクセス日 2013 年 1 月 14 日, http://www.whitehouse.gov/blog/2012/03/30/informing-consumers-through-smart-disclosure.

43. See Oren Bar-Gill and Franco Ferrari, *Informing Consumers about Themselves*, 3 Eras-

mus L. Rev. 93 (2010); Emir Kamenica, Sendhil Mullainathan, and Richard Thaler, *Helping Consumers Know Themselves*, 101 Amer. Econ. Rev.: Papers and Proceedings 417 (2011).

44. Ariel Porat and Lior J. Strahilevitz, *Personalizing Default Rules and Disclosure with Big Data*, 112 Mich. L. Rev. (forthcoming, 2014).

45. Bryan Bollinger, Phillip Leslie, and Alan Sorensen, *Calorie Posting in Chain Restaurants*, 3 Amer. Econ. J.: Econ. Pol'y 91, 91 (2011). See also C. A. Roberto et al., *Evaluating the Impact of Menu Labeling on Food Choices and Intake*, 100 Amer. J. Pub. Health 312, 312 (2010).

46. Gary Jones and Miles Richardson, *An Objective Examination of Consumer Perception of Nutrition Information Based on Healthiness Ratings and Eye Movements*, 10 Pub. Health Nutrition 238, 238 (2007).

47. Gill Cowburn and Lynn Stockley, *Consumer Understanding and Use of Nutrition Labeling: A Systematic Review*, 8 Pub. Health Nutrition 21, 23 (2005).

48. Mary Margaret Huizinga et al., *Literacy, Numeracy, and Portion-Size Estimation Skills*, 36 Amer. J. Preventive Med. 324, 326 (2009); Russell L. Rothman et al., *Patient Understanding of Food Labels: The Role of Literacy and Numeracy*, 31 Amer. J. Preventive Med. 391, 393 (2006).

49. L. J. Harnack et al., *Effect of Calorie Labeling and Value Size Pricing on Fast Food Meal Choices: Results from an Experimental Trial*, 5 Int'l J. Behavioral Nutrition & Physical Activity 63, 63 (2008).

50. Brian Elbel et al., *Calorie Labeling and Food Choices: A First Look at the Effects on Low Income People in New York City*, 28 Health Affairs 1110, 1110-11 (2009); Julie S. Downs, George Loewenstein, and Jessica Wisdom, *The Psychology of Food Consumption: Strategies for Promoting Healthier Food Choices*, 99 Amer. Econ. Rev. 159, 159-60 (2009).

51. Brenda M. Derby and Alan S. Levy, "Do Food Labels Work?," in *Handbook of Marketing and Society*, ed. Paul N. Bloom and Gregory T. Gundlach, (Sage, 2001) 372, 389; Daniel S. Putler and Elizabeth Frazao, "Assessing the Effects of Nutrition Education Programs on the Consumption and Composition of Fat Intake," in *Economics of Food Safety*, ed. Julie A. Casell, (Elsevier Science, 1991), 247.

52. Kiyah J. Duffey and Barry M. Popkin, *Energy Density, Portion Size, and Eating Occasions: Contributions to Increased Energy Intake in the United States, 1977-2006*, 8(6) PLoS Med 1 (2011).

第9章

1. Louis Brandeis, *Other People's Money and How Bankers Use It* (1914), 103.

2. "Geithner: New Bureau to Focus on Improved Disclosures," http://m.foxbusiness.com/quickPage.html?page=19453&content=42943554&pageNum=-1.

3. Richard Cordray, "CFPB Helping Fix Mortgage Industry," Politico.com, February 13, 2012, http://www.politico.com/news/stories/0212/72769_Page2.html#ixzz1mIKy5uMH.

4. H. R. Res. 1609 (2010).

5. ［訳注］第三者預託。

6. Statement of Representative Rick Lazio, Chairman of Subcommittee on Housing and Community Opportunity, July 22 1998, http://commdocs.house.gov/committees/bank/hba50286.000/hba50286_0.htm.

7. James Q. Wilson, *Bureaucracy: What Governments Agencies Do and Why They Do It* (Basic Books, 1989), 341.

8. Eugene Bardach and Robert A. Kagan, *Going By the Book: The Problem of Regulatory Unreasonableness* (Transaction, 2002), 23.

9. 611 P.2d 902 (Cal., 1980).

10. アメリカでは，18 歳から 44 歳の女性のうち 80％以上が子宮頸部細胞診を直近の 3 年以内に受診している。http://www.cdc.gov/cancer/cervical/statistics/screening.htm.

11. *In the Matter of International Harvester Company*, 104 F.T.C. 949 (1984).

12. Jeremy Sugarman et al., *The Cost of Ethics Legislation: A Look at the Patient Self-Determination Act*, 3 Kennedy Instit. Ethics J. 387, 389 (1993).

13. Mark A. Hall, *Making Medical Spending Decisions: The Law, Ethics, and Economics of Rationing Mechanisms* (Oxford University Press, 1997), 198; Martin Grunderson, *Eliminating Conflicts of Interests in Managed Care Organizations through Disclosure and Consent*, 25 J. L. Med. & Ethics 192, 195 (1997).

14. *Citizens United v. Federal Election Commission*, 558 U.S. 310 (2010).

15. Cass Sunstein and Richard Thaler, *Libertarian Paternalism*, 70 U. Chi. L. Rev. 1159, 1160 (2003); Richard Thaler and Cass Sunstein, *Nudge: Improving Decisions about Health, Wealth, and Happiness* (Penguin, 2009), 5-14.

16. Robert Pear, "U.S. to Force Drug Firm to Report Money Paid to Doctors," *New York Times*, January 16, 2002.

17. Statement of Robert F. Elliott, president, Household Finance Company, in *Re-examining Truth-in-Lending: Do Borrowers Actually Use Disclosures?* 52 Consumer Fin. L. Q. Rep. 3, 7 (1998).

18. Lauren E. Willis, *Against Financial-Literacy Education*, 94 Iowa L. Rev. 197, 265 (2008).

19. Robert A. Hillman and Maureen O'Rourke, *Defending Disclosure in Software Contracting*, 78 U. Chi. L. Rev. 95 (2011).

20. Ilene Albala et al., *The Evolution of Consent Forms for Research: A Quarter Century of Changes*, 32 IRB: Ethics & Human Research 7 (May/June, 2010).

21. *Wyeth v. Levine*, 555 U.S. 555 (2009).

第 10 章

1. W. Kip Viscusi, *Individual Rationality, Hazard Warnings, and the Foundations of Tort Law*, 48 Rutgers L. Rev. 625, 628 (1996)

2. U.S. Department of Education, Office of Postsecondary Education, *The Handbook for Campus Safety and Security Reporting* (2011).

3. U.S. Department of Education, Office of Postsecondary Education, *The Handbook for Campus Crime Reporting* (2005), 1.

4. Sara Lipka, "Do Crime Statistics Keep Students Safe?," *Chron. Higher Educ.*, Jan. 30, 2009.

5. 前掲。

6. 以下を参照のこと。"Univ. of Mich., Annual Security Report & Annual Fire Safety Report (2012-2013)," http://www.umich.edu/~safety/pdf/annual_report_2012.pdf.

7. Michael M. Greenfield, *Consumer Transactions*, 5th ed. (Foundation Press, 2009), 185.

8. Edward L. Rubin, *Legislative Methodology: Some Lessons from the Truth-in-Lending Act*, 80 Geo. L.J. 233, 236-37 (1991).

9. Archon Fung et al., *Full Disclosure: The Perils and Promise of Transparency* (Cambridge University Press, 2008), 82.

10. Ginger Zhe Jin and Philip Leslie, *The Effect of Information on Product Quality: Evidence from Restaurant Hygiene Grade Cards*, 118 Q. J. Econ. 409 (2003).

11. Omri Ben-Shahar and Carl E. Schneider, *The Failure of Mandated Disclosure*, 159 U. Penn. L. Rev. 647, 743-48 (2011).

12. Daniel E. Ho, *Fudging the Nudge: Information Disclosure and Restaurant Grading*, 122 Yale L.J. 574 (2012).

13. 前掲。

14. 前掲。

15. *Canterbury v. Spence*, 464 F.2d 772, 781-88 (D.C. Cir. 1972).

16. The court quoted this sentence from Jon R. Waltz and Thomas W. Scheuneman, *Informed Consent for Therapy*, 64 Nw. U. L. Rev. 628, 640 (1970).

17. "Common and Rare Side Effects for Aspirin Oral," WebMD, visited Nov. 15, 2010, www.webmd.com/drugs/drug-1082-aspirin.aspx?drugid=1082&drugname=aspirin&source=1&pagenumber=6.

18. See Byron Cryer, *NSAID-Associated Deaths: The Rise and Fall of NSAID-Associated GI Mortality*, 100 Am. J. Gastroenterology 1694, 1694 (2005).

19. 前掲。

20. Thomas O. Stair et al., *Variation in Institutional Review Board Responses to a Standard Protocol for a Multicenter Clinical Trial*, 8 Academic Emergency Medicine 636, 638 (2001).

21. Lee A. Green et al., *IRB and Methodological Issues: Impact of Institutional Review Board Practice Variation on Observational Health Services Research*, 41 HSR: Health Services Research 214, 221 (2006).

22. Jerry Goldman and Martin D. Katz, *Inconsistency and Institutional Review Boards*, 248 JAMA 197 (1982).

23. 225 Ill. Comp. Stat. Ann. 410/3B-12(a) (West 2007).

24. Dave Wendler and Jonathan Rackoff, *Consent for Continuing Research Participation: What Is It and When Should It Be Obtained?*, IRB: Ethics & Human Res., May-June 2002,

1, 1.

25. Tim Smits and Vera Hoorens, *How Probable is Probably? It Depends on Whom You're Talking About*, 18 J. Behav. Decision Making 83, 84 (2005).

26. Kimberley Koons Woloshin et al., *Patients' Interpretation of Qualitative Probability Statements*, 3 Archives Fam. Med. 961, 965 (1994).

27. Dianne C. Berry et al., *Patients' Understanding of Risk Associated with Medication Use: Impact of European Commission Guidelines and Other Risk Scales*, 26 Drug Safety 1, 2 (2003).

28. David A. Grimes and Gillian R. Snively, *Patients' Understanding of Medical Risks: Implications for Genetic Counseling*, 93 Obstetrics & Gynecology 910, 912-13 (1999).

29. Peter Knapp et al., *Communicating the Risk of Side Effects to Patients: An Evaluation of UK Regulatory Recommendations*, 32 Drug Safety 837, 838-39 (2009).

30. Richard Rogers, *A Little Knowledge is a Dangerous Thing . . . Emerging Miranda Research and Professional Roles For Psychologists*, 63 Am. Psychologist 776, 778-79 (2008).

31. Peter A. Ubel, *Truth in the Most Optimistic Way*, 134 Ann. Int. Med. 1142, 1143 (2001).

32. Tracy M. Robinson et al., *Patient-Oncologist Communication in Advanced Cancer: Predictors of Patient Perception of Prognosis*, 16 Supportive Care Cancer 1049, 1050 (2008).

33. Lynn Quincy, *Making Health Insurance Cost-Sharing Clear to Consumers: Challenges in Implementing Health Reform's Insurance Disclosure Requirements*, Consumers Union Issue Brief 4-6 (February 2011).

34. University of Michigan, "Protecting Consumer Privacy 3.3," www.uofmhealth.org/patient+and+visitor+guide/hipaa.

35. U.S. Federal Trade Commission, *Protecting Consumer Privacy in an Era of Rapid Change* (FTC Report, March 2012).

36. Richard A. Leo, *Questioning the Relevance of Miranda in the Twenty-First Century*, 99 Mich. L Rev. 1000, 1009-10 (2000).

37. Jessica Silver-Greenberg, "Don't Buy Too Much Insurance," *Wall Street Journal* (Oct. 8, 2011).

38. Susan Block-Lieb and Edward J. Janger, *The Myth of the Rational Borrower: Rationality, Behavioralism, and the Misguided "Reform" of Bankruptcy Law*, 84 Tex. L. Rev. 1481, 1560 (2006).

39. Truls Østbye et al., *Is There Time for Management of Patients With Chronic Diseases in Primary Care?*, 3 Ann. Fam. Med. 209, 212 (2005). See also Kimberly S. H. Yarnall et al., *Primary Care: Is There Enough Time for Prevention?*, 93 Am. J. Pub. Health 635, 637 (2003).

40. Dianne C. Berry et al., *Patients' Understanding of Risk Associated with Medication Use: Impact of European Commission Guidelines and Other Risk Scales*, 26 Drug Safety 1, 2, 54-55 (2003).

41. Neil Carrigan et al., *Adequacy of Patient Information on Adverse Effects: An Assessment of Patient Information Leaflets in the UK*, 31 Drug Safety 305, 306-7 (2008).

42. Mark A. Hall, *The Theory and Practice of Disclosing HMO Physician Incentives*, 65(4) Law & Contemp. Probs. 207, 227 (2002).

43. Lawrence D. Brown, *Management by Objection?: Public Policies to Protect Choice in Health Plans*, 56 Med. Care Res. & Rev. 145, 161 (Supp. 1 1999), quoting Paul Lengerin, president, New Jersey HMO Association.

44. *Kohn v. American Metal Climax*, Inc., 322 F. Supp. 1331, 1362-53 (E.D. Pa. 1971).

45. Lauren E. Willis, *Decisionmaking and the Limits of Disclosure: The Problem of Predatory Lending: Price*, 65 Md. L. Rev. 707, 790 (2006).

46. *In re Martinez*, 266 BR 523 (Bkrtcy. S. D. Fla., 2001).

47. *Gutierrez v. Wells Fargo Bank*, 730 F. Supp. 2d. 1080 (N.D. Cal. 2010).

48. Financial Services Regulatory Relief Act, 15 U.S.C. § 1692g (b) (2006).

49. Robert A. Prentice, *Moral Equilibrium: Stock Brokers and the Limits of Disclosure*, 2011 Wis. L. Rev. 1059, 1088-89.

50. Kevin P. Weinfurt et al., *Disclosing Conflicts of Interest in Clinical Research: Views of Institutional Review Boards, Conflict of Interest Committees, and Investigators*, 34 J. L. Med. Ethics 581, 583 (2006).

51. Kevin P. Weinfurt et al., *Disclosure of Financial Relationships to Participants in Clinical Research*, 361 N. Engl. J. Med. 916, 918 (2009).

52. Christine Grady et al., *The Limits of Disclosure: What Research Subjects Want to Know about Investigator Financial Interests*, 34 J. L. Med. Ethics 592, 597 (2006).

53. Weinfurt et al., *Disclosing Conflicts of Interest*, 590.

54. Mark A. Hall et al., *How Disclosing HMO Physician Incentives Affects Trust*, 21 Health Affairs 197, 203-5 (2002).

55. Richard S. Saver, *Medical Research Oversight From the Corporate Governance Perspective: Comparing Institutional Review Boards and Corporate Boards*, 46 Wm. & Mary L. Rev. 619, 717 (2004).

56. Weinfurt et al., *Disclosure of Financial Relationships*, 917.

57. Grady et al., *Limits of Disclosure*, 598.

58. Stacy W. Gray et al., *Attitudes Toward Research Participation and Investigator Conflicts of Interest Among Advanced Cancer Patients Participating in Early Phase Clinical Trials*, 25 J. Clin. Onc. 3488, 3492 (2007).

59. ［訳注］メルヴィルの白鯨。この部分は富田彬訳角川文庫版から引用。

60. Daylian M. Cain et al., *The Dirt on Coming Clean: Perverse Effects of Disclosing Conflicts of Interest*, 34 J Legal Stud. 1 (2005).

61. Robert A. Prentice, *Moral Equilibrium: Stock Brokers and the Limits of Disclosure*, 2011 Wis. L. Rev. 1059, 1073 (2011).

62. David de Meza et al., *Disclosure, Trust and Persuasion in Insurance Markets*, IZA Discussion Paper No. 5060 (2010), 3.

63. Cain et al., *Dirt on Coming Clean*.

64. Sunita Sah, George Loewenstein, and Daylian M. Cain, *How Doctors' Disclosures In-*

crease Patient Anxiety（unpublished manuscript 2011）.

65.　Michael S. Barr, Sendhil Mullainathan, and Eldar Shafir, *Behaviorally Informed Financial Services Regulation*（New America Foundation, 2008）, 7.

第11章

1.　Stephen Breyer, *Regulation and its Reform*（Harvard University Press 1984）, 161.

2.　Restatement（Second）of Torts § 402A cmt. j. Recognizing that a warning may not be seen or may be disregarded, the Restatement（Third）of Torts seeks to reform this rule. Restatement（Third）of Torts: Products Liability § 2 cmt. 1,（reporter's note on cmt. 1）,（2008）.

3.　Steven Waldman, "Do Warning Labels Work?," *Newsweek*, July 18, 1988, 40.

4.　［訳注］違法にならない基準を事前に明示すること。

5.　Howard Latin, *"Good" Warning, Bad Products, and Cognitive Limitations*, 41 UCLA L. Rev. 1193, 1218（1994）.

6.　*Verna Emery v. American General Finance, Inc.* 71 F.3d 1343, 1347-48（7th Cir. 1995）.

7.　前掲, 1350（Coffey, J., dissenting）.

8.　Robert A. Hillman, "Online Boilerplate: Would Mandatory Web Site Disclosure of e-Standard Terms Backfire?," in *Boilerplate: Foundations of Market Contracts*, ed. Omri Ben-Shahar（Cambridge University Press 2006）, 83-94.

9.　*Rienche v. Cingular Wireless*, 2006 WL 3827477（W. D. Wash.）. See also *Williams v. First Gov't Mortgage Investors*, 225 F.3d 738, 749（D. C. Cir., 2000）.

10.　M. Todd Henderson, Alan D. Jagolinzer, and Karl A. Muller, *Strategic Disclosure of 10b5-1 Trading Plans*（University of Chicago Law School, Law and Economics Research Paper Series 05/2008）.

11.　Lauren E. Willis, *Decision Making and the Limits of Disclosure: The Problem of Predatory Lending*: Price, 65 Md, L. Rev. 707, 794-95（2006）.

12.　Victoria Groon and M. Ryan Calo, *Reversing the Privacy Paradox: An Experimental Study*（mimeo., Stanford Law School, 2011）; Yue Pan and George M. Zinkhan, *Exploring the Impact of Online Privacy Disclosures on Consumer Trust*, 82 J. Retailing 331-38（2006）.

13.　［訳注］緊急時専用電話。

14.　Sara Lipka, "Do Crime Statistics Keep Students Safe?," *Chron. Higher Educ.*, Jan. 30, 2009.

15.　Daniel E. Ho, *Fudging the Nudge: Information Disclosure and Restaurant Grading*, 122 Yale L.J. 574（2012）.

16.　［訳注］製品の外に付けられた契約書で, 製品を開封すると同意と見なされる。

17.　*ProCD v. Zeidenberg*, 86 F.3d 1447（7th Cir. 1996）.

18.　Omri Ben-Shahar and Eric Posner, *The Right to Withdraw in Contract Law*, 40 J. Legal Stud. 115（2011）.

19.　ALI Principles of the Law of Software Contracts（2010）, 130-31.

20. U.S. Department of Housing and Urban Development and U.S. Department of Treasury, *Recommendation to Curb Predatory Home Mortgage Lending* (2000), 67, アクセス日 2013 年 8 月 31 日, http://archives.hud.gov/reports/treasrpt .pdf.

21. Richard Craswell, *Taking Information Seriously: Misrepresentation and Non-disclosure in Contract Law and Elsewhere*, 92 Va. L. Rev. 565, 584 (2006).

22. Douglas A. Hershey et al., *Challenges of Training Pre-Retirees to Make Sound Financial Planning Decisions*, 24 Educ. Gerontology 447, 468 (1998).

23. Susan Feng Lu, *Multitasking, Information Disclosures and Product Quality: Evidence from Nursing Homes*, 21 J. Econ. Management Strategy 673 (2012).

24. Leemore Dafny and David Dranove, *Do Report Cards Tell Consumers Anything They Don't Already Know? The Case of Medicare HMOs*, 39 RAND J. Econ. 790 (2008).

25. Frank H. Easterbrook and Daniel R. Fischel, *Mandatory Disclosure and the Protection of Investors*, 70 Va. L. Rev. 669, 671 (1984).

26. *Dalton v. Bob Neill Pontiac*, 476 F. Supp. 789 (M.D. N.C.1979).

27. Mark Petit, Jr., *Representing Consumer Defendants in Debt Collection Actions: The Disclosure Defense Game*, 59 Tex. L. Rev. 255 (1981). See also *Re-Examining Truth in Lending: Do Borrowers Actually Use Consumer Disclosures?* 52 Consumer Fin. L. Q. Rep. 3 (1998).

28. Christine Haughney, "After Bust, Using '60s Law to Get Out of Condo Deals," *New York Times*, October 20, 2010.

29. *Wilson v. Allied Loans, Inc.*, 448 F. Supp. 1020, 1022-23 (D. S.C. 1978).

30. David Klein, *Societal Influences on Child Accidents*, 12 Accident Analysis & Prevention 275 (1980).

31. Kenneth McNeil et al., *Market Discrimination Against the Poor and the Impact of Consumer Disclosure Laws: The Used Car Industry*, 13 Law & Soc'y Rev. 695, 699 (1979).

32. Angela Fagerlin et al., *Patient Education Material about the Treatment of Early-Stage Prostate Cancer: A Critical Review*, 140 Ann. Int. Med. 721 (2004).

33. Stuart A. Grossman et al., *Are Informed Consent Forms That Describe Clinical Oncology Research Protocols Readable by Most Patients and Their Families?*, 12 J. Clin. Onc. 2211, 2212 (1994).

34. David Dranove et al., *Is More Information Better? The Effects of "Report Cards" on Health Care Providers*, 111 J. Pol. Econ. 555 (2003).

35. "Comcast Agreement for Residential Services," § 13 (October 2007).

36. Keith Humphreys et al., *The Cost of Institutional Review Board Procedures in Multicenter Observational Research* 139 Ann. Int. Med. 77 (2003).

37. Rory Collins et al., "Ethics of Clinical Trials," in *Introducing New Treatments for Cancer: Practical, Ethical, and Legal Problems*, ed. C.J. Williams (Wiley, 1992), 54; Simon N. Whitney and Carl E. Schneider, *Viewpoint: A Method to Estimate the Cost in Lives of Ethics Board Review of Biomedical Research*, 269 J. Int. Med. 396 (2011).

38. Ian Roberts et al., *Effect of Consent Rituals on Mortality in Emergency Care Research*,

377 Lancet 1071, 1071 (2011). In addition, the delay "obscure[d] a real treatment benefit from the administration of a time-critical treatment."

39. Carl E. Schneider, *The Censor's Hand: The Misregulation of Human-Subject Research* (MIT Press 2014) を参照。

第 12 章

1. ［訳注］情報収集し発信する人。

2. Alan Schwartz and Louis L. Wilde, *Intervening in Markets on the Basis of Imperfect Information: A Legal and Economic Analysis*, 127 U. Pa. L. Rev. 630 (1979); George L. Priest, *A Theory of the Consumer Product Warranty*, 90 Yale L.J. 1297 (1981)を参照。しかし以下も参照のこと。Clayton P. Gillette, *Rolling Contracts as an Agency Problem*, 2004 Wis. L. Rev. 679 (2004).

3. Richard H. Thaler and Cass R. Sunstein, *Nudge: Improving Decisions About Health, Wealth, and Happiness*, (Penguin, 2009), 81–100.

4. Michael Barr, Sendhil Mullainathan, and Eldar Shafir, "A One-Size-Fits-All Solution," *New York Times*, December 26, 2007, アクセス日 2013 年 1 月 11 日, www.nytimes.com/2007/12/26/opinion/26barr.html?page.

5. Carl E. Schneider, *The Practice of Autonomy: Patients, Doctors, and Medical Decisions* (Oxford University Press, 1998), chap. 6; Carl E. Schneider, *The Channelling Function in Family Law*, 20 Hofstra L. Rev. 495 (1992).

6. Michael S. Barr, Sendhil Mullainathan, and Eldar Shafir, *Behaviorally Informed Financial Services Regulation* (New America Foundation, 2008), 7.

7. Federal Deposit Insurance Corporation, *FDIC Study of Bank Overdraft Programs* (Nov. 2008), アクセス日 2013 年 9 月 2 日, http://www.fdic.gov/bank/analytical/overdraft/FDIC138_Report_Final_v508.pdf.

8. Lauren E. Willis, *When Nudges Fail: Slippery Defaults*, 80 U. Chi. L. Rev. 1155, 1185 (2013).

9. Margaret Jane Radin, *Boilerplate: The Fine Print, Vanishing Rights, and the Rule of Law* (Princeton University Press, 2013).

索　引

訳者紹介

松尾加代（まつお かよ）
慶應義塾大学大学院社会学研究科心理学専攻後期博士課程単位取得退学。博士（心理学）。現在，大阪河﨑リハビリテーション大学講師。著書：『その証言，本当ですか？：刑事司法手続きの心理学』（共訳，2019，勁草書房）ほか。

小湊真衣（こみなと まい）
早稲田大学大学院人間科学研究科博士後期課程単位取得後退学。博士（人間科学）。現在，帝京科学大学教育人間科学部講師。著書：『特別支援教育・保育概論 特別な配慮を要する子どもの理解と支援』（共編著，2019，萌文書林）ほか。

荒川　歩（あらかわ あゆむ）
同志社大学大学院文学研究科博士課程後期課程単位取得退学。博士（心理学）。現在，武蔵野美術大学造形構想学部教授。著書に『ナッジ・行動インサイト　ガイドブック』（共編著，2021，勁草書房）ほか。

著者紹介

オムリ・ベン＝シャハー（Omri Ben-Shahar）
シカゴ大学ロースクール教授。専門は法と経済学。著書に
Personalized Law: Different Rules for Different People（Oxford University Press, 2007）がある。

カール・E・シュナイダー（Carl E. Schneider）
ミシガン大学ロースクール教授。専門は法と医療，法と倫理。
著書に *The Censor's Hand The Misregulation of Human-Subject Research*（The MIT Press, 2015）がある。

その規約，読みますか？
義務的情報開示の失敗

2022 年 5 月 20 日　第 1 版第 1 刷発行

著　者	オムリ・ベン＝シャハー
	カール・E・シュナイダー
訳　者	松　尾　加　代
	小　湊　真　衣
	荒　川　　　歩
発行者	井　村　寿　人

発行所　株式会社　勁草書房

112-0005 東京都文京区水道2-1-1　振替　00150-2-175253
（編集）電話 03-3815-5277／FAX 03-3814-6968
（営業）電話 03-3814-6861／FAX 03-3814-6854
本文組版 プログレス・平文社・中永製本

©MATSUO Kayo, KOMINATO Mai, ARAKAWA Ayumu　2022

ISBN978-4-326-40406-3　　Printed in Japan

https://www.keisoshobo.co.jp

勁草書房刊

＊表示価格は 2022 年 5 月現在。消費税は含まれております。